JN044255

静岡県の教員採用試験過去問シリーズ❻

2025年度版

静岡県・静岡市・浜松市の
数学科

過 去 問

協同教育研究会 編

協同出版

本書には，静岡県・静岡市・浜松市の教員採用
試験の過去問題を収録しています。各問題ごとに，
以下のように5段階表記で，難易度，頻出度を示し
ています。

難 易 度

非常に難しい　☆☆☆☆☆
やや難しい　☆☆☆☆
普通の難易度　☆☆☆
やや易しい　☆☆
非常に易しい　☆

頻 出 度

◎　　　ほとんど出題されない
◎◎　　あまり出題されない
◎◎◎　普通の頻出度
◎◎◎◎　よく出題される
◎◎◎◎◎　非常によく出題される

※本書の過去問題における資料，法令文等の取り扱いについて
　本書の過去問題で使用されている資料や法令文の表記や基準は，出題さ
れた当時の内容に準拠しているため，解答・解説も当時のものを使用して
います。ご了承ください。

はじめに～「過去問」シリーズ利用に際して～

　教育を取り巻く環境は変化しつつあり，日本の公教育そのものも，教員免許更新制の廃止やGIGAスクール構想の実現などの改革が進められています。また，現行の学習指導要領では「主体的・対話的で深い学び」を実現するため，指導方法や指導体制の工夫改善により，「個に応じた指導」の充実を図るとともに，コンピュータや情報通信ネットワーク等の情報手段を活用するために必要な環境を整えることが示されています。

　一方で，いじめや体罰，不登校，暴力行為など，教育現場の問題もあいかわらず取り沙汰されており，教員に求められるスキルは，今後さらに高いものになっていくことが予想されます。

　本書の基本構成としては，出題傾向と対策，過去5年間の出題傾向分析表，過去問題，解答および解説を掲載しています。各自治体や教科によって掲載年数をはじめ，「チェックテスト」や「問題演習」を掲載するなど，内容が異なります。

　また原則的には一般受験を対象としております。特別選考等については対応していない場合があります。なお，実際に配布された問題の順番や構成を，編集の都合上，変更している場合があります。あらかじめご了承ください。

　最後に，この「過去問」シリーズは，「参考書」シリーズとの併用を前提に編集されております。参考書で要点整理を行い，過去問で実力試しを行う，セットでの活用をおすすめいたします。

　みなさまが，この書籍を徹底的に活用し，教員採用試験の合格を勝ち取って，教壇に立っていただければ，それはわたくしたちにとって最上の喜びです。

協同教育研究会

CONTENTS

第1部 静岡県・静岡市・浜松市の
数学科　出題傾向分析　　　‥‥‥‥‥**3**

第2部 静岡県・静岡市・浜松市の
　　　　教員採用試験実施問題　‥‥‥‥‥**9**

▼2024年度教員採用試験実施問題　‥‥‥‥‥‥‥**10**

▼2023年度教員採用試験実施問題　‥‥‥‥‥‥‥**36**

▼2022年度教員採用試験実施問題　‥‥‥‥‥‥‥**62**

▼2021年度教員採用試験実施問題　‥‥‥‥‥‥‥**94**

▼2020年度教員採用試験実施問題‥‥‥‥‥‥‥**115**

▼2019年度教員採用試験実施問題‥‥‥‥‥‥‥**138**

▼2018年度教員採用試験実施問題‥‥‥‥‥‥‥**162**

▼2017年度教員採用試験実施問題‥‥‥‥‥‥‥**186**

▼2016年度教員採用試験実施問題‥‥‥‥‥‥‥**207**

▼2015年度教員採用試験実施問題‥‥‥‥‥‥‥**232**

▼2014年度教員採用試験実施問題‥‥‥‥‥‥‥**260**

▼2013年度教員採用試験実施問題‥‥‥‥‥‥‥**279**

▼2012年度教員採用試験実施問題‥‥‥‥‥‥‥**299**

▼2011年度教員採用試験実施問題‥‥‥‥‥‥‥**325**

第1部

静岡県・静岡市・浜松市の数学科出題傾向分析

静岡県・静岡市・浜松市の数学科　傾向と対策

1　出題傾向

　中学校と高等学校は別々の問題であり，中学校は大問10問，高等学校は大問7問で，2023年度と比較すると，中学校は2問減，高等学校は同じである。出題形式，出題傾向に大きな変化はなかった。解答は答えのみのものと途中の過程も記述させる形式のものとがあり，試験時間は中学校が80分，高等学校が90分である。難易度は中学校が教科書の例題，節末・章末問題，高等学校が教科書の節末・章末問題，センター試験，大学入試基本レベルである。

　中学校の内容について，第1問は独立した小問集合3問(式の計算，式の値，不等式の整数解)，第2問は確率(円周を6等分した6点からできる直角三角形)，第3問は場合の数(n人で握手をする場合の数)，第4問は関数のグラフと方程式(時間と速さおよび距離の関係)，第5問は平面幾何(三角形の合同の証明，相似，線分の長さ)，第6問は関数とグラフ(放物線と直線，交点の座標，線分の長さ，三角形の面積)，第7問は空間図形(直方体，三角錐の体積，線分と平面との交点，線分の長さ)，第8問は文字と式の授業展開(マッチ棒を用いてできる正方形，生徒の考え方の説明)，第9問はデータの活用(3クラスの50m走による箱ひげ図の読み取り)，第10問は学習指導要領(第3学年の数学的活動)に関する出題である。

　高等学校の内容について，第1問は学習指導要領(第3款　指導計画の作成と内容の取扱い)，第2問は独立した小問集合5問(不等式，整数の性質，複素数，三角形の内心のベクトル，極方程式)，第3問は学習指導法(生徒による対数不等式の解答例，誤答についての説明)，第4問は数列(等比数列の和，数学的帰納法，漸化式数列)，第5問は図形と方程式(円と直線および円との共有点の個数，不等式の表す領域の図示)，第6問は方程式(三角方程式，三次方程式，解の個数)，第7問は微積分(対数関数の増減と極値，グラフ，接線の方程式，直線と曲線で囲まれた部分の面積)に関する出題である。

　中学校の出題は教科書の内容が中心であり，教科書をよく読んで，傍用の標準問題集を活用し，丁寧に解く練習をする。そして，出題傾向は例年ほぼ同じなので，本書の過去問を参考にして学習を進めること。特に，数と式，関数，図形，方程式，確率，データの活用は頻出傾向にあるため，確実に理解しておきたい。また，「生徒の解答の点検」，「授業実践」，「中学生に模範となる記述」などが求められる問題では生徒を実際に指導することを想定して，日頃から簡潔で分かりやすい記述ができるようにしておくことである。

　高等学校では教科書にある公式や定義を理解し，節末，章末問題を解き，それから標準問題集を丁寧に解くことである。定理・公式の証明もあるので，単に解くのではなく，それらの成り立ちを説明できるようにしておきたい。学習指導法では生徒の解答の誤りを指摘する問題がよく出題されるので，過去問を参考に学習を積んでおきたい。また，やや難しい問題が出題されることもあるので，大学入試レベルの問題を解いて応用力を身に付けておくことも大切である。

　なお，中学校，高等学校共に学習指導要領に関する出題があるので，両方の学習指導要領と同解説数学編を精読しておくことも必要である。

２　分野別の重点学習対策方法

　過去数年の問題から，分野別に重点学習方法を述べる。「数と式」では対称式の扱い，整式の因数分解，根号計算ができるようにしておく。「方程式と不等式」では二次，三次，高次方程式はもちろんのこと，分数，無理，三角，指数・対数方程式が解けるようにしておき，さらに，いろいろな不等式も解けるようにしておく。「図形とベクトル」では図形に関連したベクトルの問題があるので，図形に関する基礎・基本をしっかりと身に付けておく。図形と関連して分点ベクトルの表示と内積の計算ができるようにしておく。なお，図形問題を「ベクトル」の分野で解くこともあるので，矢線ベクトルや内積の扱いに慣れておくとよい。また，空間図形は円錐，四面体，六面体，正三角錐，正四角錐，球面などが出題されている。図に描くことが難しいので，解析幾何学的に空間座標を活用すると解きやすくなる場合もある。「複素数」は複素数の計算だけで

なく，複素数平面は新しい内容であり，ド・モアブルの公式がよく出題されるので学習をしておく。「関数とグラフ」では「微分・積分」との関連が深く，まず，正しく微分をして，極値を求めてグラフを描く。第二次導関数を求めて，変曲点の座標も求められるようにしておく。積分をして，面積や体積，曲線の長さが求められるようにしておく。「三角関数」では三角比の正弦・余弦定理はもちろんのこと，2倍角，3倍角や和積の公式が使えるようにしておく。「数列」では一般項，和の求め方，漸化式，群数列，帰納法などを理解しておく。なお，数列の極限値を求める場合もあるので「微積分法」の無限級数の考え方や区分求積法との関連についても学習しておく。「場合の数と確率」では順列・組合せと確率計算だけでなく，期待値さらには｛データの分析｝との関連で確率分布，平均，分散，標準偏差，箱ひげ図，相関係数も併行して学習しておく。「集合」ではド・モルガンの公式，「命題」では[かつ]，[または]の否定，逆，裏，対偶の扱いや必要，十分，必要十分条件が理解できるようにしておく。

　また，生徒にありがちな誤答に対しての指導など，現場での授業実践についての問題が見られる。どの問題も知識と経験を必要とするものであり，過去問を参考にしながら，学習指導要領と同解説数学編の各単元における指導上の留意点を確認しておく必要がある。そして，ここ数年，中学校，高等学校共に「学習指導要領」は必ず出題されるので，先述したように，中学校と高等学校の学習指導要領と同解説数学編の内容をしっかりと把握して，数学的活動における指導計画の作成もできるようにしておくことが大切である。

過去5年間の出題傾向分析

●中学数学

分　類	2020年度	2021年度	2022年度	2023年度	2024年度
数と式	●	●	●	●	●
方程式と不等式	●	●	●	●	●
数の性質					●
ベクトル					
複素数					
関数とグラフ	●	●	●	●	●
平面幾何	●	●	●	●	●
空間図形・空間座標		●	●	●	●
平面座標と図形	●		●	●	●
三角関数					
三角比と平面図形				●	
指数・対数					
数列			●		
行列					
微分・積分					
場合の数・確率	●	●	●	●	●
集合と命題					●
作図					
データの分析・統計	●	●	●	●	●
2次曲線					
学習指導要領	●	●		●	●

●高校数学

分　類	2020年度	2021年度	2022年度	2023年度	2024年度
数と式	●	●	●		
方程式と不等式	●	●	●	●	●
数の性質	●				●
ベクトル	●	●	●	●	●
複素数		●		●	●
関数とグラフ	●		●	●	●
平面幾何		●			
空間図形・空間座標	●				
平面座標と図形		●			●
三角関数		●	●		●
三角比と平面図形	●				
指数・対数	●	●	●	●	●
数列	●	●	●	●	●
行列					
微分・積分	●	●	●	●	●
場合の数・確率		●		●	
集合と命題		●	●		
作図					
データの分析・統計	●		●		
2次曲線					●
学習指導要領	●	●	●	●	●

第2部

静岡県・静岡市・浜松市の
教員採用試験
実施問題

2024年度　実施問題

【中学校】

【1】次の(1)～(3)の各問いに答えなさい。

(1) 次の計算をしなさい。

$$\frac{x-y}{4}-\frac{x-5y}{6}$$

(2) $a+b+c=4$, $ab+bc+ca=-3$のとき, $a^2+b^2+c^2$の値を求めなさい。

(3) $n^2-n<\frac{5}{2}$を満たす整数nの値をすべて求めなさい。

(☆◎◎◎◎)

【2】次の図のように, 円周を6等分した点にA～Fまでの記号を付け, 点Aを1つの頂点とする三角形をつくる。B～Fまでの記号を書いた5本のくじの中から同時に2本を引いて, 点Aとその記号の点を結んで三角形をつくる。このとき, できた三角形が直角三角形になる確率を求めなさい。

ただし, どのくじを引くことも同様に確からしいとする。

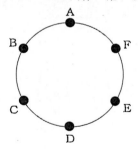

(☆◎◎◎◎)

【3】パーティーに出席した人々がそれぞれ全員と握手をし, その回数を数えることにする。例えば, 主席者がA, B, Cの3人の場合は「AとB,

BとC，CとAの3回」と数えることにする。握手の回数が120回となるのは，出席者が何人になったときか求めなさい。

(☆☆◎◎◎◎)

【4】 家から1200m離れた図書館へ弟と姉は向かうことにした。弟は9時20分に家を出て一定の速さで歩き，姉は9時25分に家を出て自転車で毎分180mの速さで追いかけた。姉は，途中で弟に追いつき一緒に歩いたが，その後別れて再び自転車で毎分180mの速さで図書館へ向かい，9時37分に図書館に着いた。次のグラフは，そのときの弟と姉それぞれについて，弟が家を出てからの時間と家からの距離との関係を表したものである。

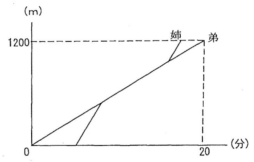

(1) 弟と姉が一緒に歩いたのは何分間か答えなさい。

(2) さらに兄は弟と同じ時間に家を出て，自転車で毎分240mの速さで図書館に向かい，図書館で10分過ごした後，再び同じ道を毎分240mで家に戻った。家からの距離がamの地点を，弟が通過した1分後に，図書館から家に向かう兄が通過した。このとき，aの値を求めなさい。

(☆☆☆◎◎◎◎)

【5】 次の図は，AB＝5cm，BC＝6cm，CA＝7cmの△ABCである。頂点Aから辺BCに引いた垂線をAD，頂点Bから辺CAに引いた垂線をBEとし，線分ADと線分BEの交点をFとする。このとき，以下の問いに答え

なさい。

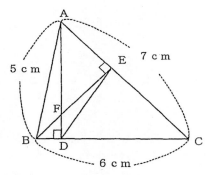

(1)　DCの長さを求めなさい。

(2)　△ABC∽△DECであることを証明しなさい。

(3)　DFの長さを求めなさい。

(☆☆☆○○○○)

【6】次の図のように，原点をOとするxy平面上に，傾き$-\dfrac{2}{3}$で切片が負の直線nがある。直線nとx軸，y軸との交点をそれぞれA，Bとし，直線nと放物線$y=-\dfrac{1}{2}x^2$との交点をx座標の小さい方から順にC，Dとする。AB＝BDのとき，以下の問いに答えなさい。

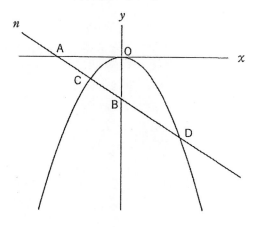

(1) 点Dの座標を求めなさい。

(2) 点Aを通る直線mが線分OC，線分ODとそれぞれ点E，Fで交わり，
△AEC＝△EOFであるとき，点Fの座標を求めなさい。

(☆☆☆◎◎◎)

【7】次の図は，AB＝BC＝6cm，AE＝8cmである直方体である。この直方体について，以下の問いに答えなさい。

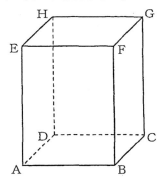

(1) 点Eを頂点とし，△GDBを底面とする三角錐E－GDBの体積を求めなさい。

(2) 線分ECと△GDBの交点をPとするとき，EPの長さを求めなさい。

(☆☆☆◎◎◎)

【8】中学校1年生の数学「文字と式」の授業で，【図1】のように同じ長さのマッチ棒を使って正方形を横につないだ形をつくる問題に取り組んだ。このとき，以下の問いに答えなさい。

【図1】

(1) 正方形を20個つくるとき，必要なマッチ棒の本数を求めなさい。

(2) 佐藤さんはマッチ棒の本数を求める式について，【図2】のように考えたことを以下の説明のとおり班員に伝えた。

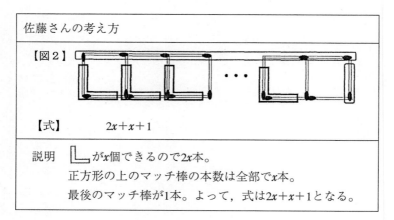

その時，班員の1人が「マッチ棒の本数を求める式は同じだけど，図が違う。」と言った。式は$2x+x+1$となるが，佐藤さんの考え方とは違う考え方を，図をかいて説明しなさい。ただし，【図3】のように上下，左右の向きを変えただけの考え方は，佐藤さんと同じ考え方とする。

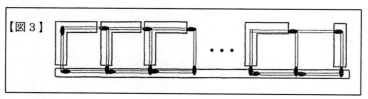

(3)　(2)のように，マッチ棒の本数を文字を用いて考えると，どのようなよさがあるか答えなさい。

(☆☆◎◎◎◎)

【9】次の図は，ある中学校3年生(3学級)の50m走の記録を，学級ごと箱ひげ図で表したものである。どの学級の生徒数も同じ32人として，以下の問いに答えなさい。

14

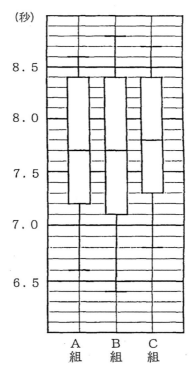

(1) A組の中央値と四分位範囲を求めなさい。

(2) この3つの箱ひげ図から読み取れるものとして必ず正しいものを次のア～カの中からすべて選び，記号で答えなさい。

ア 最も記録がよい(速い)生徒がいる学級はB組である。

イ 範囲が最も小さい学級はC組である。

ウ 平均値で比べるとA組よりB組の方が記録がよい。

エ C組は7.3秒から8.4秒の間に16人いる。

オ B組の生徒数の4分の1が6秒台である。

カ A組とB組において，7.7秒から8.0秒の人数は同じである。

(☆☆◎◎◎)

【10】次の文は，「中学校学習指導要領解説　数学編(平成29年7月)第3章　各学年の目標及び内容　第3節　第3学年の内容〔数学的活動〕」の抜粋である。[　①　]～[　⑤　]にあてはまる語句を，以下のア～ケの中から選び，記号で答えなさい。ただし，同じ番号には同じ記号が入る。

---

(1)　「A数と式」，「B図形」，「C関数」及び「Dデータの活用」の学習やそれらを相互に関連付けた学習において，次のような数学的活動に取り組むものとする。

ア　日常の事象や社会の事象を数理的に捉え，[　①　]的に表現・処理し，問題を解決したり，解決の過程や結果を振り返って考察したりする活動

イ　[　①　]の事象から[　②　]をもって問題を見いだし解決したり，解決の過程や結果を振り返って[　③　]・[　④　]に考察したりする活動

ウ　[　①　]的な表現を用いて[　⑤　]に説明し伝え合う活動

ア　見通し　　イ　数学　　ウ　日常　　エ　過程や結果

オ　多面的　　カ　批判的　　キ　発展的　　ク　論理的

ケ　統合的

(☆☆☆◎◎◎)

【高等学校】

【1】次の文は，「高等学校学習指導要領(平成30年3月告示)第2章　第4節　数学」における，「第3款　各科目にわたる指導計画の作成と内容の取扱い」の一部である。以下の各問いに答えなさい。

1　指導計画の作成に当たっては，次の事項に配慮するものとする。

(1)　単元など内容や時間のまとまりを見通して，その中で育む資質・能力の育成に向けて，数学的活動を通して，生徒の《　あ　》・対話的で深い学びの実現を図るようにすること。その際，数学的な見方・考え方を働かせながら，日

16

常の事象や社会の事象を【　A　】に捉え，数学の問題を見いだし，問題を自立的，【　B　】に解決し，学習の過程を振り返り，概念を形成するなどの学習の充実を図ること。

……(中略)……

3　各科目の指導に当たっては，数学を学習する意義などを実感できるよう工夫するとともに，次のような数学的活動に取り組むものとする。

(1)　日常の事象や社会の事象などを【　A　】に捉え，数学的に表現・処理して問題を解決し，解決の過程や結果を振り返って考察する活動。

(2)　数学の事象から自ら問題を見いだし解決して，解決の過程や結果を振り返って【　C　】・発展的に考察する活動。

(3)　自らの考えを数学的に表現して【　D　】したり，議論したりする活動。

「高等学校学習指導要領(平成30年3月告示)第2章各学科に共通する各教科第4節数学」

問1　文中の《　あ　》に入る語句を，適切な漢字を用いて記入しなさい。

問2　文中の【　A　】から【　D　】に入る語句を，次の語群から選び，記入しなさい。なお，同じ記号には同じ語句が入るものとする。

[語群]

| 論理的 | 数理的 | 数量的 | 協働的 | 統合的 | 総合的 |
| 創造的 | 効率的 | 証明 | 説明 | 検討 | |

(☆☆☆◎◎◎)

【2】次の各問いに答えなさい。答のみ記入しなさい。

問1　不等式 $\sqrt{x^2}+\sqrt{x^2-4x+4}<4$ を解きなさい。

問2　3^n が $40!$ の約数となるような自然数 n のうち，最大のものを求めなさい。

17

問3　$x=2+i$, $y=2-i$であるとき, x^4-y^4の値を求めなさい。

問4　$\angle A=60°$, $AB=8$, $AC=3$である$\triangle ABC$の内心をIとする。$\overrightarrow{AB}=\vec{b}$, $\overrightarrow{AC}=\vec{c}$とするとき, $\overrightarrow{AI}$を$\vec{b}$, $\vec{c}$を用いて表しなさい。

問5　極方程式$r=\dfrac{1}{3-3\cos\theta}$ …①の表す曲線について, 次の各問いに答えなさい。

(1) この曲線上の点の直交座標を(x, y)とする。曲線①を, 直交座標に関する方程式で表しなさい。

(2) 曲線①は2次曲線である。その焦点を直交座標で答えなさい。

(☆☆☆◎◎◎◎)

【3】「不等式$\log_{\frac{1}{2}}x+\log_{\frac{1}{2}}(6-x)>-3$を解け。」という問題に, 高校生のSさんは次のように解答した。以下の各問いに答えなさい。

> (Sさんの解答)
> $\log_{\frac{1}{2}}x(6-x)>\log_{\frac{1}{2}}\left(\dfrac{1}{2}\right)^{-3}$
> $\log_{\frac{1}{2}}x(6-x)>\log_{\frac{1}{2}}8$
> $x(6-x)>8$
> $x^2-6x+8<0$
> $(x-2)(x-4)<0$
> $\therefore\quad 2<x<4$

問1　Sさんの解答には間違いがある。間違っている点をSさんに説明する場合, どのように説明するか, 記入しなさい。

問2　この問題の正答例を記入しなさい。

(☆☆☆◎◎◎◎)

【4】次の各問いに答えなさい。

問1　初項a, 公比rの等比数列$\{a_n\}$の初項から第n項までの和をS_nとすると,

$$r\neq1のとき, \quad S_n=\frac{a(r^n-1)}{r-1}\quad…①$$

18

がすべての自然数nこついて成り立つ。このことを数学的帰納法を用いて証明しなさい。

問2　次の条件によって定められる数列$\{a_n\}$の一般項を求めなさい。

$$a_1=5, \quad a_{n+1}=a_n+2^n+2 \quad (n=1, 2, 3, \cdots\cdots)$$

(☆☆◎◎◎◎)

【5】円$(x-a)^2+(y-b)^2=1$ …①，直線$4x+3y=10$ …②，円$x^2+y^2=4$ …③について，次の各問いに答えなさい。ただし，問1と問2は答のみ記入しなさい。

問1　$a=-1$，$b=2$のとき，円①と直線②の共有点の個数を求めなさい。

問2　$a=-1$，$b=2$のとき，円①と円③の共有点の個数を求めなさい。

問3　円①が直線②と円③の両方と共有点をもつとき，点(a, b)の存在範囲を図示しなさい。

(☆☆☆◎◎)

【6】$0\leqq x<\dfrac{3}{4}\pi$のとき，方程式$\dfrac{1}{\cos x}+\dfrac{1}{\cos 2x}=2$ …①について，次の各問いに答えなさい。ただし，問1は答のみ記入しなさい。

問1　$t=\cos x\left(0\leqq x<\dfrac{3}{4}\pi\right)$とする。方程式①の分母が0でないことに留意し，$t$のとりうる値の範囲を求めなさい。

問2　方程式①をtの3次方程式で表しなさい。

問3　方程式①を満たす解の個数を求めなさい。

(☆☆☆◎◎◎)

【7】関数$f(x)=-\dfrac{\log x}{x}$について，次の各問いに答えなさい。必要であれば，$\displaystyle\lim_{x\to\infty}\dfrac{\log x}{x}=0$を用いてよい。ただし，問3は答のみ記入しなさい。

問1　関数$f(x)$の増減を調べ，$y=f(x)$のグラフの概形をかきなさい。また，関数$f(x)$の極値を求めなさい。ただし，曲線の凹凸は調べなくてよい。

問2　原点から$y=f(x)$に引いた接線ℓの方程式と接点の座標を求めなさい。

問3　$y=f(x)$と接線ℓおよびx軸で囲まれた部分の面積を求めなさい。

(☆☆☆◎◎◎◎)

解答・解説

【中学校】

【1】(1) $\dfrac{x+7y}{12}$　　(2) 22　　(3) $n=-1,\ 0,\ 1,\ 2$

〈解説〉(1) $\dfrac{x-y}{4}-\dfrac{x-5y}{6}=\dfrac{3(x-y)-2(x-5y)}{12}=\dfrac{x+7y}{12}$

(2) $a^2+b^2+c^2=(a+b+c)^2-2(ab+bc+ca)$

$=4^2-2\cdot(-3)=22$

(3) $n^2-n<\dfrac{5}{2}$ より，$2n^2-2n-5<0$

$\dfrac{1-\sqrt{11}}{2}<n<\dfrac{1+\sqrt{11}}{2}$

$3<\sqrt{11}<4$なので，$n=-1,\ 0,\ 1,\ 2$

【2】$\dfrac{3}{5}$

〈解説〉点Aを固定してできる直角三角形は△ABD，△ABE，△ACD，

△ACF，△ADE，△ADFの6通り。よって，求める確率は，$\dfrac{6}{{}_5C_2}=\dfrac{3}{5}$

【3】16〔人〕

〈解説〉出席者をn人とすれば握手の回数は，${}_nC_2$〔通り〕

よって，${}_nC_2=120$より，$\dfrac{n(n-1)}{2}=120$，$n(n-1)=240$

$240=16\times15$であり，nは整数であるから，$n=16$〔人〕

【4】(1)　8〔分間〕　　　(2)　$a＝912$

〈解説〉(1)　弟と姉が一緒に歩いた時間をx分，姉だけの移動時間をy分とすれば，

$$\begin{cases} x+y=12 \\ 60x+180y=1200 \end{cases}$$　これを解いて，$x=8$，$y=4$

よって，弟と姉が一緒に歩いた時間は8〔分間〕

(2)　兄は20分で$240×20＝4800$〔m〕移動する。

弟が家からa〔m〕の地点を通過したときの時間は，$\dfrac{a}{60}$〔分間〕である。

よって，兄は家からa〔m〕の地点を通過するまでに，$240×\left(\dfrac{a}{60}+1\right)$〔m〕移動している。

よって，$a+240×\left(\dfrac{a}{60}+1\right)=4800$

これを解いて，$a=912$〔m〕

【5】(1)　5〔cm〕

(2)　△ABCと△DECにおいて

仮定より，∠AEB＝∠ADB

よって，2点D，Eは線分ABについて同じ側にあるので，4点A，B，D，Eは1つの円周上にある。

よって，弧BDに対する円周角は等しいので∠BAD＝∠BED　…①

弧DEに対する円周角は等しいので∠DAE＝∠DBE　…②

また，図より，∠BAC＝∠BAD＋∠DAE　…③

△BEDの外角より，∠EDC＝∠BED＋∠DBE　…④

①，②，③，④より，∠BAC＝∠EDC　…⑤

共通の角なので，∠ACB＝∠DCE　…⑥

⑤，⑥より，2組の角がそれぞれ等しいので

△ABC∽△DEC

(3)　$\dfrac{5\sqrt{6}}{12}$〔cm〕

〈解説〉(1)　CD＝xとおくと，BD＝$6-x$，

$AD^2＝AC^2-CD^2＝AB^2-BD^2$より，

21

$7^2-x^2=5^2-(6-x)^2$, $x=5$

よって，CD＝5〔cm〕

(2) 【参考】∠BAC＝∠EDCについて，

4点A，B，D，Eは円周上より，四角形ABDEを考えて，

∠BAE＋∠BDE＝180°，また，∠BDE＋∠EDC＝180°

よって，∠BAE＝∠EDC，すなわち，∠BAC＝∠EDCと導くことができる。

(3) △ABC∽△DECより，

AB：DE＝AC：DC，5：DE＝7：5

よって，DE＝$\dfrac{25}{7}$

DF＝yとおくと，BF＝$\sqrt{1+y^2}$である。

また，△ABFと△EDFにおいて，

共通の弧の円周角は等しいので，∠ABE＝∠EDA

対頂角は等しいので，∠AFB＝∠EFD

二組の角が等しいことより，△ABF∽△EDF

よって，BF：DF＝AB：ED，$\sqrt{1+y^2}$：y＝5：$\dfrac{25}{7}$

$7y=5\sqrt{1+y^2}$，よって，$y^2=\dfrac{25}{24}$

$y=\sqrt{\dfrac{25}{24}}=\dfrac{5\sqrt{6}}{12}$となり，DF＝$\dfrac{5\sqrt{6}}{12}$〔cm〕

【６】(1)　D$\left(\dfrac{8}{3}, -\dfrac{32}{9}\right)$　　(2)　F$\left(\dfrac{2}{3}, -\dfrac{8}{9}\right)$

〈解説〉(1)　直線AD：$y=-\dfrac{2}{3}x+k$ $(k<0)$とおいて，

$y=-\dfrac{1}{2}x^2$との交点の座標を求める。

$-\dfrac{1}{2}x^2=-\dfrac{2}{3}x+k$より，$3x^2-4x+6k=0$

$x=\dfrac{2\pm\sqrt{4-18k}}{3}$

点Cのx座標＜点Dのx座標より，

$D\left(\dfrac{2+\sqrt{4-18k}}{3},\ -\dfrac{1}{2}\left(\dfrac{2+\sqrt{4-18k}}{3}\right)^2\right)$となる。

$A\left(\dfrac{3}{2}k,\ 0\right)$, $B(0,\ k)$であり, $AB=BD$であるから,

点Dからx軸に向けて引いた垂線とx軸との交点Hについて,

$OA=OH$ となればよいので, $H\left(\dfrac{2+\sqrt{4-18k}}{3},\ 0\right)$

よって, $0-\dfrac{3}{2}k=\dfrac{2+\sqrt{4-18k}}{3}-0$

$9k^2+16k=0$

$k=0,\ -\dfrac{16}{9}$

$k<0$より, $k=-\dfrac{16}{9}$

したがって, 点Dの座標は, $k=-\dfrac{16}{9}$を代入して, $D\left(\dfrac{8}{3},\ -\dfrac{32}{9}\right)$である。

(2) $C\left(-\dfrac{4}{3},\ -\dfrac{8}{9}\right)$, $D\left(\dfrac{8}{3},\ -\dfrac{32}{9}\right)$であり,

直線$OC：y=\dfrac{2}{3}x$, 直線$OD：y=-\dfrac{4}{3}x$

点Aを通る直線を$m：y=p\left(x+\dfrac{8}{3}\right)$　$\left(p<0\right)$とすると,

$\begin{cases} y=p\left(x+\dfrac{8}{3}\right) \\ y=-\dfrac{4}{3}x \end{cases}$ を解いて,

$x=-\dfrac{8p}{4+3p}$, $y=\dfrac{32p}{3(4+3p)}$ より, $Fp\left(-\dfrac{8p}{4+3p},\ \dfrac{32p}{3(4+3p)}\right)$

ここで, $\triangle AEC=\triangle OAC-\triangle OAE$, $\triangle EOF=\triangle OAF-\triangle OAE$

よって, $\triangle AEC=\triangle EOF$より, $\triangle OAC=\triangle OAF$となる。

底辺OAが共通であるから, $-\dfrac{8}{9}=\dfrac{32p}{3(4+3p)}$, $-12p=4+3p$, $p=-\dfrac{4}{15}$

したがって, 点Fの座標は, $p=-\dfrac{4}{15}$を代入して, $F\left(\dfrac{2}{3},\ -\dfrac{8}{9}\right)$である。

【7】(1)　96〔cm³〕　　　(2)　$\dfrac{4\sqrt{34}}{3}$〔cm〕

〈解説〉(1)　空間座標を利用して，Dを原点とした図のように，

A(6, 0, 0)，B(6, 6, 0)，C(0, 6, 0)，D(0, 0, 0)，
E(6, 0, 8)，F(6, 6, 8)，G(0, 6, 8)，H(0, 0, 8)とおく。

平面GDB の方程式を$ax+by+cz+d=0$として，

3点G，D，Bの座標を代入して，

$$\begin{cases} 6b+8c+d=0 \\ d=0 \\ 6a+6b=0 \end{cases}$$　　これより，$a=-b$，$c=-\dfrac{3}{4}b$

$-bx+by-\dfrac{3}{4}bz=0$より，$4x-4y+3z=0$　…①

△GDB は二等辺三角形であり，DBの中点をIとすると，I(3, 3, 0)

$GI=\sqrt{3^2+3^2+8^2}=\sqrt{82}$

$DB=\sqrt{6^2+6^2}=6\sqrt{2}$

$△GDB=\dfrac{1}{2}\cdot 6\sqrt{2}\cdot\sqrt{82}=6\sqrt{41}$

また，点E (6, 0, 8)と平面①との距離

$h=\dfrac{|24+24|}{\sqrt{4^2+(-4)^2+3^2}}=\dfrac{48}{\sqrt{41}}$

よって，三角錐E－GDBの体積は，

$V=\dfrac{1}{3}\cdot△GDB\cdot h=\dfrac{1}{3}\cdot 6\sqrt{41}\cdot\dfrac{48}{\sqrt{41}}=96$〔cm³〕

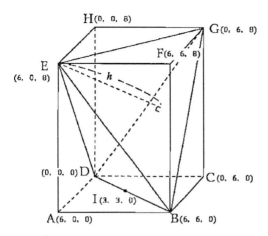

(2) $\overrightarrow{EC}=(-6,\ 6,\ -8)=-2(3,\ -3,\ 4)$ より,

直線EC : $\dfrac{x-6}{3}=\dfrac{y}{-3}=\dfrac{z-8}{4}$ …②

②式を k とおいて, $x=3k+6,\ y=-3k,\ z=4k+8$ を①に代入して,

$4(3k+6)-(-3k)+4(4k+8)=0$ より, $k=-\dfrac{4}{3}$

よって, $x=2,\ y=4,\ z=\dfrac{8}{3}$ となり, 点Pの座標は$P\left(2,\ 4,\ \dfrac{8}{3}\right)$

ゆえに, $EP=\sqrt{4^2+4^2+\left(\dfrac{16}{3}\right)^2}=\dfrac{4\sqrt{34}}{3}$ 〔cm〕

【8】(1)　61〔本〕

(2)　図…

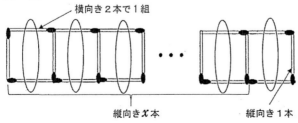

説明…1つの正方形の横向きのマッチ棒を2本1組とすると, 正方形はx

個あるので2×xで2x〔本〕

残りの縦向きのマッチ棒の本数は各正方形の左側だけ数えてx本，最後に右側が1本あまるので($x+1$)〔本〕

よって，($2x+x+1$)〔本〕となる。

(3)　・数量の関係や法則を一般的に表すことができる。

・考える過程が見える(自分の考えを的確に伝達することができる)

〈解説〉(1)　正方形20個について，横向きのマッチ棒の本数は，2×20＝40〔本〕，縦向きで左側の本数は20〔本〕，20番目の正方形の右側の1〔本〕をあわせて，

40＋20＋1＝61〔本〕　　(2)　解答参照。　　(3)　解答参照。

【9】(1)　中央値…7.7〔秒〕　　　四分位範囲…1.2〔秒〕　　　(2)　ア，イ，エ

〈解説〉(1)　A組の箱ひげ図より，第1四分位数Q_1=7.2，

第2四分位数(中央値)Q_2=7.7，第3四分位数Q_3=8.4である。

また，最大値8.6，最小値6.6である。

よって，中央値は7.7〔秒〕，四分位範囲は8.4－7.2＝1.2〔秒〕

(2)　B組の箱ひげ図より，第1四分位数Q_1=7.1

第2四分位数(中央値)Q_2=7.7，第3四分位数Q_3=8.4

また，最大値8.8，最小値6.4である。

C組の箱ひげ図より，第1四分位数Q_1=7.3，

第2四分位数(中央値)Q_2=7.8，第3四分位数Q_3=8.4，

また，最大値8.7，最小値6.8である。

ア　記録が最もよいのはB組の最大値8.8であり正しい。

イ　A組の範囲8.6－6.6＝2.0，B組の範囲8.8－6.4＝2.4

C組の範囲8.7－6.8＝1.9

よって，範囲が最も小さいのはC組であり，正しい。

ウ　平均値は箱ひげ図から判断することはできないため，誤り。

エ　C組の第1四分位数Q_1=7.3，第3四分位数Q_3=8.4より，

32人の半分の16人がこの範囲に入っているため，正しい。

オ　B組の第1四分位数Q_1＝7.1であるから，生徒の4分の1の中には，7.0がいることも考えられるため，誤り。

カ　A組，B組共に第2四分位数(中央値)Q_2＝7.7，第3四分位数Q_3＝8.4は同じであるが，7.7秒から8.0秒の人数は同じとは限らないため，誤り。

【10】　①　イ　　　②　ア　　　③　ケ(キ)　　　④　キ(ケ)　　　⑤　ク

〈解説〉数学的活動について学習指導要領では，2年間をかけた指導をすることが必要であることから，第3学年の活動の示し方は第2学年と同様である。数学的に物事を捉えたり，数学的に表現・処理したり，数学を利用する活動に関しては，第1学年と比べて範囲を広げ，社会における様々な事象なども視野に入れて活動に取り組む機会を設けることを示している。また，問題発見・解決の過程について，更に見通しをもって遂行できるようにすることを重視すること，数学的な表現を使用して筋道を立てて説明し合う活動はより洗練され，より実質的なものになるように，根拠を明らかにし論理的に説明し伝え合う活動に取り組む機会を設けることをここでは示している。

【高等学校】

【1】　問1　主体的　　　問2　A　数理的　　　B　協働的　　　C　統合的
　　D　説明

〈解説〉問1　高等学校学習指導要領(平成30年3月告示)では改訂の基本方針の一つとして，「主体的・対話的で深い学び」の実現に向けた授業改善の推進が図られている。数学的活動についてもこの方針に沿って，児童生徒の主体的・対話的で深い学びの実現を図ることが示されている。　問2　数学的活動は社会や日常の実際の問題を数理的に捉えて考察する活動，数学の事象から自ら見出してその解決の過程や結果を考察する活動，考えを数学的に表現し説明し合う活動の3つの活動を取り組むことが示されている。また活動は自立的・協働的に行えるように図ることも示されている。

【２】問1　$-1<x<3$　　問2　$n=18$　　問3　$48i$　　問4　$\dfrac{1}{6}\vec{b}+\dfrac{4}{9}\vec{c}$

問5　①　$y^2=\dfrac{2}{3}x+\dfrac{1}{9}$　　②　$(0,\ 0)$

〈解説〉問1　$\sqrt{x^2}+\sqrt{x^2-4x+4}<4$より，

$|x|+\sqrt{(x-2)^2}<4$

$|x|+|x-2|<4$

[i]　$x<0$のとき，$-x-(x-2)<4$，

$x>-1$

よって，$-1<x<0$

[ii]　$0\leqq x<2$のとき，$x-(x-2)<4$

$2<4$となり，成り立つ。

よって，$0\leqq x<2$

[iii]　$2\leqq x$のとき，$x+(x-2)<4$

$x<3$

よって，$2\leqq x<3$

[i]～[iii]より，$-1<x<3$

問2　$40!$において，3^kの倍数は，

$39,\ 36,\ 33,\ 30,\ 27,\ 24,\ 21,\ 18,\ 15,\ 12,\ 9,\ 6,\ 3$である。

よって，nの最大値は，

$n=1+2+1+1+3+1+1+2+1+1+2+1+1=18$

問3　$x=2+i$，$y=2-i$より，$x+y=4$，$x-y=2i$，$xy=5$となる。

$x^4-y^4=(x^2-y^2)(x^2+y^2)=(x+y)(x-y)\{(x+y)^2-2xy\}$

$=4\times 2i\times(4^2-10)=48i$

問4　余弦定理より，

$BC^2=8^2+3^2-2\cdot 8\cdot 3\cdot\cos 60°=49$

$BC=7$

$BD:CD=8:3$であるから，$BD=\dfrac{8}{11}BC=\dfrac{56}{11}$

よって，$AI:ID=8:\dfrac{56}{11}=11:7$であるから，$AI=\dfrac{11}{18}AD$

BD：CD＝8：3より，$\overrightarrow{\text{AD}}=\dfrac{3\overrightarrow{b}+8\overrightarrow{c}}{11}$ なので，

$\overrightarrow{\text{AI}}=\dfrac{11}{18}\overrightarrow{\text{AD}}=\dfrac{11}{18}\cdot\left(\dfrac{3\overrightarrow{b}+8\overrightarrow{c}}{11}\right)=\dfrac{1}{6}\overrightarrow{b}+\dfrac{4}{9}\overrightarrow{c}$

問5 （1） $r=\dfrac{1}{3-3\cos\theta}$ より，$3r-3r\cos\theta=1$

よって，$3\sqrt{x^2+y^2}-3x=1$

$(3\sqrt{x^2+y^2})^2=(3x+1)^2$

$9(x^2+y^2)=9x^2+6x+1$

$y^2=\dfrac{2}{3}x+\dfrac{1}{9}$

（2） $y^2=\dfrac{2}{3}\left(x+\dfrac{1}{6}\right)$ として，$y^2=\dfrac{2}{3}x=4\cdot\dfrac{1}{6}x$ の焦点 $\left(\dfrac{1}{6},\ 0\right)$ を x 軸方向

に $-\dfrac{1}{6}$ 平行移動すればよいから，焦点は $(0,\ 0)$ となる。

【3】問1 真数が正であることを記述していない。さらに，底が $0<\dfrac{1}{2}$
＜1であるため，$y=\log_{\frac{1}{2}}x$ は減少関数である。よって，$x(6-x)>8$ の不
等号の向きが逆である。

問2 真数は正だから，$x>0$，$6-x>0$

よって，$0<x<6$ …①

$\log_{\frac{1}{2}}x(6-x)>\log_{\frac{1}{2}}8$

底が $0<\dfrac{1}{2}<1$ であるから，

$x(6-x)<8$

$x^2-6x+8>0$

$(x-2)(x-4)>0$

$x<2$，$4<x$ …②

①，②より，

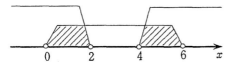

29

$0 < x < 2,\ 4 < x < 6$

〈解説〉問1　対数を不等式等で利用するためには，扱う真数が正であることを確認し対数を定義する必要がある。　問2　解答参照。

【4】問1

[1]　$n = 1$のとき，左辺$= S_1 = a_1 = a$，右辺$= \dfrac{a(r^1 - 1)}{r - 1} = a$

よって，$n = 1$のとき，①は成り立つ。

[2]　$n = k$のとき①が成り立つ，すなわち$S_k = \dfrac{a(r^k - 1)}{r - 1}$…②と仮定する。

$n = k + 1$のとき，①の左辺について考えると，

$$S_{k+1} = S_k + a_{k+1} = \frac{a(r^k - 1)}{r - 1} + ar^k \ (②より)$$

$$= \frac{a(r^k - 1)}{r - 1} + \frac{ar^k(r - 1)}{r - 1}$$

$$= \frac{a(r^k - 1 + r^{k+1} - r^k)}{r - 1}$$

$$= \frac{a(r^{k+1} - 1)}{r - 1}$$

よって，$S_{k+1} = \dfrac{a(r^{k+1} - 1)}{r - 1}$

したがって，$n = k + 1$のときにも①は成り立つ。

[1]，[2]から，すべての自然数nについて①は成り立つ。

問2　条件より，$a_{n+1} - a_n = 2^n + 2$

数列$\{a_n\}$の階差数列の第n項が$2^n + 2$であるから，

$n \geqq 2$のとき，$a_n = a_1 + \displaystyle\sum_{k=1}^{n-1}(2^k + 2) = 5 + \dfrac{2(2^{n-1} - 1)}{2 - 1} + 2(n - 1)$

よって，$a_n = 2^n + 2n + 1$

初項は，$a_1 = 5$であるから，この式は$n = 1$のときにも成り立つ。

したがって，一般項は，$a_n = 2^n + 2n + 1$

〈解説〉問1　解答参照。

　問2　階差数列$b_n = a_{n+1} - a_n$の一般項は，$n \geqq 2$のとき$a_n = a_1 + \displaystyle\sum_{k=1}^{n-1} b_k$である。

【5】問1　0〔個〕　　問2　2〔個〕

問3

円①は中心(a, b)，半径1の円であり，

円①と直線②が共有点をもつための条件は，

$\dfrac{|4a+3b-10|}{\sqrt{4^2+3^2}} \leqq 1$　より，$5 \leqq 4a+3b \leqq 15$　…④

円①と円③が共有点をもつための条件は，

$2-1 \leqq \sqrt{a^2+b^2} \leqq 2+1$　　　よって，$1 \leqq a^2+b^2 \leqq 9$　…⑤

④の表す領域の境界線$4a+3b=5$と$4a+3b=15$は平行で，原点からの距離はそれぞれ，$\dfrac{|-5|}{\sqrt{16+9}}=1$，$\dfrac{|-15|}{\sqrt{16+9}}=3$であるから，⑤の表す領域の境界線$a^2+b^2=1$，$a^2+b^2=9$に接している。

したがって，点(a, b)の存在範囲は次の図の斜線部分で境界線を含む。

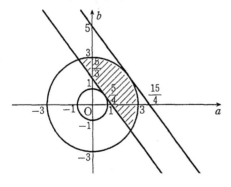

〈解説〉問1　条件より，$(x+1)^2+(y-2)^2=1$

中心$(-1, 2)$と直線②との距離は，$d=\dfrac{|4+6-10|}{\sqrt{4^2+3^2}}=\dfrac{8}{5}$

$d>1$（円①の半径）より，円①と直線②は共有点をもたない。

問2　2円が共有点をもつ条件は半径r_1，r_2において，

$|r_1-r_2| \leqq$（中心間の距離）$\leqq r_1+r_2$を満たすときである。

円①と円③の中心間の距離は，$\sqrt{1^2+2^2}=\sqrt{5}$　である。

円①と円③の半径の差と和は$|2-1|=1$，$2+1=3$となり，

$1 < \sqrt{5} < 3$であることより，円①と円③は異なる2点で交わっている。

問3　解答参照。

【6】問1　$-\dfrac{1}{\sqrt{2}} < t < 0,\ \ 0 < t < \dfrac{1}{\sqrt{2}},\ \ \dfrac{1}{\sqrt{2}} < t \leqq 1$

問2　$\dfrac{1}{\cos x} + \dfrac{1}{\cos 2x} = 2$

$\dfrac{1}{\cos x} + \dfrac{1}{2\cos^2 x - 1} = 2$

$\cos x = t$より，$\dfrac{1}{t} + \dfrac{1}{2t^2 - 1} = 2$

$2t^2 - 1 + t = 2t(2t^2 - 1)$

よって，$4t^3 - 2t^2 - 3t + 1 = 0$

問3　tの値の範囲は，

$-\dfrac{1}{\sqrt{2}} < t < 0,\ \ 0 < t < \dfrac{1}{\sqrt{2}},\ \ \dfrac{1}{\sqrt{2}} < t \leqq 1$　…②

$(t-1)(4t^2 + 2t - 1) = 0$　より，$t = 1,\ \ \dfrac{-1 \pm \sqrt{5}}{4}$　…③

$f(t) = 4t^2 + 2t - 1$とすると，

$f\left(-\dfrac{1}{\sqrt{2}}\right) = 1 - \sqrt{2} < 0,\ f\left(\dfrac{1}{\sqrt{2}}\right) = 1 + \sqrt{2} > 0$　であるから，

$\dfrac{-1 - \sqrt{5}}{4} < -\dfrac{1}{\sqrt{2}},\ \ 0 < \dfrac{-1 + \sqrt{5}}{4} < \dfrac{1}{\sqrt{2}}$

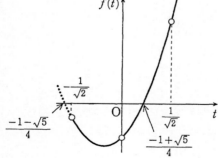

よって，図より③のうち，②を満たすものは，$t = 1,\ \ \dfrac{-1 + \sqrt{5}}{4}$　であ

る。

ここで，$0 \leq x < \dfrac{3}{4}\pi$ の範囲で，$\cos x = 1$，$\dfrac{-1+\sqrt{5}}{4}$ を満たすxの値はそ

れぞれ1個ずつあるから，方程式①を満たす解の個数は2〔個〕

〈解説〉問1　$t = \cos x$，$\cos 2x = 2\cos^2 x - 1 = 2t^2 - 1$

$2t^2 - 1 = 0$ より，$t = \pm\dfrac{1}{\sqrt{2}}$

したがって，$0 \leq x < \dfrac{3}{4}\pi$ の範囲で考え，$x = 0$のとき，$t = 1$

$x = \dfrac{\pi}{4}$ のとき，$t = \dfrac{1}{\sqrt{2}}$，$x = \dfrac{\pi}{2}$ のとき，$t = 0$，$x = \dfrac{3}{4}\pi$ のとき，

$t = -\dfrac{1}{\sqrt{2}}$ であるから，

tの値の範囲は，$-\dfrac{1}{\sqrt{2}} < t < 0$，$0 < t < \dfrac{1}{\sqrt{2}}$，$\dfrac{1}{\sqrt{2}} < t \leq 1$

問2　解答参照。　　問3　解答参照。

【7】問1　定義域は$x > 0$である。

$f'(x) = \dfrac{\log x - 1}{x^2}$　であるから，$f'(x) = 0$とすると　$x = e$

よって，$f(x)$の増減表は次のようになる。

x	0	$\cdots$	e	$\cdots$
$f'(x)$		$-$	0	$+$
$f(x)$		$\searrow$	$-\dfrac{1}{e}$	$\nearrow$

また，$\displaystyle\lim_{x \to +0} f(x) = \infty$，$\displaystyle\lim_{x \to \infty} \dfrac{\log x}{x} = 0$　より　$\displaystyle\lim_{x \to \infty} f(x) = 0$　であるから，

y軸およびx軸はこの曲線の漸近線である。

以上により，グラフの概形は次の図のようになる。

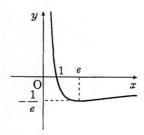

よって，$f(x)$は$x=e$で極小値$-\dfrac{1}{e}$をとり，極大値はない。

問2　接点の座標を$\left(a,\ -\dfrac{\log a}{a}\right)$とする。$f'(a)=\dfrac{\log a-1}{a^2}$であるから，

接線の方程式は，$y+\dfrac{\log a}{a}=\dfrac{\log a-1}{a^2}(x-a)$ であり，

$y=\dfrac{\log a-1}{a^2}x+\dfrac{1-2\log a}{a}$ となる。

この直線が原点を通るので，$1-2\log a=0$　より，$a=\sqrt{e}$

よって，接線の方程式は，$y=-\dfrac{1}{2e}x$，接点の座標は，$\left(\sqrt{e}\ ,\ -\dfrac{1}{2\sqrt{e}}\right)$

問3　$\dfrac{1}{8}$

〈解説〉問1　解答参照。　　問2　解答参照。

問3　面積$S=\dfrac{1}{2}\times\sqrt{e}\times\left|-\dfrac{1}{2\sqrt{e}}\right|-\displaystyle\int_1^{\sqrt{e}}\dfrac{\log x}{x}dx$

$\displaystyle\int_1^{\sqrt{e}}\dfrac{\log x}{x}dx$について，$\log x=t$として置換積分を利用すると，

$x=e^t,\ \dfrac{dx}{dt}=e^t,\ dx=e^t dt$

$x\to\sqrt{e}$ のとき，$t\to\dfrac{1}{2}$なので，

$\displaystyle\int_0^{\frac{1}{2}}\dfrac{\log x}{x}dx=\int_0^{\frac{1}{2}}\dfrac{t}{e^t}e^t\,dt$

$=\displaystyle\int_0^{\frac{1}{2}}t\,dt$

$=\left[\dfrac{1}{2}t^2\right]_0^{\frac{1}{2}}$

$=\dfrac{1}{8}$

よって，$S=\dfrac{1}{4}-\dfrac{1}{8}=\dfrac{1}{8}$

2023年度　実施問題

【中学校】

【1】次の(1)〜(3)の各問いに答えなさい。

(1) 次の計算をしなさい。

$$1+\frac{2x-1}{3}-\frac{x-3}{4}$$

(2) $ab^2c+a^2b^2-abc-a^2b-2ab-2bc+2a+2c$ を因数分解しなさい。

(3) 次の等式を満たす x の値を求めなさい。

$$|x-2|=3x$$

(☆☆☆○○○○○)

【2】円形のテーブルの周りに6人が座るとき，座り方の組み合わせが何通りできるか求めなさい。

テーブル

(☆☆☆○○○○○)

【3】図のように，縦8cm，横12cmの長方形の紙を2枚重ねたところ，2枚の紙の重なっている部分と重なっていない部分の面積が等しくなった。このとき，重なっている部分の面積を求めなさい。

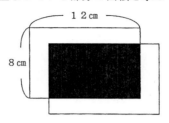

(☆☆○○○○○)

【4】図のように，正方形ABCD内に点Pをとるとき，∠APB＝75°，∠ABP＝45°になった。∠CPDの大きさを求めなさい。

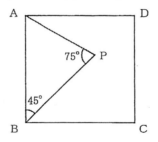

(☆☆☆○○○○)

【5】次のデータは，的あてゲームを10人で行ったときの得点を表したものである。xの値が分からないとき，10人の得点の中央値として考えられる値を小さい順にかきなさい。ただし，xの値は0以上の整数である。

| 5 | 6 | 8 | 10 | 12 | 13 | 15 | 17 | 19 | x |

(☆☆○○○○○)

【6】次図のように，円周上の点A，B，C，Dを頂点とする四角形の対角線の交点をEとする。なお，AB＝ADとする。

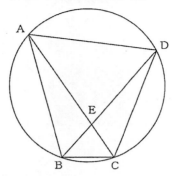

(1) △ACD∽△BCEを証明しなさい。

(2) BC＝4cm，CD＝9cm，CE＝3cmのとき，BDの長さを求めなさい。

(☆☆☆○○○○○)

【7】放物線$y=\dfrac{1}{2}x^2$と直線$y=ax+b$（ただし$a>0$，$b>0$)が次図のように交わるとき，交点のx座標が小さい方の点をE，もう一方の交点をAとし，直線$y=ax+b$とy軸との交点をBとする。また，∠ABOの二等分線とx軸との交点をDとすると，∠ADB＝90°となった。点Aからx軸におろした垂線とx軸との交点をH，BDの延長線との交点をCとする。以下の問いに答えなさい。

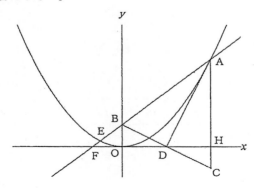

(1)　Aのx座標をtとするとき，点Hの座標をtを使って表しなさい。

(2)　BOの長さを求めなさい。

(3)　AB：BE＝4：1のとき，△ABCの面積を求めなさい。

(☆☆☆◎◎)

【8】図のように，長さ10cmの線分AB上に点Pをとり，2つの正六角形APCDEFとBPGHIJをつくる。AP＝$x$cmとして2つの正六角形の面積の和を$y$cm²とするとき，以下の問いに答えなさい。

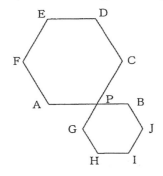

(1)　yをxの式で表しなさい。

(2)　2つの正六角形の面積の和が最小になるときのyの値を求めなさい。

(☆☆☆◎◎)

【９】図1は，横の長さが10cmの長方形の紙にかいた円錐の展開図である。ただし，点A，B，Cは長方形と円錐の展開図の接点である。この円錐について，以下の問いに答えなさい。

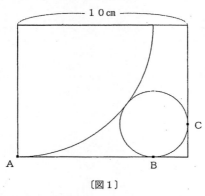

〔図１〕

(1)　円錐の底面積を求めなさい。

(2)　円錐の体積を求めなさい。

(3)　図2のように，図1の円錐の底面に接し，側面にも接する球の半径を求めなさい。

〔図２〕

(☆☆☆◎◎◎)

40

【10】 次のグラフは，A遊園地とB遊園地が10時に開園し18時に閉園する
までの1時間毎の入場者数の相対度数を求め，ヒストグラムと度数折
れ線で表したものである。

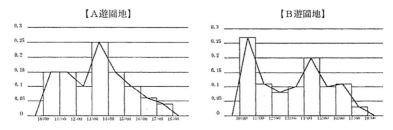

次のそれぞれの事柄について，「正しい」「正しいとは言えない」の
どちちかを書きなさい。また，判断した理由を書きなさい。

ア　15：00から16：00の時間帯に入園した人数は，どちらの遊園地も
等しいと言える。

イ　どちらの遊園地も，開園後3時間で1日の入場者数の3分の1以上が
入園している。

(☆☆☆◎◎◎◎)

【11】 次の「データの活用」領域における学習指導要領の内容について，
[①]から[③]に当てはまるものを以下の中から選び，記号で答
えなさい。また，④，⑤に当てはまる言葉を書きなさい。
「中学校学習指導要領解説　数学編(平成29年7月)第2章　第2節　数
学科の内容　2　各領域の内容の概観」Dデータの活用(1)「データの活
用」指導の意義(一部抜粋)

　　中学校数学科の「データの活用」の指導の意義については，
次の二つの面が考えられる。
・日常生活においては，[①]についてデータに基づいて判断
する場面が多いので，[②]に応じてデータを収集して処理
し，その傾向を読み取って判断することが有用であること。

> ・よりよい解決や結論を見いだすに当たって，データに基づい
> た判断や主張を[　③　]に考察することが有用であること。

> ア　確率的な事象　　イ　数学的な事象　　ウ　状況
> エ　主体的　　　　　オ　協働的　　　　　カ　目的
> キ　不確定な事象　　ク　批判的

なお，「小学校学習指導要領解説　算数編(平成29年7月)第2章　第2節　算数科の内容　2　各領域の内容の概観　D　データの活用(3)『Dデータの活用』の領域で育成を目指す資質・能力」において，統計的な問題解決活動として，次のような統計的探究プロセスが示されている。

問題	・問題の把握	・問題設定
④	・データの想定	・収集計画
データ	・データ収集	・表への整理
⑤	・グラフの作成	・特徴や傾向の把握
結論	・結論付け	・振り返り

(☆☆☆○○○○○)

【12】中学校第2学年数学「図形の合同」の授業で，歩さんと美紀さんは，小学校5年生で合同な三角形をかいた活動を振り返りながら，三角形の合同条件を検証している。

歩さん

「2組の辺とその間の角がそれぞれ等しい」という合同条件があるけど，間の角ではなくてもいいのかな。

図1のように，ＡＢ＝４ｃｍ、ＢＣ＝６ｃｍ、∠Ｃ＝３０°という条件で，確かに合同な三角形がかけたよ。

美紀さん

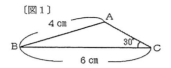

〔図1〕

　美紀さんの考えた図1の条件では，常に合同な三角形になるとは限らないが，その理由について，反例を図に示して説明しなさい。

(☆☆☆◎◎◎)

【高等学校】

【1】次の文は，「高等学校学習指導要領(平成30年3月告示)第2章　第4節　数学」における，「第2款　各科目　第6　数学C　1　目標」である。以下の各問いに答えなさい。

> 　数学的な見方・考え方を働かせ，《　あ　》を通して，数学的に考える資質・能力を次のとおり育成することを目指す。
>
> (1)　《　い　》，平面上の曲線と複素数平面についての基本的な概念や原理・法則を体系的に理解するとともに，【　A　】の工夫について認識を深め，事象を数学化したり，数学的に解釈したり，数学的に表現・処理したりする技能を身に付けるようにする。
>
> (2)　大きさと向きをもった量に着目し，演算法則やその図形的な意味を考察する力，図形や図形の構造に着目し，それらの性質を統合的・【　B　】に考察する力，【　A　】を用いて事象を簡潔・明瞭・的確に表現する力を養う。
>
> (3)　【　C　】を認識し数学を活用しようとする態度，粘り強く柔軟に考え数学的論拠に基づいて判断しようとする態度，問題解決の過程を振り返って考察を深めたり，評価・改善したりしようとする態度や創造性の基礎を養う。
>
> 　　「高等学校学習指導要領(平成30年3月告示)第2章　各学科に共通する各教科　第4節　数学」

問1　文中の《　あ　》に入る語句を，適切な漢字を用いて記入しなさい。

問2　《　い　》は，「数学C」の三つの内容のうち，平成21年3月に告示された高等学校学習指導要領の科目「数学B」から移行されたものである。《　い　》にあてはまる語句を記入しなさい。

問3　文中の【　A　】から【　C　】に入る語句を，次の語群から選び，記入しなさい。なお，同じ記号には同じ語句が入るものとする。

[語群]

数学の力　　　数学のよさ　　　数学的な表現　　　数学的思考力

基本的　　　発展的　　　積極的　　　論理的

学びに向かう力

（☆☆☆○○○○）

【2】次の各問いに答えなさい。答のみ記入しなさい。

問1　aを定数とするとき，不等式$ax+6<2x+3a$を解きなさい。

問2　赤，白，青，黄，緑，紫の6個のボールがある。これを無作為に3人に配る。ただし，1個も配られない人がいてもよいものとする。このとき，3人に2個ずつ配られる確率を求めなさい。

問3　ベクトル$\vec{a}$，$\vec{b}$について，$|\vec{a}|=5$，$|\vec{b}|=2$，$|\vec{a}+3\vec{b}|=3\sqrt{3}$とするとき，$\vec{a}+\vec{b}$と$\vec{a}+t\vec{b}$が垂直となるような実数$t$の値を求めなさい。

問4　極限値$\displaystyle\lim_{n\to\infty}\frac{\pi}{n}\sum_{k=1}^{n}\sin^2\frac{k\pi}{8n}$を求めなさい。

問5　複素数zが$z+\dfrac{1}{z}=\sqrt{2}$を満たすとき，z^{18}の値を求めなさい。ただし，虚数単位をiとする。

（☆☆☆○○○○○）

【3】「x，yが4つの不等式$x \geqq 0$，$y \geqq 0$，$3x+2y \leqq 12$，$x+2y \leqq 8$を満たすとき，$2x+y$の最大値および最小値を求めよ。」という問題に，高校生のSさんは次のように解答した。以下の各問いに答えなさい。

(Sさんの解答)

与えられた連立不等式の表す領域をAとすると，領域Aは4点$(0, 0)$，$(4, 0)$，$(2, 3)$，$(0, 4)$を頂点とする四角形の周および内部である。

$2x+y=k$ …①とおくと，これは傾きが-2，y切片がkの直線を表す。この直線①が領域Aと共有点をもつようなkの値の最大値と最小値を求めればよい。

領域Aにおいては，直線①が点$(2, 3)$を通るとき，すなわち図の①′のときkの値は最大になり，原点Oを通るとき，すなわち図の①″のときkの値は最小になる。よって$2x+y$は，$x=2$，$y=3$のとき，最大値7をとり，$x=0$，$y=0$のとき，最小値0をとる。

問1　Sさんの解答の　　　内には間違いがある。間違っている点をSさんに説明する場合，どのように説明するか，記入しなさい。

問2　次の　　　内に正答例をかき，解答を完成させなさい。

(Sさんの解答)

与えられた連立不等式の表す領域をAとすると，領域Aは4点(0, 0)，(4, 0)，(2, 3)，(0, 4)を頂点とする四角形の周および内部である。

$2x+y=k$　…①とおくと，これは傾きが-2，y切片がkの直線を表す。この直線①が領域Aと共有点をもつようなkの値の最大値と最小値を求めればよい。

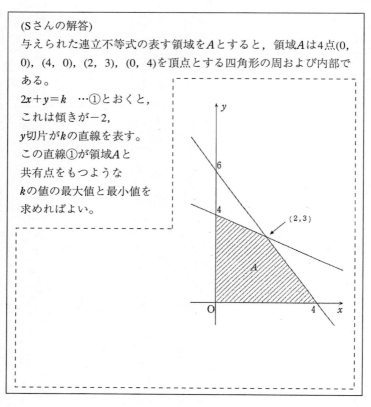

(☆☆☆☆◎◎◎)

【4】次の各問いに答えなさい。

問1　3次方程式$ax^3+bx^2+cx+d=0$の3つの解をα，β，γとするとき，等式$\alpha\beta+\beta\gamma+\gamma\alpha=\dfrac{c}{a}$が成り立つことを証明しなさい。

問2　3次方程式$2x^3-3x^2-6x+4=0$の3つの解をα，β，γとするとき，$\alpha^2+\beta^2+\gamma^2$の値を求めなさい。

(☆☆☆◎◎)

【5】aを正の定数とするとき，関数$f(x)=(\log_3 x)^2+(\log_x 3)^2-4a(\log_3 x+\log_x 3)+5$について，次の各問いに答えなさい。ただし，問1と問3は答のみ記入しなさい。

問1　$\log_3 x+\log_x 3=t$とおくとき，$f(x)$をtを用いて表しなさい。

問2　問1のとき，tのとりうる値の範囲を求めなさい。

問3　$f(x)$の最小値を$m(a)$とするとき，$m(a)$をaを用いて表しなさい。

(☆☆☆◎◎◎◎)

【6】iを虚数単位とする。方程式$x^3-1=0$の虚数解のうち，虚部が正であるものをωとおく。また，$a_n=(1+\omega^2)^n$　$(n=1, 2, 3, \cdots\cdots)$とするとき，次の各問いに答えなさい。ただし，問1と問2は答のみ記入しなさい。

問1　ωの値を求めなさい。

問2　a_1+a_2の値を求めなさい。

問3　$a_1+a_2+a_3+\cdots\cdots+a_{2023}$の値を求めなさい。

(☆☆☆◎◎◎)

【7】定数kを正の実数とする。関数$f(x)=\dfrac{kx}{x^2+4}$について，次の各問いに答えなさい。ただし，問1と問3は答のみ記入しなさい。

問1　導関数$f'(x)$を求めなさい。

問2　関数$f(x)$の増減を調べて，$y=f(x)$のグラフの概形をかきなさい。また，関数$f(x)$の極値を求めなさい。ただし，曲線の凹凸は調べなくてよい。

問3　$|x|\leqq k$における関数$f(x)$の最大値，最小値をそれぞれM，mとするとき，$M-m=\dfrac{2}{9}$となるkの値を求めなさい。

(☆☆☆◎◎◎◎◎)

解答・解説

【中学校】

【１】(1) $\dfrac{5x+17}{12}$　　(2) $(c+a)(ab-2)(b-1)$　　(3) $x=\dfrac{1}{2}$

〈解説〉(1)　$1+\dfrac{2x-1}{3}-\dfrac{x-3}{4}=\dfrac{12+4(2x-1)-3(x-3)}{12}=\dfrac{5x+17}{12}$

(2)　$ab^2c+a^2b^2-abc-a^2b-2ab-2bc+2a+2c$

$=(ab^2-ab-2b+2)c+a^2b^2-a^2b-2ab+2a$

$=(ab^2-ab-2b+2)c+a(ab^2-ab-2b+2)$

$=(ab^2-ab-2b+2)(c+a)$

$=\{ab(b-1)-2(b-1)\}(c+a)$

$=(b-1)(ab-2)(c+a)$

(3)　$|x-2|=3x$　…①

まず，①より，$x\geqq0$である。

①より，$x\geqq2$のとき，$x-2=3x$，$x=-1$

②より，$0\leqq x<2$のとき，$-(x-2)=3x$，$x=\dfrac{1}{2}$

よって，①の解は，$x=\dfrac{1}{2}$

【２】120〔通り〕

〈解説〉円形のテーブルの周りに6人が座る円順列であるから，

$(6-1)!=5!=5\cdot4\cdot3\cdot2\cdot1=120$〔通り〕

【３】64〔cm²〕

〈解説〉図のようにして，重なっている部分の面積をxy〔cm²〕とする。

題意より，$2(12\times8-xy)=xy$が成り立つから，$xy=64$

よって，重なっている部分の面積は，64〔cm²〕

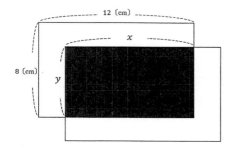

【4】105〔度〕

〈解説〉3点B，P，Dは一直線上にあって，△BAP≡△BCP，∠BAP＝∠BCP＝60°である。よって，△BCPの内角と外角の関係から，

∠CPD＝∠CBP＋∠BCP＝45°＋60°＝105°*50*

【5】11，11.5，12，12.5

〈解説〉xの値が整数であるから，中央値は10人のデータから，$x=10$，11，12，13が適する。

よって，それぞれの場合について，中央値は，

$$\frac{10+12}{2}=11, \quad \frac{11+12}{2}=11.5, \quad \frac{12+12}{2}=12, \quad \frac{12+13}{2}=12.5となる。$$

【6】(1)　△ACDと△BCEにおいて弧CDに対する円周角の定理から，

∠CAD＝∠CBE(＝∠CBD)　…①

AB＝ADから，△ABDは二等辺三角形だから，

∠ADB＝∠ABD　…②

弧ADに対する円周角の定理から，

∠ACD＝∠ABD　…③

弧ABに対する円周角の定理から，

∠ADB＝∠ACB　…④

②，③，④から

∠ACD＝∠BCE(＝∠ACB)　…⑤

※∠ACD＝∠ABD＝∠ADB＝∠ACB＝∠ECB＝∠BCE

①，⑤から，

2組の角がそれぞれ等しいから，△ACD∽△BCE

(2)　$\dfrac{13\sqrt{3}}{2}$〔cm〕

〈解説〉(1)　解答参照。

(2)　(1)より，△ACD∽△BCEより，

CD：CE＝AC：BC，9：3＝AC：4

よって，AC＝12となり，AE＝12－3＝9

また，△ADE∽△BCEより，

AD：BC＝DE：CE，AD：4＝DE：3，DE＝$\dfrac{3AD}{4}$　…⑥

次に，△ACD∽△BCEより，

AD：BE＝CD：CE，AD：BE＝9：3，BE＝$\dfrac{AD}{3}$　…⑦

方べきの定理より，BE・ED＝CE・EA＝3・9＝27

よって，⑥，⑦より，$\dfrac{AD^2}{4}＝27$，AD＝$6\sqrt{3}$

したがって，BD＝BE＋ED＝$\dfrac{13}{12}$AD＝$\dfrac{13}{12}・6\sqrt{3}＝\dfrac{13\sqrt{3}}{2}$〔cm〕

【7】(1)　H(t, 0)　　(2)　$\dfrac{1}{2}$　　(3)　$\dfrac{5}{2}$〔cm²〕

〈解説〉(1)　点A$\left(t, \dfrac{t^2}{2}\right)$，AC⊥$x$軸であるから，点Hの座標はH($t$, 0)

(2)　題意より，OB//ACから，∠OBC＝∠ACB　(錯角)

また，∠ABD＝∠OBDより，∠ABC＝∠ACBとなり，二つの角度が等しいため，△ABCは二等辺三角形となる。

また，AD⊥BCであることより，点DはBCの中点であり，斜辺と一つの角がそれぞれ等しいため，△OBD≡△HCD

よって，B(0, b)より，D$\left(\dfrac{t}{2}, 0\right)$，C($t$, $-b$)となる。

ここで，AB＝ACだから，$t^2＋\left(\dfrac{t^2}{2}－b\right)^2＝\left(\dfrac{t^2}{2}＋b\right)^2$

$t^2+\dfrac{t^2}{4}-t^2b+b^2=\dfrac{t^4}{4}+t^2b+b^2,\ \ 2t^2b=t^2,\ \ t\neq0$ より，$b=\dfrac{1}{2}$

$b>0$ を満たす。よって，$B\left(0,\ \dfrac{1}{2}\right)$ となるから，$OB=\dfrac{1}{2}$ である。

【別解】 $\angle CAD=\angle BAD=\angle BDO$ となるから，$\triangle OBD \backsim \triangle HDA$

よって，$OB:HD=OD:HA$ より，$b:\dfrac{t}{2}=\dfrac{t}{2}:\dfrac{t^2}{2},\ \ b=\dfrac{1}{2}$

(3) 放物線と直線との交点の座標を求める。

$y=\dfrac{x^2}{2},\ \ y=ax+\dfrac{1}{2}$ より，$\dfrac{x^2}{2}=ax+\dfrac{1}{2},\ \ x^2-2ax-1=0,\ \ x=a\pm\sqrt{a^2+1}$

よって，$A\left(a+\sqrt{a^2+1},\ \ a^2+a\sqrt{a^2+1}+\dfrac{1}{2}\right),$

$\qquad E\left(a-\sqrt{a^2+1},\ \ a^2-a\sqrt{a^2+1}+\dfrac{1}{2}\right)$ となる。

$AB:BE=4:1$ より，$AB^2:BE^2=4^2:1^2,\ \ AB^2=16BE^2$

$(a+\sqrt{a^2+1})^2+(a^2+a\sqrt{a^2+1})^2=16\{(a-\sqrt{a^2+1})^2+(a^2-a\sqrt{a^2+1})^2\}$

$(a^2+1)(a+\sqrt{a^2+1})^2=16(a^2+1)(a-\sqrt{a^2+1})^2,$

$(a+\sqrt{a^2+1})^2=16(a-\sqrt{a^2+1})^2$

$a+\sqrt{a^2+1}=\pm4(a-\sqrt{a^2+1}),\ \ a>0$ であるから，

$a+\sqrt{a^2+1}=-4(a-\sqrt{a^2+1}),\ \ 5a=3\sqrt{a^2+1},\ \ a^2=\dfrac{9}{16},\ \ a=\pm\dfrac{3}{4},$

$a>0$ より，$a=\dfrac{3}{4}$

よって，$A(2,\ 2),\ C\left(2,\ -\dfrac{1}{2}\right),\ D(1,\ 0)$ であるから，

$\triangle ABC=2\triangle DAC=2\cdot\left(\dfrac{1}{2}\cdot AC\cdot DH\right)=AC\cdot DH=\dfrac{5}{2}\cdot1=\dfrac{5}{2}$ 〔cm^2〕

【8】(1) $y=3\sqrt{3}\ (x^2-10x+50)$ 　　(2) $75\sqrt{3}$ 〔cm^2〕

〈解説〉(1) $AP=x$，$BP=10-x$ であるから，それぞれの面積は，

正六角形 $APCDEF=6\times\dfrac{1}{2}x^2\sin\dfrac{\pi}{3}=\dfrac{3\sqrt{3}}{2}x^2,$

正六角形 $BPGHIJ=6\times\dfrac{1}{2}(10-x)^2\sin\dfrac{\pi}{3}=\dfrac{3\sqrt{3}}{2}(10-x)^2$

よって，2つの面積の和は，

$$y=\frac{3\sqrt{3}}{2}x^2+\frac{3\sqrt{3}}{2}(10-x)^2=3\sqrt{3}\,(x^2-10x+50)\ \text{〔cm}^2\text{〕}$$

(2)　(1)の結果より，$0<x<10$なので，

$$y=3\sqrt{3}\,(x-5)^2+75\sqrt{3}$$

よって，$x=5$〔cm〕のとき，最小値$75\sqrt{3}$〔cm^2〕

【9】(1)　4π〔cm^2〕　　(2)　$\dfrac{8\sqrt{15}}{3}\pi$〔cm^3〕　　(3)　$\dfrac{2\sqrt{15}}{5}$〔cm〕

〈解説〉(1)　円錐の底面の半径をrとする。弧の長さと円周の長さが等しいので，弧の長さ$l=r\theta$より，$(10-r)\cdot\dfrac{\pi}{2}=2\pi r$　よって，$r=2$

底面積Sは，$S=\pi\cdot2^2=4\pi$〔cm^2〕

(2)　円錐の高さhは$h=\sqrt{8^2-2^2}=2\sqrt{15}$

よって，体積Vは，$V=\dfrac{1}{3}Sh=\dfrac{1}{3}\cdot4\pi\cdot2\sqrt{15}=\dfrac{8\sqrt{15}}{3}\pi$〔cm^3〕

(3)　内接する球の半径をxとすると，下図のようになるから，

$\triangle ABC=\triangle OAB+\triangle OBC+\triangle OCA$，

$\triangle ABC=\dfrac{1}{2}\cdot4\cdot2\sqrt{15}=4\sqrt{15}$であるから，

$$4\sqrt{15}=\frac{1}{2}\cdot8\cdot x+\frac{1}{2}\cdot4\cdot x+\frac{1}{2}\cdot8\cdot x=10x$$

よって，$x=\dfrac{4\sqrt{15}}{10}=\dfrac{2\sqrt{15}}{5}$〔cm〕

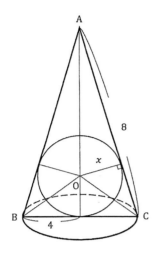

【10】ア…正しいと言えない　　理由…相対度数が等しくても，総度数が異なる場合があるため，それぞれの母数が等しいとは言えないから

　　イ…正しい　　理由…開園後3時間の累積相対度数を求めると，$0.\dot{3}$を超えているから。

〈解説〉(1)　相対度数は各階級の度数の全体の割合である。ヒストグラムからは相対度数しか読み取れないため，入場者数が等しいか判断できない。

(2)　累積相対度数を求めると

A遊園地：$0.15 + 0.15 + 0.1 = 0.4$

B遊園地：$0.27 + 0.11 + 0.08 = 0.46$　　より，$\dfrac{1}{3} = 0.333\cdots$を超えている。

【11】①　キ　　②　カ　　③　ク　　④　計画　　⑤　分析

〈解説〉中学数学におけるデータの活用では，不確定な事象を数学的な考察の対象として指導を進め目的に応じデータを収集・分析できるようにすること，データに基づいて結論や解決を見いだすことで批判的な思考や考察を行えるようにすることが指導の意義である。統計的な問

題解決活動は，統計的に解決できる問題の設定，設定した問題の解決
方法の計画，データの集計，集計したデータからの問題の分析，見い
だした傾向などからの結論付けなどの統計的探究プロセスを通して行
われる。

【12】説明…ACを延長して，BA＝BDとなる点Dをとると△DBCができる。
このとき，△DBCと△ABCは，二組の辺と一組の角がそれぞれ等しい
三角形となるが合同ではないため。

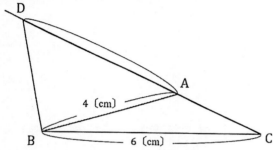

〈解説〉解答参照。

【高等学校】

【１】問1　数学的活動　　問2　ベクトル　　問3　A　数学的な表現
　　B　発展的　　　C　数学のよさ

〈解説〉問1　数学科においては数学的活動を通して，資質・能力を育成
　　する。　問2　ベクトルは前学習指導要領においては「数学B」の内容
　　であったが，今回の改訂で「数学活用」が廃止され「数学C」が設け
　　られたことに伴い移行された。　問3　解答参照。

【２】問1　$a > 2$のとき，$x < 3$，$a = 2$のとき解なし，$a < 2$のとき，$x > 3$

　　問2　$\dfrac{10}{81}$　　問3　$t = \dfrac{58}{5}$　　問4　$\dfrac{\pi}{2} - \sqrt{2}$　　問5　$\pm i$

〈解説〉問1　$ax + 6 < 2x + 3a$より，$(a - 2)x < 3(a - 2)$

問2　色の違った6個のボールを3人に配るから，3^6通り，
また，6個を3人に2個ずつ配るから，

$_6C_2 \cdot {}_4C_2 \cdot {}_2C_2 = \dfrac{6 \cdot 5}{2!} \times \dfrac{4 \cdot 3}{2!} \times 1 = 90$〔通り〕である。

よって，求める確率は，$\dfrac{90}{3^6} = \dfrac{10}{81}$

問3　$|\vec{a}| = 5$，$|\vec{b}| = 2$，$|\vec{a} + 3\vec{b}| = 3\sqrt{3}$ より，$|\vec{a} + 3\vec{b}|^2 = 27$，

$|\vec{a}|^2 + 6\vec{a} \cdot \vec{b} + |3\vec{b}|^2 = 27$，$25 + 6\vec{a} \cdot \vec{b} + 36 = 27$

よって，$\vec{a} \cdot \vec{b} = -\dfrac{17}{3}$

次に，$(\vec{a} + \vec{b}) \perp (\vec{a} + t\vec{b})$ より，$(\vec{a} + \vec{b}) \cdot (\vec{a} + t\vec{b}) = 0$

よって，$|\vec{a}|^2 + (t+1)\vec{a} \cdot \vec{b} + t|\vec{b}|^2 = 0$ より，$25 + (t+1) \cdot \left(-\dfrac{17}{3}\right) + $

$4t = 0$，$5t = 58$，$t = \dfrac{58}{5}$

問4　$\displaystyle\lim_{n \to \infty} \dfrac{\pi}{n} \sum_{k=1}^{n} \sin^2 \dfrac{k\pi}{8n} = \lim_{n \to \infty} \pi \cdot \dfrac{1}{n} \sum_{k=1}^{n} \sin^2 \dfrac{\pi}{8} \cdot \dfrac{k}{n} = \pi \int_0^1 \sin^2 \dfrac{\pi}{8} x\, dx$

$= \pi \int_0^1 \dfrac{1}{2}\left(1 - \cos \dfrac{\pi}{4} x\right) dx = \dfrac{\pi}{2}\left[x - \dfrac{4}{\pi} \sin \dfrac{\pi}{4} x\right]_0^1 = \dfrac{\pi}{2}\left(1 - \dfrac{4}{\pi\sqrt{2}}\right)$

$= \dfrac{\pi}{2} - \sqrt{2}$

問5　$z + \dfrac{1}{z} = \sqrt{2}$ より，$z^2 - \sqrt{2}\,z + 1 = 0$

よって，$z = \dfrac{\sqrt{2} \pm \sqrt{2}\,i}{2} = \dfrac{1}{\sqrt{2}} \pm \dfrac{1}{\sqrt{2}} i = \cos\left(\pm \dfrac{\pi}{4}\right) + i \sin\left(\pm \dfrac{\pi}{4}\right)$ となり，

$z^{18} = \left\{\cos\left(\pm \dfrac{\pi}{4}\right) + i \sin\left(\pm \dfrac{\pi}{4}\right)\right\}^{18} = \cos\left(\pm \dfrac{9\pi}{2}\right) + i \sin\left(\pm \dfrac{9}{2}\right) = \pm i$

【3】問1　3直線 $x + 2y = 8$，$3x + 2y = 12$，$2x + y = k$ の傾きは，$-\dfrac{1}{2}$，$-\dfrac{3}{2}$，-2であり，①′，①″ の傾きを正しく図示していないことから，kの値が最大となるときについては，条件を間違えている。

問2

(Sさんの解答)
与えられた連立不等式の表す領域をAとすると，領域Aは4点(0, 0)，(4, 0)，(2, 3)，(0, 4)を頂点とする四角形の周および内部である。

$2x+y=k$ …①とおくと，
これは傾きが－2，
y切片がkの直線を表す。
この直線①が領域Aと
共有点をもつような
kの値の最大値と最小値を
求めればよい。

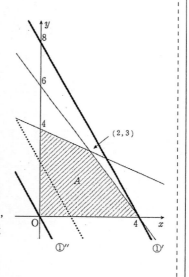

(2, 3)

領域Aにおいては，直線①が
点(4, 0)を通るとき，
すなわち図の①′のときkの値は
最大になり，原点Oを通るとき，
すなわち図の①″のときkの値は
最小になる。
よって$2x+y$は，
$x=4$，$y=0$のとき，最大値8をとり，
$x=0$，$y=0$のとき，最小値0をとる。

〈解説〉解答参照。

【4】問1　題意より，等式$ax^3+bx^2+cx+d=a(x-\alpha)(x-\beta)(x-\gamma)$が成り立つ。
右辺を展開して整理すると，
$ax^3+bx^2+cx+d=ax^3-a(\alpha+\beta+\gamma)x^2+a(\alpha\beta+\beta\gamma+\gamma\alpha)x-a\alpha\beta\gamma$
この等式はxについての恒等式であるから，両辺の係数を比較して，

$c=a(\alpha\beta+\beta\gamma+\gamma\alpha)$

与えられた方程式は，3次方程式であるから，

$a\neq0$より，$\alpha\beta+\beta\gamma+\gamma\alpha=\dfrac{c}{a}$が成り立つ。

問2 問1の過程より，$\alpha+\beta+\gamma=-\dfrac{b}{a}$である。

3次方程式$2x^3-3x^2-6x+4=0$の3つの解がα，β，γであるから，

$\alpha+\beta+\gamma=\dfrac{3}{2}$，$\alpha\beta+\beta\gamma+\gamma\alpha=-3$

よって，

$$\alpha^2+\beta^2+\gamma^2=(\alpha+\beta+\gamma)^2-2(\alpha\beta+\beta\gamma+\gamma\alpha)$$
$$=\left(\dfrac{3}{2}\right)^2-2\cdot(-3)$$
$$=\dfrac{33}{4}$$

〈解説〉解答参照。

【5】問1 $f(x)=t^2-4at+3$

問2 $t=\log_3 x+\log_x 3$

底及び真数の条件より，$0<x<1$，$1<x$であるから，

$$t=\log_3 x+\dfrac{1}{\log_3 x}$$

$\log_3 x=X$とおくと，Xは，$X=0$を除くすべての実数値をとる。

$t=X+\dfrac{1}{X}$より，$X^2-tX+1=0$ …①

①は$X=0$を解にもたない。

①の判別式をDとすると，

$D=(-t)^2-4=t^2-4=(t+2)(t-2)$

①が実数解をもつための必要十分条件は，$D\geqq0$

すなわち，$(t+2)(t-2)\geqq0$

よって，$t\leqq-2$，$2\leqq t$

問3 $m(a)=\begin{cases}-8a+7 & (0<a<1)\\-4a^2+3 & (1\leqq a)\end{cases}$

〈解説〉問1 $f(x)=(\log_3 x)^2+(\log_x 3)^2-4a(\log_3 x+\log_x 3)+5$

$$=(\log_3 x+\log_x 3)^2-2(\log_3 x)(\log_x 3)-4a(\log_3 x+\log_x 3)+5$$
$$=(\log_3 x+\log_x 3)^2-2\cdot 1-4a(\log_3 x+\log_x 3)+5$$
$$=t^2-4at+3$$

問2　解答参照。

問3　問1，問2の結果より，

$g(t)=t^2-4at+3=(t-2a)^2-4a^2+3$　$(t\leqq-2,\ t\geqq2)$の最小値を求める。

$a>0$であるから，

[i]　$0<a<1$のとき，

次図より，最小値$g(2)=4-8a+3=-8a+7$

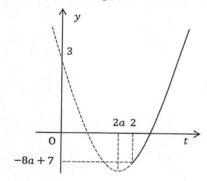

[ii]　$a\geqq1$のとき，

次図より，最小値$g(2a)=-4a^2+3$

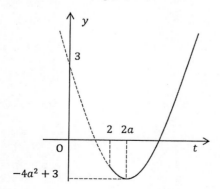

58

よって，[i]，[ii]より，最小値$m(a)$は，

$$m(a)=\begin{cases} -8a+7 & (0<a<1) \\ -4a^2+3 & (a\geqq 1) \end{cases})$$

【6】問1　$\omega=\dfrac{-1+\sqrt{3}\,i}{2}$　　問2　$-\sqrt{3}\,i$

問3　$x^3-1=0$の解であるから，$\omega^3=1$

$x^3-1=(x-1)(x^2+x+1)$と因数分解できて，

$\omega\neq 1$よりωは$x^2+x+1=0$の解であるから，$\omega^2+\omega+1=0$

よって$1+\omega^2=-\omega$であるから，$a_n=(-\omega)^n$

$a_1=-\omega$，$a_2=\omega^2$，$a_3=-1$，$a_4=\omega$，$a_5=-\omega^2$，$a_6=1$であるから，

$a_1+a_2+a_3+a_4+a_5+a_6=0$となる。

また，$a_{n+6}=(-\omega)^{n+6}=(-\omega)^n\cdot(-\omega)^6=(-\omega)^n=a_n$であるから，

a_nは$-\omega$，ω^2，-1，ω，$-\omega^2$，1が循環している。

ここで，$2023=337\times6+1$であるから，

$$a_1+a_2+a_3+\cdots\cdots+a_{2023}=-\omega=\dfrac{1-\sqrt{3}\,i}{2}$$

〈解説〉問1　$x^3-1=0$より，$(x-1)(x^2+x+1)=0$，$x=1$，$\dfrac{-1\pm\sqrt{3}\,i}{2}$

題意から，xは虚数解で虚部が正であるから，$\omega=\dfrac{-1+\sqrt{3}\,i}{2}$

問2　$a_n=(1+\omega^2)^n$　$(n=1,\ 2,\ 3\cdots)$において，

$\omega^2+\omega+1=0$であるから，$1+\omega^2=-\omega$

よって，$a_1+a_2=(1+\omega^2)+(1+\omega^2)^2=(-\omega)+(-\omega)^2=-\omega+\omega^2$

$=-\omega+(-\omega-1)=-2\omega-1=-2\left(\dfrac{-1+\sqrt{3}\,i}{2}\right)-1=-\sqrt{3}\,i$

問3　解答参照。

【7】問1　$f'(x)=\dfrac{k(4-x^2)}{(x^2+4)^2}$

問2　$f(x)=0$の解は$x=0$である。

$$f'(x)=\dfrac{-k(x+2)(x-2)}{(x^2+4)^2}$$

$k>0$であるから，$f(x)$の増減表は次のようになる。

x	$\cdots$	-2	$\cdots$	2	$\cdots$
$f'(x)$	$-$	0	$+$	0	$-$
$f(x)$	$\searrow$	$-\dfrac{k}{4}$	$\nearrow$	$\dfrac{k}{4}$	$\searrow$

$$\lim_{x \to \infty} f(x) = \lim_{n \to \infty} \frac{\dfrac{k}{x}}{1 + \dfrac{4}{x^2}} = 0, \quad \lim_{x \to -\infty} f(x) = \lim_{x \to -\infty} \frac{\dfrac{k}{x}}{1 + \dfrac{4}{x^2}} = 0 \text{であるから,}$$

x軸はこの曲線の漸近線である。

以上により，グラフの概形は次の図のようになる。

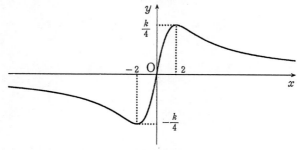

よって，$f(x)$は$x = -2$で極小値$-\dfrac{k}{4}$，$x = 2$で極大値$\dfrac{k}{4}$をとる。

問3　$k = \dfrac{\sqrt{2}}{2}$

〈解説〉問1　$f(x) = \dfrac{kx}{x^2 + 4}$　$(k > 0)$より，

$$f'(x) = \frac{(kx)'(x^2 + 4) - kx(x^2 + 4)'}{(x^2 + 4)^2} = \frac{k(x^2 + 4) - kx \cdot 2x}{(x^2 + 4)^2} = \frac{k(4 - x^2)}{(x^2 + 4)^2}$$

問2　解答参照。

問3　問3　$|x| \leqq k$における最大値M，最小値mは問2のグラフより，

[i]　$0 < k < 2$のとき，$M = f(k) = \dfrac{k^2}{k^2 + 4}$，$m = f(-k) = \dfrac{-k^2}{k^2 + 4}$

$M - m = \dfrac{2}{9}$より，$\dfrac{2k^2}{k^2 + 4} = \dfrac{2}{9}$，$k^2 = \dfrac{1}{2}$，$k = \pm\dfrac{1}{\sqrt{2}}$

$0 < k < 2$であるから，$k = \dfrac{1}{\sqrt{2}} = \dfrac{\sqrt{2}}{2}$

[ii] $k \geqq 2$のとき，$M = f(2) = \dfrac{k}{4}$，$m = f(-2) = \dfrac{-k}{4}$

$M - m = \dfrac{2}{9}$ より，$\dfrac{2k}{4} = \dfrac{2}{9}$，$k = \dfrac{4}{9}$

$k \geqq 2$であるから，これは不適

よって，[i]，[ii]より，$k = \dfrac{\sqrt{2}}{2}$

2022年度　実施問題

【中学校】

【1】次の(1)～(3)の各問いに答えなさい。(解答用紙には答えのみ記入すること。)

(1) 次の等式をcについて解きなさい。

$a=2(b-c)$

(2) 次の連立不等式 $\begin{cases} 5x-1 \leqq 2x+6 \\ 3x+2 < 4x+1 \end{cases}$ を解きなさい。

(3) $x^2+3xy+2y^2-x-3y-2$を因数分解しなさい。

(☆☆☆◎◎◎)

【2】五つの異なる自然数の和が21になるとき，五つの自然数の組み合わせは何通りあるか求めなさい。

(☆☆☆◎◎◎)

【3】図の$\angle x$の大きさを求めなさい。

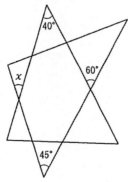

(☆☆☆◎◎◎)

【4】 図1は計算ピラミッドとよばれるものである。計算ピラミッドでは，
　隣り合ったマスの中の数の和が，上の段のマスに入る。

　　図1は，1番下の段の数が，3，8，5の場合の例である。

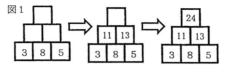

図1

(1)　図2のような場合のとき，*x*，*y*，*z*の値を求めなさい。

図2

(2)　図3は9段の計算ピラミッドである。

　　1番下の段には，連続する九つの自然数が，左のマスから小さい
　順に入る。

　　1番上のマスの数が，8192となるとき，1番下の段の最小の数はい
　くつになるか求めなさい。

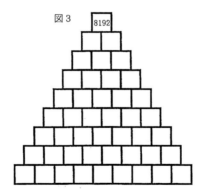

図3

(☆☆☆○○○○)

【5】図のように，点A(4, 8)，点O(0, 0)，点B(20, 0)を結ぶ。この三角
　　形において，辺OB上に左から点C，点Dを，辺AB上に左から点E，点F
　　をとり，線分AC，CE，ED，DFをひいたところ，△AOBの面積を五等
　　分した三角形ができた。

　　　このとき，点Dのx座標を求めなさい。

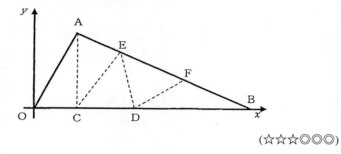

(☆☆☆◎◎◎)

【6】図のような，線分ABを直径とする円Oがある。円Oの円周上に，2
　　点A，Bと異なる点Cをとり線分ACの中点をDとする。線分ODをDの方
　　へ延長した線と，点Aを通る円Oの接線との交点をEとし，線分OEと円
　　Oとの交点をFとする。

　　　このとき，以下の問いに答えなさい。

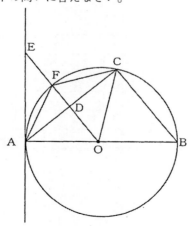

(1)　△ABC∽△EOAであることを証明しなさい。

(2)　点DからEAへ垂線をひき，交点をHとする。円Oの半径が6cm，
OD＝4cmのとき，線分DHの長さを求めなさい。

(☆☆☆◎◎)

【7】関数$y＝-x^2$上にx座標がそれぞれ-4，3となる2点A，Bをとる。
このとき，以下の問いに答えなさい。なお，円周率はπとする。

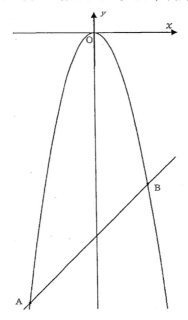

(1)　直線ABを軸に△OABを回転してできる立体の体積を求めなさい。

(2)　関数$y＝-x^2$上に，点P(-1，-1)，点Q(2，-4)をとり，直線AB上
に点Rをとる。

　　四角形PABQ＝△PARとなるときの点Rの座標をすべて求めなさ
い。

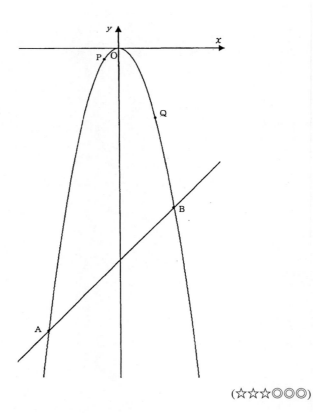

(☆☆☆◎◎◎)

【8】図のような，一辺の長さが10cmの正四面体OABCがある。
次の問いに答えなさい。

(1)　辺ABの中点をMとし，点Mから点Aまでひもをかけたとき，最短
になるひもの長さを求めなさい。

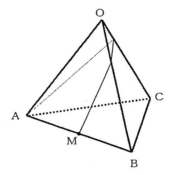

(2)　辺OA上にOP＝5cmとなる点P，辺OB上にOQ＝2cmとなる点Qをとる。

このとき，四角錐CPABQの体積を求めなさい。

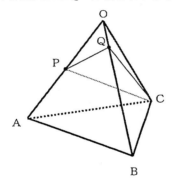

(☆☆☆◎◎◎)

【9】図は，A中学校，B中学校，C中学校の3年生全員の靴のサイズを，箱ひげ図で表したものである。

これらの図から読み取れることとして，適切なものには○，そうでないものには×を書きなさい。

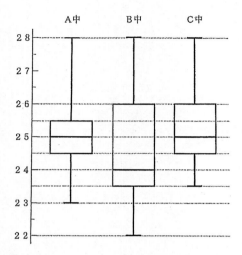

ア　A中学校，B中学校ともに，1番サイズが大きい人は28cmである。

イ　B中学校の平均値は24cmである。

ウ　A中学校は，靴のサイズが26cm以上の人数が，他の2校に比べて少ない。

エ　C中学校は，他の2校に比べて，四分位範囲は小さい。

(☆☆☆◎◎◎)

【10】次の文章は「中学校学習指導要領解説　数学編(平成29年7月)第3章各学年の目標及び内容　第2節　第2学年の内容　D(1)データの分布」の抜粋である。①から④に当てはまる語句を，以下のア～クの中から選び，記号で答えなさい。ただし，同じ番号には同じ記号が入る。

> 　四分位範囲や箱ひげ図を用いて，複数の集団のデータの分布の[　①　]を比較して読み取り，[　②　]に考察したり判断したことを説明したりすることができるようにする。
> 　指導に当たっては，[　③　]を題材とした問題などを取り上げ，それを解決するために必要なデータを収集し，[　④　]などを利

用してデータを整理し，四分位範囲を求めたり箱ひげ図で表したりして複数の集団のデータの[①]を比較して読み取り，その結果を基に説明するという一連の活動を経験できるようにすることが重要である。

ア　日常の事象　　イ　数学の事象　　ウ　傾向
エ　ちらばり　　　オ　批判的　　　　カ　論理的
キ　統合的　　　　ク　コンピュータ

(☆☆☆◎◎◎)

【11】高原さんは，家の照明器具の取り替えを行うため，照明器具の値段と電気代を合計した総費用を比較することを考えた。そこで表のように，照明器具1個分の値段，寿命，1か月の電気代をまとめた。

　このとき，以下の問いについて答えなさい。

　ただし，1か月の電気代は，1か月を30日とし，1日10時間連続で使用した場合の金額とする。

照明器具	1個分の値段	1個分の寿命	1か月の電気代
白熱電球	１５０円	１０００時間	３９０円
電球型蛍光灯	６００円	１００００時間	９０円
ＬＥＤ電球	２８７０円	３００００時間	６０円

(1)　電球型蛍光灯を10000時間使用したときの総費用を求めなさい。

(2)　白熱電球とLED電球を同じ時間使用したとき，LED電球の総費用が白熱電球の総費用と等しくなるのは，使用し始めてから何時間後か求めなさい。ただし，白熱電球は1000時間ごとに新しい電球と取り換えるものとする。

(☆☆☆◎◎◎)

【12】中学校3年生の二次方程式の授業で，「$x(x-2)=x-2$」という方程式を解く問題が出題された。直子さんと大輝さんは，次の方法で方程式を解いた。

私は、まず、左辺を展開したよ。
そのあとに、右辺を0にして左辺を因数分解して解いたよ。
（解き方）　　$x(x-2)=x-2$
　　　　　　　$x^2-2x=x-2$
　　　　　　　$x^2-3x+2=0$
　　　　　　$(x-1)(x-2)=0$
　　　　　　　　　　$x=1、2$

直子さん

僕は、両辺を$x-2$で割って解いたよ。
（解き方）　　$x(x-2)=x-2$
　　　　　　　　　$x=1$
あれ、直子さんと違う答えになったな。

大輝さん

大輝さんの考え方には，誤りがある。その理由を説明しなさい。

(☆☆☆◎◎◎)

【高等学校】

【１】次の文は，「高等学校学習指導要領(平成30年3月告示)　第2章　第4節　数学」において，高等学校数学科の目標について述べられている部分の抜粋である。次の各問に答えなさい。

　　《　あ　》を働かせ，数学的活動を通して，数学的に考える資質・能力を次のとおり育成することを目指す。

(1)　数学における【　Ａ　】な概念や原理・法則を【　Ｂ　】に理解するとともに，事象を数学化したり，数学的に解釈したり，数学的に表現・処理したりする技能を身に付けるようにする。

(2)　数学を活用して事象を【　Ｃ　】に考察する力，事象の本質や他の事象との関係を認識し統合的・発展的に考察する力，数学的な表現を用いて事象を簡潔・明瞭・的確に表現する力を養う。

(3)　数学のよさを認識し【　Ｄ　】に数学を活用しようとする態度，粘り強く考え数学的論拠に基づいて判断しようとする態度，問題解決の過程を振り返って考察を深めたり，評価・改善したりしようとする態度や創造性の基礎を養う。

> 「高等学校学習指導要領(平成30年3月告示)　第2章　各学科に共通する各教科　第4節　数学」

問1　文中の《　あ　》に入る語句を記入しなさい。

問2　文中の【　A　】から【　D　】に入る語句を，次の①から④よりそれぞれ1つずつ選び，その番号を記入しなさい。

① 積極的

② 体系的

③ 論理的

④ 基本的

問3　文中のように，高等学校数学科の目標は，育成を目指す資質・能力の三つの柱で整理されて示されている。そのうち，(3)は「学びに向かう力，人間性等」に関する目標を示したものである。(1)及び(2)は，育成を目指す資質・能力の三つの柱のうち，どの資質・能力に関する目標を示したものか，該当する資質・能力をそれぞれ答えなさい。

(☆☆☆◎◎◎)

【2】次の各問に答えなさい。答のみ記入しなさい。

問1　$x=1-\sqrt{3}\,i$とするとき，$2x^3-5x^2+x+3$の値を求めなさい。ただし，iは虚数単位とする。

問2　$x>1$とする。次の関数の最小値と，そのときのxの値を求めなさい。

$$y=\log_2 x+\log_x 8$$

問3　$x,\ y$を実数とする。命題「$x^2+y^2\leqq4$ならば$3x+y\leqq k$」が真であるような定数kの値の範囲を求めなさい。

問4　1枚の硬貨を4回投げる。表が少なくとも1回出たことが分かっているとき，表が出た回数がちょうど3回である確率を求めなさい。

問5　確率変数Xに対して，確率変数Yを$Y=\dfrac{1}{9}X-10$と定める。確率変数Yの期待値が50，標準偏差が10であるとき，確率変数Xの期待値と

分散を求めなさい。

(☆☆☆◎◎◎)

【３】「無限等比級数$x+x(1-x)+x(1-x)^2+\cdots\cdots$が収束するような実数$x$の値の範囲を求めなさい。」という問題に，高校生のSさんは次のように解答した。以下の各問に答えなさい。

(Sさんの解答)

この無限等比級数が収束する条件は，公比$1-x$について，

$1-x<1$である。

よって，求めるxの値の範囲は，$x>0$

問1　Sさんの解答には間違いがある。間違っている点をSさんに説明する場合，どのように説明するか，記入しなさい。

問2　この問題の正答例を記入しなさい。

(☆☆☆◎◎◎)

【４】次の各問に答えなさい。ただし，問2は答のみ記入しなさい。

問1　等式$\cos A+\cos B=2\cos\dfrac{A+B}{2}\cos\dfrac{A-B}{2}$が成り立つことを，正弦・余弦の加法定理を用いて証明しなさい。

【正弦・余弦の加法定理】

$\sin(\alpha+\beta)=\sin\alpha\cos\beta+\cos\alpha\sin\beta$

$\sin(\alpha-\beta)=\sin\alpha\cos\beta-\cos\alpha\sin\beta$

$\cos(\alpha+\beta)=\cos\alpha\cos\beta-\sin\alpha\sin\beta$

$\cos(\alpha-\beta)=\cos\alpha\cos\beta+\sin\alpha\sin\beta$

問2　$0\leqq x<2\pi$のとき，方程式$\cos3x+\cos2x+\cos x=0$を解きなさい。

(☆☆☆◎◎◎)

【５】関数$f(x)=(x-5)|x+1|$において，$t\leqq x\leqq t+2$ (tは定数)のときの$f(x)$の最大値を$g(t)$とする。

　このとき，次の各問に答えなさい。ただし，問3は答のみ記入しなさい。

問1　$y=f(x)$のグラフをかきなさい。

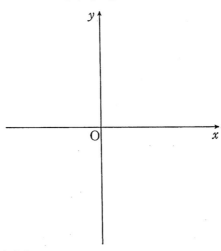

問2　$g(t)$を求めなさい。

問3　$-3\leqq t\leqq 4$における$g(t)$の最大値と最小値をそれぞれ求めなさい。また，そのときのtの値も求めなさい。

（☆☆☆◎◎◎◎）

【6】$AB=8$，$AC=5$，$\angle BAC=60°$である$\triangle ABC$の外心，重心をそれぞれO，Gとする。$\overrightarrow{AB}=\vec{b}$，$\overrightarrow{AC}=\vec{c}$とするとき，次の各問に答えなさい。ただし，問1，問3は答のみ記入しなさい。

問1　$\overrightarrow{AG}$を$\vec{b}$，$\vec{c}$を用いて表しなさい。また，$\vec{b}$と$\vec{c}$の内積$\vec{b}\cdot\vec{c}$を求めなさい。

問2　$\overrightarrow{AO}$を$\vec{b}$，$\vec{c}$を用いて表しなさい。

問3　2直線OGとACの交点をDとする。AD：DCを求めなさい。

（☆☆☆◎◎◎）

【7】座標平面上に，2点A($\cos\theta$，0)，B(0，$\sin\theta$)$\left(0\leqq\theta\leqq\dfrac{\pi}{2}\right)$をとる。点Aを，点Bを中心に正の方向に$\dfrac{\pi}{2}$だけ回転した点をA′とする。さらに，半直線BA′上にBP＝$\sqrt{3}$ BA′を満たす点Pをとる。また，θの値が$0\leqq\theta\leqq\dfrac{\pi}{2}$の範囲で変化するとき，点Pが描く曲線を$C$とする。

このとき，次の各問に答えなさい。ただし，問1は答のみ記入しなさい。

問1　点Pの座標を(x, y)とするとき，x，yをそれぞれθを用いて表しなさい。

問2　曲線Cの概形をかきなさい。ただし，曲線の凹凸は調べなくてよい。

問3　$\theta=0$のときの点Pのx座標をa，$\theta=\dfrac{\pi}{2}$のときの点Pのx座標をbとするとき，曲線Cとx軸，および2直線$x=a$，$x=b$で囲まれた図形の面積Sを求めなさい。

(☆☆☆◎◎◎)

解答・解説

【中学校】

【1】(1)　$c=\dfrac{2b-a}{2}$　　(2)　$1<x\leqq\dfrac{7}{3}$　　(3)　$(x+2y+1)(x+y-2)$

〈解説〉(1)　$a=2(b-c)=2b-2c$

$2c=2b-a$

$c=\dfrac{2b-a}{2}$

(2)　$\begin{cases} 5x-1\leqq2x+6 & \cdots① \\ 3x+2<4x+1 & \cdots② \end{cases}$

①より，$3x\leqq7$，$x\leqq\dfrac{7}{3}$

②より，$-x<-1$，$x>1$

よって，共通の範囲は$1<x\le\dfrac{7}{3}$

(3) $\begin{aligned}x^2+3xy+2y^2-x-3y-2\ &=x^2+(3y-1)x+2y^2-3y-2\\ &=x^2+(3y-1)x+(2y+1)(y-2)\\ &=(x+2y+1)(x+y-2)\end{aligned}$

【2】10通り

〈解説〉和が21になる自然数の組み合わせは，

(1, 2, 3, 4, 11), (1, 2, 3, 5, 10), (1, 2, 3, 6, 9), (1, 2, 3, 7, 8), (1, 2, 4, 5, 9), (1, 2, 4, 6, 8), (1, 2, 5, 6, 7), (1, 3, 4, 5, 8), (1, 3, 4, 6, 7), (2, 3, 4, 5, 7)

の10通りである。

【3】$\angle x=25°$

〈解説〉右図のように点A，B，C，Dをとると，

四角形ABCDの内角の和より，

$40°+(180°-x)+45°+120°=360°$

$x=25°$

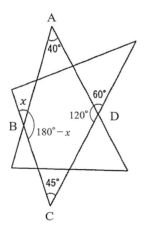

【４】(1)　$x=2$, $y=10$, $z=-11$　　(2)　28

〈解説〉(1)　題意より，

$$\begin{cases} 8+x=y & \cdots① \\ x-13=z & \cdots② \\ y+z=-1 & \cdots③ \end{cases}$$

①③より，$(8+x)+z=-1$

$x+z=-9$

②より，$x+(x-13)=-9$

$x=2$　$\cdots④$

これを①に代入すると，$y=8+2=10$

②④より，$z=2-13=-11$

(2)　題意より，以下にそれぞれの段について小さい数から順に左から並べる。

9段目：n, $n+1$, $n+2$, $n+3$, $n+4$, $n+5$, $n+6$, $n+7$, $n+8$とすると，

8段目：$2n+1$, $2n+3$, $2n+5$, $2n+7$, $2n+9$, $2n+11$, $2n+13$, $2n+15$

7段目：$4n+4$, $4n+8$, $4n+12$, $4n+16$, $4n+20$, $4n+24$, $4n+28$

6段目：$8n+12$, $8n+20$, $8n+28$, $8n+36$, $8n+44$, $8n+52$

5段目：$16n+32$, $16n+48$, $16n+64$, $16n+80$, $16n+96$

4段目：$32n+80$, $32n+112$, $32n+144$, $32n+176$

3段目：$64n+192$, $64n+256$, $64n+320$

2段目：$128n+448$, $128n+576$

1段目：$256n+1024$

ここで，1段目の数は8192であるから，

$256n+1024=8192$

$256n=7168$

$n=\dfrac{7168}{256}=28$

よって，一番下の段(9段目)の最小の数字は28となる。

【5】 $\dfrac{28}{3}$

〈解説〉 $\triangle AOB = \dfrac{1}{2} \times OB \times AC = \dfrac{1}{2} \times 20 \times 8 = 80$

したがって，5等分した1つの三角形の面積は，$80 \div 5 = 16$となる。

すると，$\triangle OAC = \dfrac{1}{2} \times OC \times 8 = 16$より，

$OC = 4$

つまり，点Cの座標はC(4, 0)となる。

次に，点Eから辺OBにひいた垂線の交点をHとすると，

$\triangle ECB = \dfrac{1}{2} \times CB \times EH = 3 \times 16$

$\dfrac{1}{2} \times 16 \times EH = 48$

$EH = 6$

$\triangle ECD = \dfrac{1}{2} \times CD \times 6 = 16$より，

$CD = \dfrac{16}{3}$

よって，$OD = 4 + \dfrac{16}{3} = \dfrac{28}{3}$より，

点Dの座標は，$D\left(\dfrac{28}{3}, 0\right)$となる。

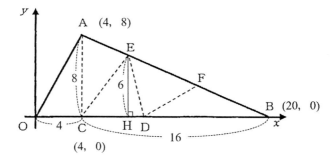

【６】(1)【証明】△ABCと△EOAにおいて

半円の弧に対する円周角より，∠ACB＝90°　…①

円の接線の性質より，∠EAO＝90°　…②

①，②より，∠ACB＝∠EAO　…③

仮定より，AO：AB＝AD：AC＝1：2

中点連結定理より，DO//CB

平行線の同位角より，∠ABC＝∠AOD　…④

③，④より，2組の角がそれぞれ等しいので

△ABC∽△EOA

(2)　$DH＝\dfrac{10}{3}$〔cm〕

〈解説〉(1)　中点連結定理より，△ABCにおいてAB，ACの中点をO，Dとすると，

DO//CBのとき，$DO＝\dfrac{1}{2}CB$が成り立つ。

(2)　AO：AB＝DO：CB＝1：2，DO＝4であるから，CB＝8

したがって，$AC＝\sqrt{AB^2－BC^2}＝\sqrt{12^2－8^2}＝\sqrt{80}＝4\sqrt{5}$

また，△ABC∽△EOAより，

AB：EO＝AC：EA＝BC：OA＝8：6＝4：3

$12：EO＝4\sqrt{5}：EA＝4：3$

したがって，$EO＝9$，$EA＝3\sqrt{5}$

ここで，△OACは二等辺三角形であり，

平行線の同位角は等しく∠ACB＝∠ADO＝90°なので，OD⊥AC

さらに，$AD＝\dfrac{1}{2}AC＝2\sqrt{5}$，$ED＝EO－OD＝9－4＝5$なので，

$△EDA＝\dfrac{1}{2}×ED×AD＝\dfrac{1}{2}×5×2\sqrt{5}＝5\sqrt{5}$

一方，$△EDA＝\dfrac{1}{2}×EA×DH＝\dfrac{1}{2}×3\sqrt{5}×DH＝\dfrac{3\sqrt{5}}{2}DH$

よって，$\dfrac{3\sqrt{5}}{2}DH＝5\sqrt{5}$より，$DH＝\dfrac{10}{3}$

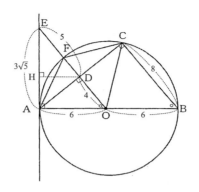

【7】 (1)　$168\sqrt{2}\,\pi$　　(2)　R$(-12,\ -24)$,　R$(4,\ -8)$

〈解説〉(1)　A$(-4,\ -16)$, B$(3,\ -9)$より,

直線AB：$x-y-12=0$, AB$=\sqrt{(3+4)^2+(-9+16)^2}=7\sqrt{2}$

原点Oから直線ABにひいた垂線の交点をHとすると,

OH$=\dfrac{|-12|}{\sqrt{1+1}}=6\sqrt{2}$,　AH$=\sqrt{(4^2+16^2)+(6\sqrt{2})^2}=10\sqrt{2}$

よって, 直線ABを軸に△OABを回転してできる立体の体積は,

底面の半径$6\sqrt{2}$, 高さ$10\sqrt{2}$ の円錐の体積から, 底面の半径$6\sqrt{2}$,

高さ$3\sqrt{2}$ $(=10\sqrt{2}-7\sqrt{2})$の円錐の体積を引いたものなので,

$V=\dfrac{1}{3}\pi\times(6\sqrt{2})^2\times(10\sqrt{2}-3\sqrt{2})=\dfrac{1}{3}\pi\times(6\sqrt{2})^2\times7\sqrt{2}=$

$168\sqrt{2}\,\pi$

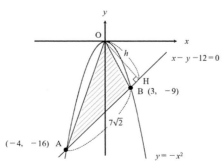

(2)　4点P(-1，-1)，A(-4，-16)，B(3，-9)，Q(2，-4)より，

直線PB：$y+9=\dfrac{-9+1}{3+1}(x-3)$

$2x+y+3=0$

$PB=\sqrt{(3+1)^2+(-9+1)^2}=4\sqrt{5}$

点Aと直線PBとの距離h_1は，$h_1=\dfrac{|-8-16+3|}{\sqrt{4+1}}=\dfrac{21}{\sqrt{5}}$より，

$\triangle PAB=\dfrac{1}{2}\times PB\times h_1=\dfrac{1}{2}\times 4\sqrt{5}\times\dfrac{21}{\sqrt{5}}=42$

同様にして，点Qと直線PBとの距離h_2は，$h_2=\dfrac{|4-4+3|}{\sqrt{4+1}}=\dfrac{3}{\sqrt{5}}$より，

$\triangle PQB=\dfrac{1}{2}\times PB\times h_2=\dfrac{1}{2}\times 4\sqrt{5}\times\dfrac{3}{\sqrt{5}}=6$

したがって，四角形PABQ＝$\triangle PAB+\triangle PQB=42+6=48$

一方，直線PA：$y+1=\dfrac{-16+1}{-4+1}(x+1)$

$5x-y+4=0$

$PA=\sqrt{(-4+1)^2+(-16+1)^2}=3\sqrt{26}$

直線AB上の点R(t，$t-12$)と直線PAとの距離をuとすると，

$u=\dfrac{|5t-(t-12)+4|}{\sqrt{25+1}}=\dfrac{|4t+16|}{\sqrt{26}}$より，

$\triangle PAR=\dfrac{1}{2}\times PA\times u=\dfrac{1}{2}\times 3\sqrt{26}\times\dfrac{|4t+16|}{\sqrt{26}}=6|t+4|$

ここで，四角形PABQ＝$\triangle PAR$より，

$6|t+4|=48$

$t+4=\pm 8$より，$t=4$，-12

よって，点Rの座標はR(4，-8)，R(-12，-24)

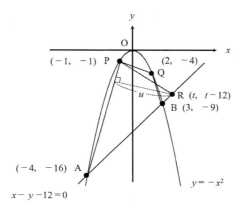

【8】 (1) $5\sqrt{13}$ 〔cm〕   (2) $75\sqrt{2}$ 〔cm³〕

〈解説〉(1) 題意より，下図のような正四面体OABCの展開図を考える。ひもの長さが最短となるとき，展開図上の2点A，Mを通る線は直線となる。

求める長さをxとすると，余弦定理より，

$x^2 = 20^2 + 5^2 - 2 \cdot 20 \cdot 5 \cdot \cos 60° = 325$

$x = \sqrt{325} = 5\sqrt{13}$

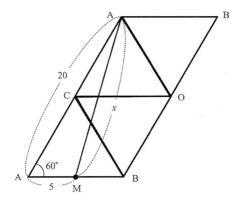

(2) まず，三角錐O−ABCの体積Vを求める。点Oから△ABCに下ろし

81

た垂線が平面と交わる点をHとすると，点Hは△ABCの重心と一致するので，

$$CH=\frac{2}{3}\times5\sqrt{3}=\frac{10\sqrt{3}}{3}, \quad OH=\sqrt{10^2-\left(\frac{10\sqrt{3}}{3}\right)^2}=\frac{10\sqrt{6}}{3}$$

$$△ABC=\frac{1}{2}\times10\times5\sqrt{3}=25\sqrt{3}$$

したがって，$V=\frac{1}{3}\times△ABC\times OH=\frac{1}{3}\times25\sqrt{3}\times\frac{10\sqrt{6}}{3}=\frac{250\sqrt{2}}{3}$

ここで，三角錐O－PQCの体積をV'とすると，
それぞれの体積比は，

$V:V'=10\times10\times10:5\times2\times10=10:1$より，

$$V'=\frac{1}{10}V=\frac{1}{10}\times\frac{250\sqrt{2}}{3}=\frac{25}{3}\sqrt{2}$$

よって，四角錐C－PABQ$=V-V'=\frac{250\sqrt{2}}{3}-\frac{25}{3}\sqrt{2}=75\sqrt{2}$〔cm³〕

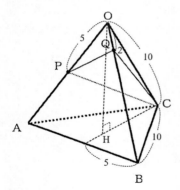

[参考]　一辺の長さがaである正四面体において，

①底面積$S=\frac{\sqrt{3}}{4}a^2$　②高さ$h=\frac{\sqrt{6}}{3}a$　③体積$V=\frac{\sqrt{2}}{12}a^3$

④内接球の半径$r=\frac{\sqrt{6}}{12}a$　⑤外接球の半径$R=\frac{\sqrt{6}}{4}a$

となることを覚えておくと便利である。

【9】 ア ○ イ × ウ × エ ×

〈解説〉設問の箱ひげ図より，A中学校，B中学校，C中学校について以下の値が読み取れる。

	最大値	第3四分位数 Q_3	第2四分位数 (中央値)Q_2	第1四分位数 Q_1	最小値
A中学校	28	25.5	25	24.5	23
B中学校	28	26	24	23.5	22
C中学校	28	26	25	24.5	23.5

ア　正しい。

イ　「平均値」ではなく，「中央値」が24cmである。平均値についてはこの箱ひげ図からは読み取れない。

ウ　A中学校では25.5cm以上の人数が全体の$\frac{1}{4}$であり，B，C中学校ではどちらも26cm以上の人数が全体の$\frac{1}{4}$である。このことからは，A中学校の26cm以上の人数が他の2校より少ないと判断できない。

エ　(四分位範囲)＝$Q_3 - Q_1$より，それぞれの四分位範囲はA中学校が1.0，B中学校2.5，C中学校1.5である。よって，C中学校の四分位範囲は他の2校と比べて小さいわけではない。

【10】 ①　ウ　②　オ　③　ア　④　ク

〈解説〉「中学校学習指導要領(平成29年告示)　第2章　第3節　数学　第2　各学年の目標及び内容　〔第2学年〕　2　内容　D(1)データの分布」を参照。他の単元の内容もしっかりと読み込んでおこう。

【11】 (1)　3600円　　(2)　2200時間後

〈解説〉(1)　電球型蛍光灯の電気代は，1日当たり$\frac{90}{30}$＝3〔円〕，1時間当たり$\frac{3}{10}$〔円〕かかる。また，蛍光灯は交換していないので，1個だけ購入する。したがって，10000時間使用したときの総費用は，$\frac{3}{10}$×10000＋600＝3600〔円〕

(2)　白熱電球の電気代は，1日当たり$\frac{390}{30}$＝13〔円〕，1時間当たり$\frac{13}{10}$

〔円〕かかる。

一方，LED電球の電気代は，1日当たり$\frac{60}{30}=2$〔円〕，1時間当たり$\frac{2}{10}$〔円〕かかる。

ここで，白熱電球とLED電球の使用時間をそれぞれx時間，白熱電球を使用した数をy個とおいて考える。

まず，LED電球の使用した数を1個とすると，総費用が白熱電球と等しくなる場合は以下の関係が成り立つ。

$$\frac{13}{10}\times x+150\times y=\frac{2}{10}\times x+2870$$

$$\frac{11}{10}x=2870-150y$$

$y=1$のとき，$\frac{11}{10}x=2870-150=2720$，$x=\frac{27200}{11}≒2473$〔時間〕

したがって，使用時間が1000時間を超えるため，白熱電球の交換が必要なので不適。

$y=2$のとき，$\frac{11}{10}x=2870-300=2570$，$x=\frac{25700}{11}≒2336$〔時間〕

したがって，使用時間が2000時間を超えるため，白熱電球を2回交換して合計3個使用するので不適。

$y=3$のとき，$\frac{11}{10}x=2870-450=2420$，$x=\frac{24200}{11}=2200$〔時間〕

したがって，白熱電球を2回交換して合計3個使用するので成り立つ。

よって，求める時間は使用し始めてから2200時間後である。(なお，総費用は3310円となる。)

【12】(説明)　両辺を$(x-2)$で割っている際に，$(x-2)=0$になる可能性を考えて場合分けをしていないため。

〈解説〉割り算では，割る数を0としてはいけない。

【高等学校】

【1】問1　数学的な見方・考え方　　問2　A　④　　B　②　　C　③
　　D　①　　問3　(1)　知識及び技能　　(2)　思考力，判断力，表現力

　　等

〈解説〉「目標」は学習指導要領の内容で最も重要な事項なので，学習指導要領解説も併せて精読し，しっかりと理解，暗記しておく必要がある。

【2】問1　$-2+9\sqrt{3}\,i$　　問2　$x=2^{\sqrt{3}}$ のとき最小値$2\sqrt{3}$

　　問3　$k\geqq2\sqrt{10}$　　問4　$\dfrac{4}{15}$　　問5　期待値…540　　分散…8100

〈解説〉問1　$1-\sqrt{3}\,i$を解にもつ実数係数2次方程式は，

　　共役複素数$1+\sqrt{3}\,i$を解にもつので，

　　$x^2-\{(1-\sqrt{3}\,i)+1+\sqrt{3}\,i)\}x+(1-\sqrt{3}\,i)(1+\sqrt{3}\,i)=0$

　　$x^2-2x+4=0$

　　ここで，$2x^3-5x^2+x+3$をx^2-2x+4で割ると商が$2x-1$，余りが$-9x+7$より，

　　$2x^3-5x^2+x+3=(x^2-2x+4)(2x-1)-9x+7$　…①

　　$x=1-\sqrt{3}\,i$のとき，$x^2-2x+4=0$であるから，

　　①に$x=1-\sqrt{3}\,i$を代入すると，$-9(1-\sqrt{3}\,i)+7=-2+9\sqrt{3}\,i$

　　問2　$x>1$であるから，$\log_2x>0$，$\log_x8>0$であり，相加・相乗平均の関係より，

　　$\log_2x+\log_x8\geqq2\sqrt{\log_2x\cdot\log_x8}=2\sqrt{\log_2x\cdot\dfrac{\log_28}{\log_2x}}=2\sqrt{3}$

　　等号成立条件は，$\log_2x=\log_x8=\dfrac{\log_28}{\log_2x}=\dfrac{3}{\log_2x}$

　　$(\log_2x)^2=3$

　　$\log_2x>0$より，$\log_2x=\sqrt{3}$

　　$x=2^{\sqrt{3}}$

　　よって，$x=2^{\sqrt{3}}$のとき最小値$2\sqrt{3}$

　　問3　題意より，図のようになればよいので，

　　$k>0$において，原点Oから直線$3x+y-k=0$までの距離が2以上であればよいので，

$$\frac{|-k|}{\sqrt{9+1}}\geqq 2, \quad |k|\geqq 2\sqrt{10}$$

$k>0$より，$k\geqq 2\sqrt{10}$

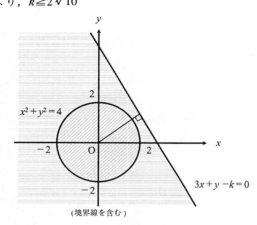

（境界線を含む）

問4　表が少なくとも1回出る確率は，

$$_4C_1\left(\frac{1}{2}\right)^4+_4C_2\left(\frac{1}{2}\right)^4+_4C_3\left(\frac{1}{2}\right)^4+_4C_4\left(\frac{1}{2}\right)^4=\left(_4C_1+_4C_2+_4C_3+_4C_4\right)\left(\frac{1}{2}\right)^4$$

$$=\left(4+\frac{4\times 3}{2\times 1}+4+1\right)\times\left(\frac{1}{2}\right)^4$$

$$=15\times\left(\frac{1}{2}\right)^4$$

一方，表が3回出る確率は，$_4C_3\left(\frac{1}{2}\right)^4=4\times\left(\frac{1}{2}\right)^4$

よって，求める条件付き確率は，$\dfrac{4\times\left(\frac{1}{2}\right)^4}{15\times\left(\frac{1}{2}\right)^4}=\dfrac{4}{15}$

問5　$Y=\dfrac{1}{9}X-10$より，$X=9Y+90$

期待値$E(Y)=50$，標準偏差$\sigma=10$であり，

分散$V(X)$とすると，$\sigma=\sqrt{V(X)}$より，$V(Y)=10^2=100$

ここで，確率変数の変換をすると，

$E(X)=E(9Y+90)=9E(Y)+90=9\times 50+90=540$

$V(X)＝V(9Y＋90)＝9^2V(Y)＝81×100＝8100$

したがって，確率変数Xの期待値は540，分散は8100

【3】問1　無限等比級数が収束するのは，初項が0であるとき，または，公比の絶対値が1より小さいときである。

初項が0であるときを考えていないことと，公比の絶対値ではなく，公比が1より小さいとしていることにより，間違っている。

問2　(i)　$x＝0$のとき，この無限等比級数は0に収束するから，題意を満たす。

(ii)　$x≠0$のとき，この無限等比級数が収束する条件は，

公比$1－x$について，$|1－x|<1$であるから，

$-1<1－x<1$

よって，$0<x<2$

(i)，(ii)より，求めるxの値の範囲は，$0≦x<2$

〈解説〉解答参照。

【4】問1　$\cos(α＋β)＝\cos α\cos β－\sin α\sin β$　…①

$\cos(α－β)＝\cos α\cos β＋\sin α\sin β$　…②

①，②を辺々加えると，

$\cos(α＋β)＋\cos(α－β)＝2\cos α\cos β$　…③

ここで，$α＋β＝A$，$α－β＝B$とおくと，$α＝\dfrac{A＋B}{2}$，$β＝\dfrac{A－B}{2}$

③に代入すると，$\cos A＋\cos B＝2\cos\dfrac{A＋B}{2}\cos\dfrac{A－B}{2}$

問2　$x＝\dfrac{π}{4}$，$\dfrac{2}{3}π$，$\dfrac{3}{4}π$，$\dfrac{5}{4}π$，$\dfrac{4}{3}π$，$\dfrac{7}{4}π$

〈解説〉問1　解答参照。

問2　$\cos 3x＋\cos 2x＋\cos x＝0$　…④

問1より，$\cos 3x＋\cos x＝2\cos\dfrac{3x＋x}{2}\cos\dfrac{3x－x}{2}＝2\cos 2x\cos x$

これを④に代入すると，

$2\cos2x\cos x + \cos2x = 0$

$\cos2x(2\cos x + 1) = 0$

$\cos2x = 0, \quad \cos x = -\dfrac{1}{2}$

$0 \leqq x < 2\pi$ より，$\cos x = -\dfrac{1}{2}$ について，$x = \dfrac{2}{3}\pi, \quad \dfrac{4}{3}\pi$

$0 \leqq 2x < 4\pi$ より，$\cos2x = 0$ について，$2x = \dfrac{\pi}{2}, \dfrac{3}{2}\pi, \dfrac{5}{2}\pi, \dfrac{7}{2}\pi$

$x = \dfrac{\pi}{4}, \dfrac{3}{4}\pi, \dfrac{5}{4}\pi, \dfrac{7}{4}\pi$

よって，④の解は，$x = \dfrac{\pi}{4}, \dfrac{2}{3}\pi, \dfrac{3}{4}\pi, \dfrac{5}{4}\pi, \dfrac{4}{3}\pi, \dfrac{7}{4}\pi$

【5】問1　(i)　$x+1 \geqq 0$ すなわち $x \geqq -1$ のとき

$f(x) = (x-5)(x+1)$

$\qquad = x^2 - 4x - 5$

$\qquad = (x-2)^2 - 9$

(ii)　$x+1 < 0$ すなわち $x < -1$ のとき

$f(x) = (x-5)\{-(x+1)\}$

$\qquad = -x^2 + 4x + 5$

$\qquad = -(x-2)^2 + 9$

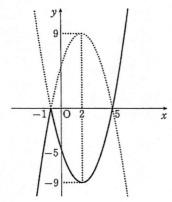

問2 (i) $t+2 \leq -1$ すなわち $t \leq -3$ のとき，$g(t)=f(t+2)=-t^2+9$

(ii) $t \leq -1 < t+2$ すなわち $-3 < t \leq -1$ のとき，$g(t)=f(-1)=0$

(iii) $-1 < t$, $t+1 \leq 2$ すなわち $-1 < t \leq 1$ のとき，$g(t)=f(t)=t^2-4t-5$

(iv) $2 < t+1$ すなわち $1 < t$ のとき，$g(t)=f(t+2)=t^2-9$

以上より，$g(t)=\begin{cases} -t^2+9 & (t \leq -3) \\ 0 & (-3 < t \leq -1) \\ t^2-4t-5 & (-1 < t \leq 1) \\ t^2-9 & (1 < t) \end{cases}$

問3 $t=4$ のとき最大値7，$t=1$ のとき最小値-8

〈解説〉問1 解答参照。 問2 解答参照。

問3 問2より，$-3 \leq t \leq 4$ において，$y=g(t)$ のグラフは図のようになる。

よって，最大値は，$g(t)=t^2-9$ において，$g(4)=4^2-9=7$

最小値は，$g(t)=(t-2)^2+9$ において，$g(1)=(1-2)^2-9=-8$

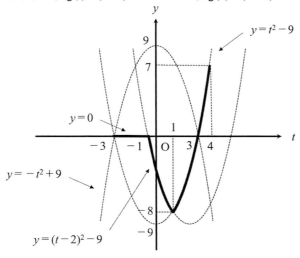

【6】問1　$\overrightarrow{AG}=\dfrac{1}{3}\overrightarrow{b}+\dfrac{1}{3}\overrightarrow{c}$，$\overrightarrow{b}\cdot\overrightarrow{c}=20$

問2　$\overrightarrow{AO}=s\overrightarrow{b}+t\overrightarrow{c}$とおき，辺AB，ACの中点をそれぞれM，Nとする。ただし，s，tを実数とする。

点Oは△ABCの外心であるから，$\overrightarrow{OM}\perp\overrightarrow{AB}$，$\overrightarrow{ON}\perp\overrightarrow{AC}$である。

よって，$\overrightarrow{OM}\cdot\overrightarrow{AB}=0$　…①　$\overrightarrow{ON}\cdot\overrightarrow{AC}=0$　…②

①より，$(\overrightarrow{AM}-\overrightarrow{AO})\cdot\overrightarrow{AB}=0$

$\left\{\dfrac{1}{2}\overrightarrow{b}-(s\overrightarrow{b}+t\overrightarrow{c})\right\}\cdot\overrightarrow{b}=0$

整理すると，$16s+5t=8$　…③

②より，$(\overrightarrow{AN}-\overrightarrow{AO})\cdot\overrightarrow{AC}=0$

$\left\{\dfrac{1}{2}\overrightarrow{c}-(s\overrightarrow{b}+t\overrightarrow{c})\right\}\cdot\overrightarrow{c}=0$

整理すると，$8s+10t=5$　…④

③，④より，$s=\dfrac{11}{24}$，$t=\dfrac{2}{15}$であるから，$\overrightarrow{AO}=\dfrac{11}{24}\overrightarrow{b}+\dfrac{2}{15}\overrightarrow{c}$

問3　AD：DC＝13：2

〈解説〉問1　BCの中点をDとすると，

$\overrightarrow{AD}=\dfrac{1}{2}(\overrightarrow{AB}+\overrightarrow{AC})=\dfrac{1}{2}(\overrightarrow{b}+\overrightarrow{c})$

また，点Gは△ABCの重心より，AG：GD＝2：1なので，

$\overrightarrow{AG}=\dfrac{2}{3}\overrightarrow{AD}=\dfrac{2}{3}\cdot\dfrac{1}{2}(\overrightarrow{b}+\overrightarrow{c})=\dfrac{1}{3}\overrightarrow{b}+\dfrac{1}{3}\overrightarrow{c}$

次に，内積$\overrightarrow{b}\cdot\overrightarrow{c}$は，

$\overrightarrow{b}\cdot\overrightarrow{c}=|\overrightarrow{b}||\overrightarrow{c}|\cos60°=8\cdot5\cdot\dfrac{1}{2}=20$

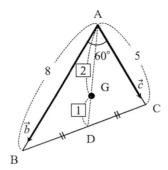

問2 三角形の外心は，それぞれの辺の垂直二等分線の交点となる。

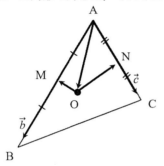

問3 $\overrightarrow{OG} = \overrightarrow{AG} - \overrightarrow{AO} = \frac{1}{3}\vec{b} + \frac{1}{3}\vec{c} - \left(\frac{11}{24}\vec{b} + \frac{2}{15}\vec{c}\right) = -\frac{1}{8}\vec{b} + \frac{1}{5}\vec{c}$

題意より，点DはOGの延長線上にあるので，

OD＝kOGとおくと(ただし，kは実数とする)，

$\overrightarrow{AD} = \overrightarrow{AO} + \overrightarrow{OD} = \overrightarrow{AO} + k\overrightarrow{OG} = \frac{11}{24}\vec{b} + \frac{2}{15}\vec{c} + k\left(-\frac{1}{8}\vec{b} + \frac{1}{5}\vec{c}\right) =$
$\left(\frac{11}{24} - \frac{k}{8}\right)\vec{b} + \left(\frac{2}{15} + \frac{k}{5}\right)\vec{c}$ ⋯⑤

ここで，点Dは辺AC上にあるので，$\overrightarrow{AD} = m\vec{c}$ と表せる(ただし，mは実数とする)。

したがって，$\frac{11}{24} - \frac{k}{8} = 0$

$k=\dfrac{11}{3}$

これを⑤に代入すると，

$\overrightarrow{\mathrm{AD}}=\left(\dfrac{2}{15}+\dfrac{11}{3}\cdot\dfrac{1}{5}\right)\vec{c}=\dfrac{13}{15}\vec{c}$ より，　$\overrightarrow{\mathrm{AD}}=\dfrac{13}{15}\overrightarrow{\mathrm{AC}}$

よって，AD：AC＝13：15なので，AD：DC＝13：2

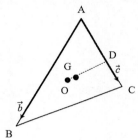

【７】問1　$x=\sqrt{3}\sin\theta$，$y=\sin\theta+\sqrt{3}\cos\theta$

問2　$\dfrac{dx}{d\theta}=\sqrt{3}\cos\theta$ より，$0<\theta<\dfrac{\pi}{2}$ において，$\dfrac{dx}{d\theta}>0$

$\dfrac{dy}{d\theta}=\cos\theta-\sqrt{3}\sin\theta=2\sin\left(\theta+\dfrac{5}{6}\pi\right)$ より，$\dfrac{dy}{d\theta}=0$とすると，

$\theta=\dfrac{\pi}{6}$

よって，x，yの増減は次の表のとおりである。

θ	0	$\cdots$	$\dfrac{\pi}{6}$	$\cdots$	$\dfrac{\pi}{2}$
$\dfrac{dx}{d\theta}$		$+$	$+$	$+$	
x	0	$\rightarrow$	$\dfrac{\sqrt{3}}{2}$	$\rightarrow$	$\sqrt{3}$
$\dfrac{dy}{d\theta}$		$+$	0	$-$	
y	$\sqrt{3}$	$\uparrow$	2	$\downarrow$	1
(x,y)	$(0,\sqrt{3})$	$\nearrow$	$\left(\dfrac{\sqrt{3}}{2},2\right)$	$\searrow$	$(\sqrt{3},1)$

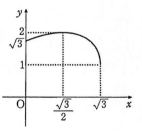

問3　$S=\displaystyle\int_0^{\sqrt{3}}y\,dx=\int_0^{\frac{\pi}{2}}y\frac{dx}{d\theta}d\theta\ =\int_0^{\frac{\pi}{2}}(\sin\theta+\sqrt{3}\cos\theta)\cdot\sqrt{3}\cos\theta\,d\theta$

$$=\int_0^{\frac{\pi}{2}}(\sqrt{3}\sin\theta\cos\theta+3\cos^2\theta)d\theta$$

$$=\int_0^{\frac{\pi}{2}}\Big(\frac{\sqrt{3}}{2}\sin2\theta+3\cdot\frac{1+\cos2\theta}{2}\Big)d\theta$$

$$=\Big[-\frac{\sqrt{3}}{4}\cos2\theta+\frac{3}{2}\Big(\theta+\frac{1}{2}\sin2\theta\Big)\Big]_0^{\frac{\pi}{2}}$$

$$=\frac{3}{4}\pi+\frac{\sqrt{3}}{2}$$

〈解説〉問1　A($\cos\theta$, 0)，B(0, $\sin\theta$)であり，

P(x, y)とおくと，題意より，

$$\overrightarrow{\text{BP}}=\sqrt{3}\ \overrightarrow{\text{BA}'}=\sqrt{3}\begin{pmatrix}\cos\dfrac{\pi}{2}&-\sin\dfrac{\pi}{2}\\[2mm]\sin\dfrac{\pi}{2}&\cos\dfrac{\pi}{2}\end{pmatrix}\overrightarrow{\text{BA}}$$

よって，$\begin{pmatrix}x\\y-\sin\theta\end{pmatrix}=\sqrt{3}\begin{pmatrix}0&-1\\1&0\end{pmatrix}\begin{pmatrix}\cos\theta\\-\sin\theta\end{pmatrix}=\sqrt{3}\begin{pmatrix}\sin\theta\\\cos\theta\end{pmatrix}$

これより，$x=\sqrt{3}\sin\theta$，$y=\sin\theta+\sqrt{3}\cos\theta$

問2　三角関数の合成公式を利用する。

問3　2倍角の公式，加法定理を利用する。

2021年度　実施問題

【中学校】

【１】次の(1)から(3)の各問いに答えなさい。

(1) $6x \div 3x^2y \times 5xy^2$ を計算しなさい。

(2) $x:y=3:2$, $y:z=3:2$ のとき, $\dfrac{x^2-2xy+y^2}{y^2-2yz+z^2}$ を計算しなさい。

(3) $x-3y+xy+2a+3b-2ab+2ay-bx-3$ を因数分解しなさい。

(☆☆☆◎◎◎)

【２】「中学校学習指導要領(平成29年3月告示)　第2章　第3節　数学　第1　目標」について, [　A　]から[　D　]に当てはまる言葉を下の中から選び, 記号で答えなさい。

　数学的な[　A　]を働かせ, 数学的活動を通して, 数学的に考える資質・能力を次のとおり育成することを目指す。

(1) 数量や図形などについての基礎的な概念や原理・法則などを理解するとともに, 事象を数学化したり, 数学的に解釈したり, 数学的に表現・処理したりする[　B　]を身に付けるようにする。

(2) 数学を活用して事象を[　C　]に考察する力, 数量や図形などの性質を見いだし統合的・発展的に考察する力, 数学的な表現を用いて事象を簡潔・明瞭・的確に表現する力を養う。

(3) 数学的活動の楽しさや数学のよさを実感して粘り強く考え, 数学を生活や学習に生かそうとする態度, 問題解決の過程を振り返って評価・[　D　]しようとする態度を養う。

ア．論理的　　　イ．技術　　　　　ウ．主体的　　　エ．技能
オ．総合的　　　カ．見方・考え方　キ．反省　　　　ク．改善
ケ．対話的　　　コ．活用

(☆☆◎◎◎)

【3】 次図のように，底面が1辺6cmの正方形で，側面が正三角形となる
正四角錐OABCDがある。点P，Qは，同時にそれぞれ点A，Bを出発し
て，AO，BO上を毎秒2cmの速さで点Oまで動く。下の問いに答えなさ
い。

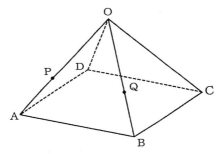

(1)　正四角錐OABCDの体積を求めなさい。

(2)　点P，Qが出発して1秒後の四角形PABQの面積を求めなさい。

(3)　点R，Sは点P，Qと同時にそれぞれ点A，Bから出発して，AD，
BC上を毎秒1cmの速さで点D，Cに向かう。出発してx秒後の四角形
PRSQの面積を$y$cm²とする。このとき，yをxの式で表しなさい。

　　　ただし，$0 \leqq x \leqq 3$とする。

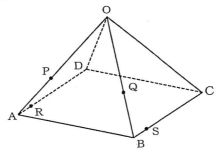

(☆☆☆◎◎◎)

【4】 次図のように，正方形ABCDの対角線BD上に点Eをとる。AEの延
長が辺CDと交わる点をFとする。
　　下の問いに答えなさい。

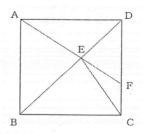

(1)　∠BCE＝∠AFDを証明しなさい。

(2)　AB＝10cm，DE＝$4\sqrt{2}$ cmのとき，ECの長さを求めなさい。

(☆☆☆◎◎◎)

【5】3つのさいころを同時に投げたとき，出た目の和が9になる確率を求めなさい。ただし，どの目が出ることも同様に確からしいとする。

(☆☆☆◎◎◎)

【6】次図のように関数$y＝-2x^2＋8x-2$のグラフ上に点P，Sを，x軸上に点Q，Rをとり，長方形PQRSを作る。

　　ただし，長方形PQRSは，関数$y＝-2x^2＋8x-2$のグラフとx軸に囲まれた部分の中にあるものとする。

　　このとき，あとの問いに答えなさい。

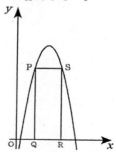

(1)　関数$y＝-2x^2＋8x-2$のグラフの頂点の座標を求めなさい。

(2)　点Pのx座標が1のとき，原点を通り，長方形PQRSの面積を2等分する直線の式を求めなさい。

(3) 長方形PQRSの周りの長さが最大となるときのPQの長さを求めな
さい。

(☆☆☆◎◎◎)

【7】 次図は，ある都道府県A，B，Cの2001年から2017年までの各年の
年間降水量の分布を箱ひげ図で表したものである。
下の問いに答えなさい。

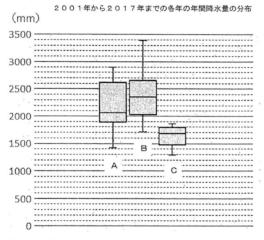

(1) 次の①から③にあてはまる都道府県をA，B，Cの記号で答えなさ
い。
① 最大値が最も大きい都道府県
② 範囲が一番小さい都道府県
③ 2001年から2017年までの年間降水量の平均値が，3つの都道府
県の中で一番少ない都道府県
(2) 次のア，イ，ウは，都道府県A，B，Cのいずれかの2001年から
2017年までの各年の年間降水量の分布をヒストグラムで表したもの
である。箱ひげ図をもとに，ア，イ，ウは，どの都道府県を表した
ものかA，B，Cの記号で答えなさい。ただし，それぞれのヒストグ
ラムにおいて，階級の幅は同じものとする。

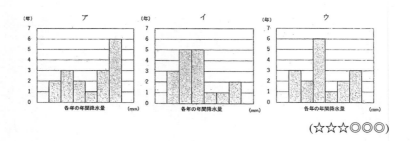

(☆☆☆◎◎◎)

【8】 次図は，視力検査に使用されるランドルト環である。

下の表は5m用の視力検査表の視力とランドルト環の外側の直径とすき間の幅の関係を表している。

下の問いに答えなさい。

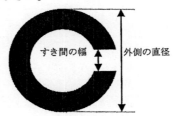

視力	0.1	0.2	0.3	0.5	0.6	1.0	1.5
外側の直径 (mm)	75	37.5	25	15	12.5	7.5	5
すき間の幅 (mm)	15	7.5	5	3	2.5	1.5	1

(1) 視力をx，ランドルト環の外側の直径をy(mm)とするとき，xとyの関係を式で表しなさい。

(2) Aさんは視力1.5のランドルト環がはっきり見えたので，視力3.0を測定できるものを作成しようと考えた。しかし，5m用では，ランドルト環が小さすぎて，正確に作成ができなかったため，20m用で3.0を測定するランドルト環を作成することにした。ランドルト環の外側の直径とすき間の幅をそれぞれ何mmにすればよいか答えなさい。

ただし，距離が2倍，3倍になると，ものの見え方は$\frac{1}{2}$倍，$\frac{1}{3}$倍になるものとする。

(☆☆☆◎◎◎)

【9】中学校1年生の「1次方程式」の授業の一場面である。

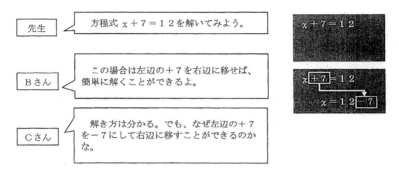

Cさんに，なぜ一方の辺の項を，符号を変えて，他方の辺に移すことができるのか等式の性質をもとに説明しなさい。

(☆☆☆◎◎◎)

【高等学校】

【1】次の文章は，高等学校学習指導要領解説数学編理数編(平成30年7月)の「第1部　数学編　第1章　総説　第2節　数学科改訂の趣旨及び要点」における，「2　数学科改訂の要点」の一部である。あとの各問に答えなさい。

> (3)　各科目の内容
> 　各科目の内容に関わる要点は次のとおりである。
> ア　数学Ⅰ，数学Ⅱ，数学Ⅲ
> (ア)　「数学Ⅰ」(3単位)
> 　今回の改訂で，この科目は標準単位数も内容も従前から大きくは変更していない。《　あ　》科目であり，従前と同様，「数学Ⅰ」だけで高等学校数学の履修を終える生徒に配慮し，「数学Ⅰ」に続けて高等学校数学を学ぶ生徒にはこの後の科目の内容と系統性を考慮するとともに，すべての高校生に必要な数学的な素養は何かという視点で検討を行い，内容を構成した。また，中学校数学が，「A　数と式」，

「B　図形」，「C　関数」，「D　データの活用」の4領域で構成されることを踏まえ，次の①から④までの内容で構成するとともに，引き続き課題学習を内容に位置付けることとした。

① 数と式　　② 図形と計量　　③ 《　い　》
④ データの分析　〔課題学習〕

問1　文章中の《　あ　》，《　い　》に入る語句を記入しなさい。

問2　平成30年高等学校学習指導要領改訂により，「データの分析」において，高等学校から中学校に移行した内容と，高等学校で新たに扱うこととした内容がある。それぞれの内容に含まれる学習事項を1つずつ答えなさい。

(☆☆☆◎◎◎)

【2】次の各問に答えなさい。答のみ記入しなさい。

問1　当たりくじを含んだ13本のくじから同時に2本のくじを引くとき，2本とも当たりくじを引く確率は$\frac{6}{13}$であった。

　　このとき，当たりくじの本数を求めなさい。

問2　xを実数とする。

　　$|x+2|<1$が，$x^2-3ax+2a^2 \leqq 0$であるための必要条件であるが十分条件ではないように，定数aの値の範囲を求めなさい。

問3　半径4である円Oの中心からの距離が$\sqrt{2}$である定点Pをとる。点Pを通る異なる2直線が円Oとそれぞれ2点A，Bと2点C，Dで交わっている。また，△PACと△PBDの面積をS_1，S_2とする。∠APC＝30°のとき，S_1とS_2の積$S_1 \cdot S_2$の値を求めなさい。

問4　A社の今月末の株価は先月末に比べて2.4％上昇した。毎月この比率でA社の株価が上昇すると仮定した場合，月末のA社の株価が，初めて今月末の株価の2倍以上になるのは，今月末からnか月後である。

　　このとき，整数nの値を求めなさい。ただし，$\log_{10}2=0.3010$とす

る。

問5　虚数単位iに対して，

$$\left(\cos\frac{\pi}{7}+i\sin\frac{\pi}{7}\right)\cdot 2\left(\cos\frac{2}{7}\pi+i\sin\frac{2}{7}\pi\right)\cdot 3\left(\cos\frac{4}{7}\pi+i\sin\frac{4}{7}\pi\right)$$

の値を求めなさい。

(☆☆☆◎◎◎)

【3】「関数$f(x)=|x|$が$x=0$で微分可能であるかどうか調べなさい。」という問題に，高校生のSさんは次のように解答した。下の各問に答えなさい。

(Sさんの解答)

$$\lim_{x\to 0}\frac{f(x)-f(0)}{x-0}=\lim_{x\to 0}\frac{|x|}{x}=\lim_{x\to 0}\frac{x}{x}=\lim_{x\to 0}1=1$$

よって，$f'(0)$は存在する。

ゆえに，関数$f(x)$は$x=0$で微分可能である。

問1　Sさんの解答には間違いがある。なぜ間違ってしまったのかをSさんに説明する場合，どのように説明するか，記入しなさい。

問2　この問題の正答例を記入しなさい。

(☆☆☆◎◎◎)

【4】次の各問に答えなさい。だだし，問2は答のみ記入しなさい。

問1　$a>0$，$b>0$のとき，不等式$\dfrac{a+b}{2}\geqq\sqrt{ab}$が成り立つことを証明しなさい。また，等号が成り立つのはどのようなときか答えなさい。

問2　ある工場では，一度にxトンの材料を加工するのに$\dfrac{1}{3}x^2+x+12$の費用がかかる。材料1トンあたりの加工費用を最も安くするためには，一度に何トンずつ加工すればよいか求めなさい。ただし，$x>0$とする。

(☆☆☆◎◎◎)

【５】第4項が2，第10項が4である等差数列$\{a_n\}$と，$\displaystyle\sum_{k=1}^{n}b_k=n^2-n$を満たす数列$\{b_n\}$がある。また，数列$\{c_n\}$を$c_n=a_nb_n$により定める。

　　このとき，次の各問に答えなさい。ただし，問1，問3は答のみ記入しなさい。

問1　数列$\{c_n\}$の一般項を求めなさい。

問2　恒等式$(k+1)^3-k^3=3k^2+3k+1$を利用して，$\displaystyle\sum_{k=1}^{n}k^2=\frac{1}{6}n(n+1)(2n+1)$を証明しなさい。ただし，$\displaystyle\sum_{k=1}^{n}k=\frac{1}{2}n(n+1)$が成り立つことを利用してよい。

問3　数列$\{c_n\}$の初項から第55項までのうち，整数である項の個数と，整数であるすべての項の和をそれぞれ求めなさい。

(☆☆☆◎◎◎)

【６】座標平面の原点をOとし，2点A(2，1)，B(-1，2)をとる。点Pが

$$\overrightarrow{\mathrm{OP}}=(1+s)\overrightarrow{\mathrm{OA}}+2t\overrightarrow{\mathrm{OB}}\quad(s,\ t\text{は実数})$$

を満たすとき，次の各問に答えなさい。ただし，問1は答のみ記入しなさい。

問1　$s=t=1$のとき，△OAPの面積を求めなさい。

問2　点Pが，$0\leqq s+t\leqq1$，$s\geqq0$，$t\geqq0$を満たしながら動くとき，点Pの存在する領域を面積を求めなさい。

問3　点Pが，$s=-2\sin^2\theta$，$t=\sin\theta\cos\theta$（θは実数）を満たしながら動くとき，点Pの描く図形を求めなさい。

(☆☆☆◎◎◎)

【７】円$(x-5)^2+(y+1)^2=4$を直線$3x-2y-4=0$に関して対称移動した円をCとする。

　　このとき，次の各問に答えなさい。ただし，問1は答のみ記入しなさい。

問1　円Cの方程式を求めなさい。

問2　円Cで囲まれた部分をx軸の周りに1回転させてできる立体の体積を求めなさい。

問3　円Cで囲まれた部分を直線$3x+4y+16＝0$の周りに1回転させてできる立体の体積を求めなさい。

(☆☆☆◎◎◎)

解答・解説

【中学校】

【1】(1)　$10y$　　(2)　$\dfrac{9}{4}$　　(3)　$(x+2a-3)(y-b+1)$

〈解説〉(1)　(与式)$=\dfrac{6x\times5xy^2}{3x^2y}=10y$

(2)　$x：y＝3：2$，$y：z＝3：2$より，比例式のyの比を揃えると，

$x：y：z＝9：6：4$

よって，実数kを用いて$x=9k$，$y=6k$，$z=4k$と表し，与式に代入して，

$\dfrac{81k^2-108k^2+36k^2}{36k^2-48k^2+16k^2}=\dfrac{9}{4}$

(3)　xとaについて整理すると，$(y-b+1)x+2(y-b+1)a-3(y-b+1)$となるので，さらに$(y-b+1)$でくくりだして因数分解すると$(x+2a-3)(y-b+1)$となる。

【2】A　カ　　B　エ　　C　ア　　D　ク

〈解説〉教科の目標は，非常に重要なので，学習指導要領だけではなく，学習指導要領解説もあわせて理解するとともに，用語などもしっかり覚えておきたい。

【3】(1)　$36\sqrt{2}$〔cm³〕　　(2)　$5\sqrt{3}$〔cm²〕　　(3)　$y=-\sqrt{2}\,x^2+6\sqrt{2}\,x$

〈解説〉(1)　線分ACとBDの交点(正方形ABCDの2本の対角線の交点)をHとする。AC＝$6\sqrt{2}$〔cm〕なのでAH＝$3\sqrt{2}$〔cm〕である。また，点Oから平面ABCDに下ろした垂線は点Hで平面ABCDと交わる。このとき△OAHで三平方の定理より，OH＝$3\sqrt{2}$〔cm〕と分かる。したがって，正四角錐OABCDの体積は$\dfrac{1}{3}$×(正方形ABCDの面積)×OH＝$\dfrac{1}{3}$×$6×6×3\sqrt{2}$＝$36\sqrt{2}$〔cm³〕　(2)　正三角形OABは1辺6cmなので面積は$\dfrac{1}{2}×6×6×\dfrac{\sqrt{3}}{2}$＝$9\sqrt{3}$〔cm²〕である。点P，Qが出発して1秒後はPA＝QB＝2〔cm〕となっている。したがって，△OPQは1辺4cmの正三角形なのでその面積は$\dfrac{1}{2}×4×4×\dfrac{\sqrt{3}}{2}$＝$4\sqrt{3}$〔cm²〕である。したがって，四角形PABQの面積は△OABの面積から△OPQの面積を引けばよいので，$9\sqrt{3}$－$4\sqrt{3}$＝$5\sqrt{3}$〔cm²〕　(3)　x秒後は，AP＝BQ＝$2x$〔cm〕，AR＝BS＝x〔cm〕となっており，△APRにおいて∠PAR＝60°，△BQSにおいて∠QBS＝60°なので余弦定理よりPR＝QS＝$\sqrt{3}\,x$〔cm〕である。また，PQ＝OP＝OQ＝6－AP＝6－$2x$〔cm〕，RS＝AB＝6〔cm〕となるので，四角形PRSQは次の図のようなPQ//RSの等脚台形である。

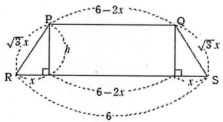

この高さをh〔cm〕とすると三平方の定理より$h = \sqrt{(\sqrt{3}\,x)^2 - x^2} = \sqrt{2}\,x$〔cm〕であり，四角形PRSQの面積$y$は$y = \{(6-2x)+6\} \times \sqrt{2}\,x \times \dfrac{1}{2} = -\sqrt{2}\,x^2 + 6\sqrt{2}\,x$

【4】(1)　△BEAと△BECにおいて，

仮定から　　∠ABE＝∠CBE　　…①

　　　　　　BA＝BC　　　　　…②

　　　　　　BEは共通　　　　…③

①，②，③より，2組の辺とその間の角がそれぞれ等しいので，

△BEA≡△BEC

したがって，

∠BAE＝∠BCE　　　　　…④

平行線の錯角は等しいから，

AB//DFより，

∠BAE＝∠AFD　　　　　…⑤

④，⑤より，

∠BCE＝∠AFD

(2)　$2\sqrt{13}$ cm

〈解説〉(1)　解答参照。　(2)　AB＝AD＝10〔cm〕，∠BAD＝90°よりBD＝$10\sqrt{2}$〔cm〕である。DE＝$4\sqrt{2}$〔cm〕なのでBE＝$10\sqrt{2} - 4\sqrt{2} = 6\sqrt{2}$〔cm〕と分かる。したがって，BE：DE＝$6\sqrt{2}$：$4\sqrt{2}$＝3：2である。また3つの角がそれぞれ等しいことがいえるので△AEB∽△FEDとなるので，相似比は3：2であり，AB：FD＝3：2，AE：FE＝3：2である。したがって，AB＝10〔cm〕よりFD＝$\dfrac{20}{3}$〔cm〕である。ここで△AFDで三平方の定理により

$$AF = \sqrt{10^2 + \left(\frac{20}{3}\right)^2} = \frac{10\sqrt{13}}{3}\ 〔cm〕$$ よりAE＝$\dfrac{3}{5}$AF＝$2\sqrt{13}$〔cm〕となり，AE＝ECなのでEC＝$2\sqrt{13}$〔cm〕

【5】$\dfrac{25}{216}$

〈解説〉3つのサイコロの目の出方は，$6^3=216$〔通り〕である。目の和が9になる組合せとそれぞれの目の出方は，(1，2，6)が6通り，(1，3，5)が6通り，(1，4，4)が3通り，(2，2，5)が3通り，(2，3，4)が6通り，(3，3，3)が1通り，以上より目の和が9となるのは6＋6＋3＋3＋6＋1＝25〔通り〕なので，その確率は，$\dfrac{25}{216}$

【6】(1)　(2，6)　　(2)　$y=x$　　(3)　$\dfrac{11}{2}$

〈解説〉(1)　関数$y=-2x^2+8x-2$を平方完成して，$y=-2(x-2)^2+6$より頂点は，(2，6)

(2)　点Pは関数$y=-2x^2+8x-2$上の$x=1$の時の点なのでP(1，4)，Q(1，0)である。関数$y=-2x^2+8x-2$の頂点のx座標は2なので，対称軸は$x=2$である。点Rは点Q(1，0)と$x=2$に関して対称な点なのでR(3，0)，点Sは点P(1，4)と$x=2$に関して対称な点なのでS(3，4)である。原点を通り，長方形PQRSの面積を2等分する直線は長方形PQRSの中心(線分PRとQSの交点)を通ればよい。線分PRとQSの交点は(2，2)である。求める直線は原点とこの点(2，2)を通ればよいので$y=x$と分かる。

(3)　点Qのx座標をkとすると，$PQ=-2k^2+8k-2$，$QR=2(2-k)=4-2k$なので，長方形PQRSの周りの長さをLとすると，

$L=2(-2k^2+8k-2)+2(4-2k)$

$=-4k^2+12k+4=-4\left(k-\dfrac{3}{2}\right)^2+13$

したがって，Lは$k=\dfrac{3}{2}$のとき最大値13となる。

このとき，$PQ=-2\times\left(\dfrac{3}{2}\right)^2+8\times\dfrac{3}{2}-2=\dfrac{11}{2}$

【7】(1)　①　B　　②　C　　③　C　　(2)　ア　C　イ　B　ウ　A

〈解説〉(1)　①　箱ひげ図の上端が最も高いのはBである。　②　箱ひげ

図の上端と下端の差が最も小さいのはCである。　③　データ全体が低い位置にあるのでCである。　(2)　ヒストグラムで第1四分位数，中央値，第3四分位数の間隔を調べると，(第1四分位数と中央値の間隔，中央値と第3四分位数の間隔)と表すとして，ア(広い，狭い)，イ(同じ，同じ)，ウ(狭い，広い)となる。したがって，アはC，イはB，ウはAである。

【8】(1)　$xy=7.5$　　(2)　外側の直径…10mm　　すき間の幅…2mm

〈解説〉(1)　表より各値の積は7.5となっているので，$xy=7.5$

(2)　20mで視力3.0のとき5mでは視力x_1とすると，$20:3.0=5:x_1$より$x_1=\frac{3}{4}$となるので，外側の直径y〔mm〕は(1)の式から，$\frac{3}{4}\times y=7.5$となる。よって$y=10$〔mm〕となる。また，すき間の幅をy'〔mm〕とするとxとy'の関係式は$xy'=1.5$より$\frac{3}{4}\times y'=1.5$となり，$y'=2$〔mm〕となる。

【9】等式の性質より，両辺から7をひくと左辺にあった＋7は0となり，右辺には－7が現れる。結果として左辺の＋7を符号を変えて右辺に移動したこととなる。

〈解説〉解答参照。

【高等学校】

【1】問1　あ　必履修　　い　二次関数　　問2　高等学校から中学校に移行した内容…四分位数(箱ひげ図を含む)　　高等学校で新たに扱うこととした内容…仮説検定の考え方

〈解説〉解答参照。

【2】問1　9本　　問2　$-\frac{3}{2}<a<-1$　　問3　$\frac{49}{4}$　　問4　$n=31$
問5　－6

〈解説〉問1　当たりくじの本数をn本とする。13本のくじから2本を引く

方法は$_{13}C_2＝78$〔通り〕，n本の当たりくじから2本を引く方法は$_nC_2＝$ $\dfrac{n(n-1)}{2}$〔通り〕，よって，当たりくじを引く確率は$\dfrac{\frac{n(n-1)}{2}}{78}$ $＝\dfrac{n(n-1)}{156}$となる。問題の条件よりこの確率が$\dfrac{6}{13}$となるので，$\dfrac{n(n-1)}{156}$ $＝\dfrac{6}{13}$となり，$n(n-1)＝72$より$n＝-8，9$となる。ここで，nは自然数 なので，$n＝9$ 問2 $|x+2|<1$ …①を解くと，$-1<x+2<1$より $-3<x<-1$ …①′となる。また，$x^2-3ax+2a^2≦0$ …②を解くと， $(x-a)(x-2a)≦0$となり，$a≧0$のときと$a<0$のときで解が異なる。「① が，②であるための必要条件であるが十分条件ではない」ので，②の 解が①′の部分集合となっている。したがって，$a<0$であり，そのと きの②の解は$2a<x<a$ …②′である。よって$-3<2a$かつ$a<-1$なの で，$-\dfrac{3}{2}<a<-1$ 問3 $S_1＝\dfrac{1}{2}×PA×PC×\sin30°＝\dfrac{1}{4}×PA×PC$， $S_2＝\dfrac{1}{2}×PB×PD×$ $\sin30°＝\dfrac{1}{4}×PB×PD$，よって$S_1×S_2＝\dfrac{1}{16}×PA×PC×$ $PB×PD$ …①となる。次に，円の中心をOとして直線OPと円の交点 を下の図のようにE，Fとすると，$PE＝4+\sqrt{2}$，$PF＝4-\sqrt{2}$となり， 方べきの定理より$PA×PB＝PC×PD＝(4+\sqrt{2})(4-\sqrt{2})＝14$ …② と

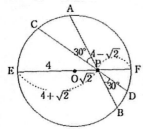

①と②より$S_1×S_2＝\dfrac{1}{16}×14×14＝\dfrac{49}{4}$ 問4 問題より1か月後は2.4％ 上昇するので1.024倍となる。2か月後はさらに1.024倍となるので元の 月の1.024^2倍となる。したがって，nか月後に2倍以上となるので $1.024^n≧2$ この両辺の常用対数をとると，$\log_{10}1.024^n≧\log_{10}2 \Leftrightarrow n\log_{10}$

$1.024 \geqq \log_{10} 2 \Leftrightarrow n \log_{10} \dfrac{1024}{1000} \geqq \log_{10} 2 \Leftrightarrow n \log_{10} \dfrac{2^{10}}{10^3} \geqq \log_{10} 2 \Leftrightarrow n(\log_{10} 2^{10} -$

$\log_{10} 10^3) \geqq \log_{10} 2 \Leftrightarrow n(10\log_{10} 2 - 3\log_{10} 10) \geqq \log_{10} 2 \Leftrightarrow n(10 \times 0.3010 - 3) \geqq$

$0.3010 \Leftrightarrow 0.01n \geqq 0.301 \Leftrightarrow n \geqq 30.1$ となり，nは整数なので初めて2倍以

上になるのは31か月後。　　問5　（与式）$= \left(\cos \dfrac{\pi}{7} + i \sin \dfrac{\pi}{7}\right) \cdot 2\left(\cos \dfrac{\pi}{7} + i\right.$

$\left.\sin \dfrac{\pi}{7}\right)^2 \cdot 3\left(\cos \dfrac{\pi}{7} + i \sin \dfrac{\pi}{7}\right)^4 = 6\left(\cos \dfrac{\pi}{7} + i \sin \dfrac{\pi}{7}\right)^7 = 6\left(\cos \dfrac{7\pi}{7} + i \sin \dfrac{7\pi}{7}\right) =$

$6(\cos \pi + i \sin \pi) = 6(-1 + i \times 0) = -6$

【3】問1　$|x| = \begin{cases} x & (x \geqq 0) \\ -x & (x < 0) \end{cases}$　　であるが，$|x| = x$としているので間違いで

ある。

問2　$\displaystyle \lim_{x \to +0} \dfrac{f(x) - f(0)}{x - 0} = \lim_{x \to +0} \dfrac{|x|}{x} = \lim_{x \to +0} \dfrac{x}{x} = \lim_{x \to +0} 1 = 1$

$\displaystyle \lim_{x \to -0} \dfrac{f(x) - f(0)}{x - 0} = \lim_{x \to -0} \dfrac{|x|}{x} = \lim_{x \to -0} \dfrac{-x}{x} = \lim_{x \to -0} (-1) = -1$

よって，$\displaystyle \lim_{x \to 0} \dfrac{f(x) - f(0)}{x - 0}$は存在しない。

ゆえに，関数$f(x)$は$x = 0$で微分可能ではない。

〈解説〉解答参照。

【4】問1　$a > 0$, $b > 0$であるから，

$\dfrac{a + b}{2} - \sqrt{ab} = \dfrac{1}{2}(a - 2\sqrt{ab} + b)$

$\qquad\qquad\qquad = \dfrac{1}{2}\{(\sqrt{a})^2 - 2\sqrt{a}\ \sqrt{b} + (\sqrt{b})^2\}$

$\qquad\qquad\qquad = \dfrac{1}{2}(\sqrt{a} - \sqrt{b})^2 \geqq 0$

よって，$\dfrac{a + b}{2} \geqq \sqrt{ab}$

等号が成り立つのは$\sqrt{a} - \sqrt{b} = 0$のとき，すなわち$a = b$のときである。

問2　6トン

〈解説〉問1　解答参照。

問2　x〔トン〕の材料を加工するための費用が$\frac{1}{3}x^2+x+12$かかるので，1トンでは費用が$\dfrac{\frac{1}{3}x^2+x+12}{x}=\frac{x}{3}+1+\frac{12}{x}$かかる。ここで，$x>0$なので，相加平均と相乗平均の大小関係より，

$$\frac{x}{3}+1+\frac{12}{x}\geqq 2\sqrt{\frac{x}{3}\times\frac{12}{x}}+1=2\sqrt{4}+1=5$$

となるので1トン当たりの加工費用の最小値は5となる。このとき(等号が成立するとき)$\frac{x}{3}=\frac{12}{x}$より，$x^2=36$であり，$x>0$より$x=6$〔トン〕

【5】問1　$c_n=\dfrac{2}{3}(n-1)(n+2)$

問2　$(k+1)^3-k^3=3k^2+3k+1$に対して，

$k=1$とすると，　$2^3-1^3=3\cdot1^2+3\cdot1+1$

$k=2$とすると，　$3^3-2^3=3\cdot2^2+3\cdot2+1$

$k=3$とすると，　$4^3-3^3=3\cdot3^2+3\cdot3+1$

$\cdots\cdots\cdots\cdots\cdots\cdots\cdots\cdots\cdots\cdots\cdots\cdots\cdots\cdots\cdots$

$k=n$とすると，$(n+1)^3-n^3=3\cdot n^2+3\cdot n+1$

これらn個の等式を辺々に加えると，

$(n+1)^3-1^3=3(1^2+2^2+3^2+\cdots+n^2)+3(1+2+3+\cdots+n)+1\cdot n$

$(n+1)^3-1^3=3\displaystyle\sum_{k=1}^{n}k^2+3\sum_{k=1}^{n}k+n$

$(n+1)^3-1^3=3\displaystyle\sum_{k=1}^{n}k^2+3\cdot\frac{1}{2}n(n+1)+n$

よって，$3\displaystyle\sum_{k=1}^{n}k^2=(n+1)^3-1^3-3\cdot\frac{1}{2}n(n+1)-n$

$$=\frac{1}{2}(n+1)\{2(n+1)^2-3n-2\}$$

$$=\frac{1}{2}(n+1)(2n^2+n)$$

$$=\frac{1}{2}n(n+1)(2n+1)$$

以上より，$\displaystyle\sum_{k=1}^{n}k^2=\frac{1}{6}n(n+1)(2n+1)$

問3　個数…19　　和…13680

〈解説〉問1　等差数列 $\{a_n\}$ の初項を a，公差を d とすると，

$a_4=2$ より $a+3d=2$　…①

$a_{10}=4$ より $a+9d=4$　…②

①，②を解くと $a=1$，$d=\dfrac{1}{3}$ となるので，a_n は

$a_n=1+(n-1)\times\dfrac{1}{3}=\dfrac{1}{3}n+\dfrac{2}{3}$

また，$\displaystyle\sum_{k=1}^{n}b_k=n^2-n$ より，

$b_n=(n^2-n)-\{(n-1)^2-(n-1)\}=2n-2$

したがって，

$c_n=a_n b_n=\left(\dfrac{1}{3}n+\dfrac{2}{3}\right)(2n-2)=\dfrac{2}{3}(n-1)(n+2)$

問2　解答参照。

問3　$c_n=\dfrac{2}{3}(n-1)(n+2)$ が整数となる項は，$(n-1)(n+2)$ が3の倍数となるときである。n は $1\leqq n\leqq 55$ の自然数なので $n=1$，4，7，10，13，…，つまり3で割った時に余りが1となる整数なので，$3\times 1-2$，$3\times 2-2$，$3\times 3-2$，…，$3\times 19-2$，つまり19個ある。

c_n が整数となるときの n を整数 k（$1\leqq k\leqq 19$）を用いて $3k-2$ と表すと，

$c_n=c_{3k-2}=\dfrac{2}{3}(3k-2-1)(3k-2+2)$

$=\dfrac{2}{3}(3k-3)\cdot 3k=6k(k-1)=6k^2-6k$

これより求める和は，

$\displaystyle\sum_{k=1}^{19}(6k^2-6k)=6\times\dfrac{1}{6}\times 19\times 20\times 39-6\times\dfrac{1}{2}\times 19\times 20$

$=19\times 20\times 39-3\times 19\times 20=13680$

【６】問１　5

問２　$\overrightarrow{\mathrm{OP}} = (1+s)\overrightarrow{\mathrm{OA}} + 2t\,\overrightarrow{\mathrm{OB}}$

$\qquad\qquad = \overrightarrow{\mathrm{OA}} + s\overrightarrow{\mathrm{OA}} + t(2\overrightarrow{\mathrm{OB}})$

ここで，$\overrightarrow{\mathrm{OB}'} = 2\overrightarrow{\mathrm{OB}}$ とすると，

$\overrightarrow{\mathrm{OP}} = \overrightarrow{\mathrm{OA}} + s\overrightarrow{\mathrm{OA}} + t\overrightarrow{\mathrm{OB}'},\ \ 0 \leqq s+t \leqq 1,\ \ s \geqq 0,\ \ t \geqq 0$

となるから，点Pの存在範囲を図示すると，図の斜線部分になる。

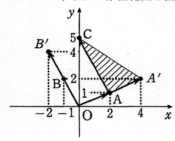

A′(4, 2)，C(0, 5)とすると，

$\overrightarrow{\mathrm{AA}'} = (2,\ 1)$，$\overrightarrow{\mathrm{AC}} = (-2,\ 4)$であるから，

求める面積は

$\dfrac{1}{2}|2 \cdot 4 - 1 \cdot (-2)| = 5$

問３　$\overrightarrow{\mathrm{OP}} = (1+s)\overrightarrow{\mathrm{OA}} + 2t\,\overrightarrow{\mathrm{OB}}$ に，$s = -2\sin^2\theta$，$t = \sin\theta\cos\theta$ を代入

すると，

$\overrightarrow{\mathrm{OP}} = (1 - 2\sin^2\theta)\overrightarrow{\mathrm{OA}} + 2\sin\theta\cos\theta\ \overrightarrow{\mathrm{OB}} = \cos2\theta\ \overrightarrow{\mathrm{OA}} + \sin2\theta\ \overrightarrow{\mathrm{OB}}$

$\qquad = (2\cos2\theta - \sin2\theta,\ \ \cos2\theta + 2\sin2\theta)$

$|\overrightarrow{\mathrm{OP}}|^2 = (2\cos2\theta - \sin2\theta)^2 + (\cos2\theta + 2\sin2\theta)^2$

$\qquad = 5(\cos^2 2\theta + \sin^2 2\theta)$

$\qquad = 5$

$|\overrightarrow{\mathrm{OP}}| > 0$ より，$|\overrightarrow{\mathrm{OP}}| = \sqrt{5}$

よって，点Pの描く図形は，中心O，半径$\sqrt{5}$の円である。

〈解説〉問1　$s=t=1$のとき，

$$\overrightarrow{OP}=2\overrightarrow{OA}+2\overrightarrow{OB}=2(2,\ 1)+2(-1,\ 2)=(2,\ 6)$$

したがって△OAPの面積は，$\overrightarrow{OA}=(2,\ 1)$，$\overrightarrow{OP}=(2,\ 6)$なので，

$$\frac{1}{2}|2\times6-1\times2|=5$$

問2　解答参照。　　問3　解答参照。

【7】問1　$(x+1)^2+(y-3)^2=4$

問2　円C：$(x+1)^2+(y-3)^2=4$をyについて解くと，

$y=3\pm\sqrt{4-(x+1)^2}$

求める体積をV_1とすると，

$$V_1=\pi\int_{-3}^{1}\left\{\left(3+\sqrt{4-(x+1)^2}\right)^2-\left(3-\sqrt{4-(x+1)^2}\right)^2\right\}dx$$

$$=12\pi\int_{-3}^{1}\sqrt{4-(x+1)^2}\,dx$$

$x+1=t$とおくと，$\dfrac{dx}{dt}=1$

x	-3	$\rightarrow$	1
t	-2	$\rightarrow$	2

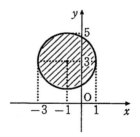

$$V_1=12\pi\int_{-2}^{2}\sqrt{4-t^2}\,dt=12\pi\cdot\frac{1}{2}\cdot\pi\cdot2^2=24\pi^2$$

問3　円Cの中心$(-1,\ 3)$と直線$3x+4y+16=0$の距離dを求めると，

$$d=\frac{|3\cdot(-1)+4\cdot3+16|}{\sqrt{3^2+4^2}}=\frac{25}{5}=5$$

よって，円$x^2+(y-5)^2=4$で囲まれた部分をx軸の周りに1回転させてできる立体の体積を求めればよい。

yについて解くと，$y=5\pm\sqrt{4-x^2}$

求める体積をV_2とすると，

$$V_2=\pi\int_{-2}^{2}\left\{\left(5+\sqrt{4-x^2}\right)^2-\left(5-\sqrt{4-x^2}\right)^2\right\}dx$$

$$=20\pi\int_{-2}^{2}\sqrt{4-x^2}\,dx=20\pi\cdot\frac{1}{2}\cdot\pi\cdot2^2=40\pi^2$$

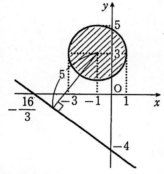

〈解説〉問1　移動前の円の中心は$(5，-1)$である。また，直線$3x-2y-4=0$を①として，①と垂直で点$(5，-1)$を通る直線は$2(x-5)+3(y+1)=0$より$2x+3y-7=0$　…②である。①と②の交点の座標を①と②の連立方程式により求めると$(2，1)$となる。したがって，求める円Cの中心の座標を$(x，y)$とすると，移動前の円の中心$(5，-1)$と対称移動後の円Cの中心$(x，y)$との中点は，①と②の交点$(2，1)$と一致するので，

$$\left(\frac{x+5}{2}，\frac{y-1}{2}\right)=(2，1)$$

となる。これを解いて$(x，y)=(-1，3)$

半径は移動前の円と変わらないので2である。したがって，円Cの方程式は

$(x+1)^2+(y-3)^2=4$

問2　解答参照。　　問3　解答参照。

2020年度　実施問題

【中学校】

【1】次の(1)から(6)の各問いに答えなさい。(答えのみ記入すること。)

(1)　計算をしなさい。

$$\frac{2x-1}{2}-\frac{2x-5}{3}$$

(2)　次の式を満たす自然数x, yの組をすべて求めなさい。

$$xy-6x-y=0$$

(3)　循環小数$3.4\dot{5}$を分数で表しなさい。

(4)　比例式を解きなさい。

$$x:3=1:(9x+6)$$

(5)　次の図のように，直径12cmの円に，正方形が内接している。さらにその正方形に，円が内接している。このとき，色の付いた部分の面積を求めなさい。ただし，円周率はπとする。

(6)　店で購入した弁当のラベルに，次のような表示がありました。

＜電子レンジで温める場合の加熱時間の目安＞	
１５００Ｗ	1分
６００Ｗ	2分30秒
５００Ｗ	3分

この弁当を900Wの電子レンジで温める場合，何分何秒が適当であるか答えなさい。

（☆☆◎◎◎◎）

115

【２】男子5人，女子3人の計8人の生徒がいます。この中からくじ引きで，清掃当番を3人選びます。選ばれた3人のうち，半分以上が男子となる確率を求めなさい。ただし，どの生徒が選ばれることも同様に確からしいとする。(答えのみ記入すること。)

(☆☆◎◎◎◎◎)

【３】「中学校学習指導要領解説　数学編(平成29年7月告示)第3章　各学年の目標及び内容　第2節　第2学年の目標及び内容　2　第2学年の内容　Dデータの活用」に，次のように書かれている。

> 　例えば，「さいころを振って1の目が出る確率が$\frac{1}{6}$である」ことから，「さいころを6回投げると，そのうち1回は1の目が必ず出る」と考えてしまうのは，確率の意味の理解が不十分であることが原因であると考えられる。

　文中に，「確率の意味の理解が不十分である」と書かれているが，なぜそう言えるのか答えなさい。

(☆☆☆◎◎◎◎)

【４】次の図は，AD＝5cm，BC＝8cm，DC＝4cm，∠C＝∠D＝90°の台形です。2点P，Qは点Aを同時に出発し，点Pは反時計回りに，点Qは時計回りに，四角形ABCDの辺上を動きます。点Pと点Qが出会うまで，どちらも毎秒1cmの速さで動きます。

　点P，Qが点Aを出発してx秒後の△APQの面積を$y$cm²とします。

　このときあとの(1)から(3)の各問いに答えなさい。(答えのみ記入すること。)

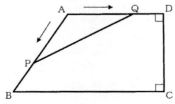

(1)　ABの長さを求めなさい。

(2)　0≦x≦5のとき，yをxの式で表しなさい。

(3)　△APQの面積が最大になるのは何秒後か求めなさい。また，そのときの面積を求めなさい。

(☆☆☆☆◎◎◎◎)

【5】次の表は，平成27年国勢調査おける静岡県の市別の人口を表したものです。

　　あとの(1)から(3)の各問いに答えなさい。

	市名	人口（人）
1	静岡市	704,989
2	浜松市	797,980
3	沼津市	195,633
4	熱海市	37,544
5	三島市	110,046
6	富士宮市	130,770
7	伊東市	68,345
8	島田市	98,112
9	富士市	248,399
10	磐田市	167,210
11	焼津市	139,462
12	掛川市	114,602
13	藤枝市	143,605
14	御殿場市	88,078
15	袋井市	85,789
16	下田市	22,916
17	裾野市	52,737
18	湖西市	59,789
19	伊豆市	31,317
20	御前崎市	32,578
21	菊川市	46,763
22	伊豆の国市	48,152
23	牧之原市	45,547

平成２７年　国勢調査
市区町村別主要統計表抜粋

(1)　沼津市の人口は195,633人であるが，百の位を四捨五入して，196,000人と近似値で表すことができる。
　　　この近似値を有効数字がわかるように
　　　　　(整数部分が1桁の数)×(10の累乗)
　　の形に表しなさい。

(2)　次のグラフは上の表を階級の幅を5万人としたヒストグラムです。このヒストグラムを参考にして，下の①，②の各問いに答えなさい。

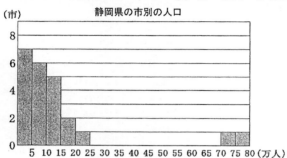

①　最頻値の階級値を答えなさい。
②　「静岡県では，人口何万人くらいの市が多いか」との課題に，大介さんは「平均値を使えばよさそうだ」と答えました。しかし，この考え方は必ずしも適しているとは言えません。その理由を中学生への説明場面を想定して書きなさい。

(3)　「中学校学習指導要領(平成29年3月告示)第2章　第3節　数学」では，第1学年の内容Dデータの活用(1)イ(ア)に，次のように記されています。

> 　［　ア　］に応じてデータを収集して分析し，そのデータの分布の［　イ　］を読みとり，［　ウ　］に考察し判断すること。

　［　ア　］［　イ　］［　ウ　］に当てはまる言葉を，次の語句の中から選び書きなさい。
　　目的　　　課題　　　批判的　　　結果　　　論理的　　　傾向　　　値

　　　　　　　　　　　　　　　　　　　　　　(☆☆☆◎◎◎)

118

【6】次の(1)，(2)の各問いに答えなさい。

(1) 中学校第3学年「平行線と比」について学習をしています。

　　生徒から「△ABCでPQ//BCのとき，AP：PB＝AQ：QCとなりそうだ」と発言があったため，その性質が成り立つことを証明することになりました。

　　この授業場面における適切な証明をかきなさい。

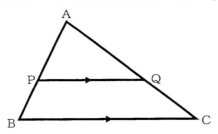

(2) 次の図はAB＝6cm，BC＝10cm，CA＝9cmの△ABCです。∠Bと∠Cの二等分線をそれぞれ引き，交点をDとします。また，点Dを通り辺BCに平行な線分を引き，辺ABと辺ACとの交点をそれぞれ点E，点Fとします。このとき，線分EFの長さを求めなさい。(求め方も記入すること。)

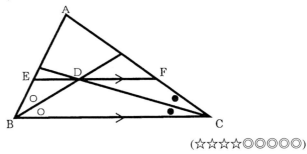

(☆☆☆☆◎◎◎◎◎)

【高等学校】

【1】次の2つの文章は，平成21年3月に告示された高等学校学習指導要領及び平成30年3月に告示された高等学校学習指導要領に示されている高等学校数学科の目標である。下の各問に答えよ。

(平成21年3月告示高等学校学習指導要領)

　《　あ　》を通して，数学における基本的な概念や原理・法則の体系的な理解を深め，事象を数学的に考察し表現する能力を高め，創造性の基礎を培うとともに，《　い　》を認識し，それらを積極的に活用して数学的論拠に基づいて判断する態度を育てる。

(平成30年3月告示高等学校学習指導要領)

　数学的な見方・考え方を働かせ，《　あ　》を通して，数学的に考える資質・能力を次のとおり育成することを目指す。

(1)　数学における基本的な概念や原理・法則を体系的に理解するとともに，事象を数学化したり，数学的に解釈したり，数学的に表現・処理したりする技能を身に付けるようにする。

(2)　数学を活用して事象を論理的に考察する力，事象の本質や他の事象との関係を認識し統合的・発展的に考察する力，数学的な表現を用いて事象を簡潔・明瞭・的確に表現する力を養う。

(3)　《　い　》を認識し積極的に数学を活用しようとする態度，粘り強く考え数学的論拠に基づいて判断しようとする態度，問題解決の過程を振り返って考察を深めたり，評価・改善したりしようとする態度や創造性の基礎を養う。

問1　文章中の《　あ　》，《　い　》に入る語句を記入せよ。

問2　平成21年3月に告示された高等学校学習指導要領の「第2章　第4節　数学　第3款　各科目にわたる指導計画の作成と内容の取扱い」において，《　あ　》の配慮事項として，次のように3つ示されている。1つは，(1)のように，問題発見・解決する過程を充実させることが述べられている。同様に，他の2つに示されている内容をそれぞれ簡単に記入せよ。

3　指導に当たっては，各科目の特質に応じ《　あ　》を重視
し，数学を学習する意義などを実感できるようにするとと
もに，次の事項に配慮するものとする。

(1)　自ら課題を見いだし，解決するための構想を立て，考
察・処理し，その過程を振り返って得られた結果の意義
を考えたり，それを発展させたりすること。

(2)　[　　　　　　　　　　　　　　　　　　　　　　　]

(3)　[　　　　　　　　　　　　　　　　　　　　　　　]

(☆☆☆◎◎◎◎)

【2】次の各問に答えよ。答のみ記入せよ。

問1　和 $\displaystyle\sum_{k=1}^{n} k \cdot 2^{k-1}$ を求めよ。

問2　次のデータは，8人の生徒に100点満点のテストを行った結果で
ある。このデータの分散を求めよ。

　　75, 71, 79, 63, 83, 71, 87, 55(点)

問3　1から30までの整数が1つずつ書かれた30枚のカードから3枚のカ
ードを同時に取り出すとき，その3枚に書かれた整数の和が3の倍数
になるような取り出し方の総数を求めよ。

問4　nを50以下の自然数とする。$13n+121$と$3n+29$の最大公約数が7
になるようなnをすべて求めよ。

問5　xの関数yが媒介変数tを用いて，$x=\cos t$, $y=\sin t$で表されるとき，
第2次導関数 $\dfrac{d^2y}{dx^2}$ をtを用いて表せ。

(☆☆☆☆◎◎◎◎)

【3】「関数$f(x)=\dfrac{4}{x-2}\left(\dfrac{1}{x}-a\right)$が$x \to 2$のとき収束するように，定数$a$の値
を定めよ。」という問題に，高校生のSさんは次のように解答した。あ
との各問に答えよ。

121

(Sさんの解答)

$f(x) = \dfrac{4}{x-2}\left(\dfrac{1}{x} - a\right)$

$ = \dfrac{4}{x-2} \cdot \dfrac{1-ax}{x}$

$ = \dfrac{4(1-ax)}{x(x-2)}$

ここで，$\displaystyle\lim_{x\to 2} x(x-2) = 0$ であるから，

$\displaystyle\lim_{x\to 2} 4(1-ax) = 0$

すなわち，$4(1-2a) = 0$

よって，$a = \dfrac{1}{2}$

問1　Sさんの解答は，正答としては不十分である。なぜ不十分なのか
　　　をSさんに説明する場合，どのように説明するか，記入せよ。

問2　Sさんの解答が正答となるように，Sさんの解答に加筆せよ。

(☆☆☆○○○○○)

【4】次の各問に答えよ。ただし，問2は答のみ記入せよ。

問1　空間における $\vec{0}$ でない2つのベクトル $\vec{a}$，$\vec{b}$ に対して，$\vec{a}$
　　　と $\vec{b}$ のなす角を θ とするとき，$\vec{a}$ と $\vec{b}$ の内積 $\vec{a} \cdot \vec{b}$ は，$\vec{a} \cdot \vec{b}$
　　　$= |\vec{a}||\vec{b}|\cos\theta$ と定義されている。ただし，$0° \leqq \theta \leqq 180°$ であ
　　　る。$\vec{a} = (a_1,\ a_2,\ a_3)$，$\vec{b} = (b_1,\ b_2,\ b_3)$ とするとき，

　　　　$\vec{a} \cdot \vec{b} = a_1 b_1 + a_2 b_2 + a_3 b_3$

　　　が成り立つことを，定義にしたがって証明せよ。

問2　空間に，3点A(2, 0, 1)，B(0, 4, 3)，P(4, 6, 0)がある。点Pか
　　　ら直線ABに垂線を下ろし，その交点をHとするとき，点Hの座標を
　　　求めよ。

(☆☆☆○○○○○)

122

【5】四面体OABCにおいて，AB＝1，BC＝$\sqrt{7}$，CA＝3，OA＝OB＝OC＝2とする。また，点Oから平面ABCに垂線を下ろし，その交点をHとする。このとき，次の各問に答えよ。ただし，問1，問3，問4は答のみ記入せよ。

問1　△ABCの面積を求めよ。

問2　次の⌐‥‥‥¬の中の文が正しくなるように，選択群から最も適切な言葉を1つ選び，□□□□の中に記入せよ。また，完成した文が正しいことを証明せよ。

> 点Hは△ABCの□□□□□である。

　(選択群)　重心　　外心　　内心　　垂心

問3　線分OHの長さを求めよ。

問4　辺OAの中点をM，辺OCを1：2に内分する点をNとするとき，四面体OMBNの体積を求めよ。

(☆☆☆◎◎◎◎◎)

【6】xについての2つの方程式

$$2^x+2^{-x}=t \ (t は定数) \quad \cdots ①$$

$$8^x+8^{-x}-3(4^x+4^{-x})-6(2^x+2^{-x})+k=0 \ (k は定数) \quad \cdots ②$$

について，次の各問に答えよ。ただし，問1，問2は答のみ記入せよ。

問1　$t＝4$のとき，方程式①を解け。

問2　方程式①の異なる実数解の個数を求めよ。

問3　方程式②が異なる4個の実数解をもつとき，kの値の範囲を求めよ。

(☆☆☆☆◎◎◎◎◎)

【7】曲線$F：13x^2-6\sqrt{3}\,xy+7y^2＝16$を原点Oを中心に$-\dfrac{\pi}{3}$だけ回転した曲線を$G$とする。このとき，次の各問に答えよ。ただし，問1，問2，問3は答のみ記入せよ。

問1　曲線F上の点$(X,\ Y)$に対応する曲線G上の点を$(x,\ y)$とするとき，

X, Yをそれぞれx, yを用いて表せ。

問2　曲線Gの方程式を求めよ。

問3　曲線F上の点$P(a, b)$において，$k=a^2+b^2$とするとき，kの最大値，最小値を求めよ。ただし，そのときのa，bの値は求めなくてよい。

問4　連立不等式$\begin{cases} 13x^2-6\sqrt{3}\,xy+7y^2 \leqq 16 \\ x+\sqrt{3}\,y \geqq 2 \end{cases}$　の表す領域の面積Sを求めよ。

(☆☆☆☆◎◎◎◎)

解答・解説

【中学校】

【1】(1)　$\dfrac{2x+7}{6}$　　(2)　$(x, y)=(2, 12)$, $(3, 9)$, $(4, 8)$, $(7, 7)$

(3)　$\dfrac{38}{11}$　　(4)　$x=-1$, $x=\dfrac{1}{3}$　　(5)　$(72-18\pi)$cm²

(6)　1分40秒

〈解説〉(1)　$\dfrac{3(2x-1)-2(2x-5)}{6}=\dfrac{2x+7}{6}$

(2)　$x(y-6)-(y-6)-6=0$

$(x-1)(y-6)=6$　…①

x, yは整数であるから，$x-1$，$y-6$も整数で，①より

$(x-1, y-6)=(1, 6)$, $(2, 3)$, $(3, 2)$, $(6, 1)$

ゆえに　$(x, y)=(2, 12)$, $(3, 9)$, $(4, 8)$, $(7, 7)$

(3)　$x=3.4545\cdots$　…①　とすると，$100x=345.45\cdots$　…②

②−①より，$99x=342$

ゆえに，$x=\dfrac{342}{99}=\dfrac{38}{11}$

(4)　$x(9x+6)=3$を整理して，$3(3x-1)(x+1)=0$

ゆえに，$x=-1$，$\dfrac{1}{3}$

(5)　直径12cmの円(円Aとする)に内接する正方形(正方形Bとする)の対

角線の長さは12cmである。

ゆえに正方形Bの面積は，$12 \times 12 \times \dfrac{1}{2} = 72$〔cm²〕

正方形Bの一辺の長さは，$\sqrt{72} = 6\sqrt{2}$〔cm〕

よって，正方形Bに内接する円(円Cとする)の直径は$6\sqrt{2}$ cmで，半径は$3\sqrt{2}$ cmである。

円Cの面積は，$3\sqrt{2} \times 3\sqrt{2} \times \pi = 18\pi$〔cm²〕

よって，求める面積は，$(72 - 18\pi)$〔cm²〕

(6) 表より，W数と加熱時間は反比例している。

W数をx〔W〕，加熱時間をy〔分〕とすると，$y = \dfrac{1500}{x}$

これに，$x = 900$を代入すると，$y = \dfrac{1500}{900} = \dfrac{5}{3}$〔分〕

よって，1分40秒

【2】$\dfrac{5}{7}$

〈解説〉半分以上が男子ということは，男子が2人または3人であればよい。

(i) 男子が2人の場合は，$\dfrac{{}_5C_2 \cdot {}_3C_1}{{}_8C_3} = \dfrac{15}{28}$

(ii) 男子が3人の場合は，$\dfrac{{}_5C_3}{{}_8C_3} = \dfrac{5}{28}$

(i)，(ii)より，$\dfrac{15}{28} + \dfrac{5}{28} = \dfrac{20}{28} = \dfrac{5}{7}$

【3】ここでいう$\dfrac{1}{6}$は，多数回の試行によって近づく数値のため，6回のうち必ず1回出るものではないということを理解していないから。

〈解説〉解答参照。

【4】(1) 5cm (2) $y = \dfrac{2}{5}x^2$ (3) $\dfrac{13}{2}$秒後，$\dfrac{89}{8}$cm²

〈解説〉(1) 三平方の定理より，$AB^2 = (BC - AD)^2 + DC^2 = 3^2 + 4^2 = 25$

よって，$AB > 0$より，$AB = \sqrt{25} = 5$〔cm〕

(2) AQを底辺とすると，$AB = 5$cm，$DC = 4$cmより，高さは$\dfrac{4}{5}x$cmとなる。

ゆえに，$y = x \cdot \dfrac{4}{5}x \cdot \dfrac{1}{2} = \dfrac{2}{5}x^2$

(3)　$x = 11$ のとき，点Pと点Qが出会うので，考える範囲は，$0 \leqq x < 11$ となる。

(i)　$0 \leqq x \leqq 5$ のとき，$y = \dfrac{2}{5}x^2$

$y = \dfrac{2}{5}x^2$ のグラフは，下に凸で，軸は $x = 0$ より，$x = 5$ 秒後で最大値をとる。

よって，最大値は10cm²

(ii)　$5 < x < 9$ のとき

(△APQの面積)＝(台形ADCPの面積)－(△ADQの面積)－(△CPQの面積)より，

（△APQの面積）$= [\{8 - (x - 5)\} + 5] \cdot 4 \cdot \dfrac{1}{2} - (x - 5) \cdot 5 \cdot \dfrac{1}{2} - \{4 - (x - 5)\} \cdot \{8 - (x - 5)\} \cdot \dfrac{1}{2}$

計算すると，（△APQの面積）$= -\dfrac{1}{2}\left(x - \dfrac{13}{2}\right)^2 + \dfrac{89}{8}$

$y = -\dfrac{1}{2}\left(x - \dfrac{13}{2}\right)^2 + \dfrac{89}{8}$ のグラフは上に凸で，$x = \dfrac{13}{2}$ 秒後に最大値をとる。

よって，最大値は $\dfrac{89}{8}$ cm²

(iii)　$9 \leqq x < 11$ のとき

$y = \{8 - (x - 5) - (x - 9)\} \cdot 4 \cdot \dfrac{1}{2} = -4x + 44$

$y = -4x + 44$ は減少関数なので，$x = 9$ 秒後のときに最大値をとる。よって最大値は，8cm²

(i)～(iii)より，△APQの面積が最大になるのは $\dfrac{13}{2}$ 秒後で，そのときの面積は $\dfrac{89}{8}$ cm²である。

【5】(1)　1.96×10^5 人　　(2)　①　25000人　　②　理由…ヒストグラムを見ると他の値と比べてとびぬけて大きい値が二つあり，平均値がこれら二つの値に強く影響を受けるため，代表値として用いることには適さない。　　(3)　ア　目的　　イ　傾向　　ウ　批判的

〈解説〉解答参照。

【6】(1)《証明》

点Pを通り，ACと平行な線とBCとの交点をRとする。

△APQと△PBRにおいてAC//PRなので同位角より

∠A＝∠BPR　…①

PQ//BRなので同位角より

∠APQ＝∠B　…②

①②より，2組の角がそれぞれ等しいので

△APQ∽△PBR　よって

AP：PB＝AQ：PR　…③

また，四角形PRCQは，PQ//RC，PR//QC　なので平行四辺形である。

よって平行四辺形の性質より

PR＝QC　…④

③④より，AP：PB＝AQ：QC

したがって，△ABCでPQ//BCのとき，AP：PB＝AQ：QCとなる。

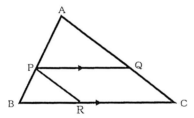

(2)《求め方》

ED＝x，FD＝yとする。

仮定とEF//BCの錯角より△EBDと△FCDは二等辺三角形となる。

よって，EB＝ED＝x

FC＝FD＝y

平行線と比の関係より，

$(6-x)：6＝(9-y)：9$　…①

$(6-x)：6＝(x+y)：10$　…②

①より　$y=\dfrac{3}{2}x$

②に$y=\dfrac{3}{2}x$を代入すると

$(6-x):6=\left(x+\dfrac{3}{2}x\right):10$

$x=\dfrac{12}{5}$

$y=\dfrac{3}{2}\times\dfrac{12}{5}=\dfrac{18}{5}$

$x+y=\dfrac{12}{5}+\dfrac{18}{5}=\dfrac{30}{5}=6$

答え　6cm

〈解説〉解答参照。

【高等学校】

【1】問1　あ　数学的活動　　い　数学のよさ

問2　・日常生活や社会生活などにおける問題解決に活用すること。

　　　・言語活動を充実させること。

〈解説〉問1　解答参照。　　問2　学習指導要領には，「(2)　学習した内容を生活と関連付け，具体的な事象の考察に活用すること。」「(3)　自らの考えを数学的に表現し根拠を明らかにして説明したり，議論したりすること。」と記載されている。

【2】問1　$(n-1)2^n+1$　　問2　96　　問3　1360〔通り〕

問4　$n=2$, 16, 30, 44　　問5　$-\dfrac{1}{\sin^3 t}$

〈解説〉問1　$S=\displaystyle\sum_{k=1}^{n} k\cdot 2^{k-1}$とする。

$S=1\cdot 1+2\cdot 2+3\cdot 2^2+\cdots+n\cdot 2^{n-1}$

両辺に2をかけると，

$2S=1\cdot 2+2\cdot 2^2+\cdots+(n-1)\cdot 2^{n-1}+n\cdot 2^n$

辺々を引くと，

$-S=1+2+2^2+\cdots+2^{n-1}-n\cdot 2^n$

$-S=\dfrac{1(2^n-1)}{2-1}-n\cdot 2^n=2^n(1-n)-1$

ゆえに，$S=(n-1)2^n+1$

問2　このデータの平均 $\overline{x}$ は，

$\overline{x}=\dfrac{1}{8}(75+71+79+63+83+71+87+55)=73$

このデータの分散s^2は，

$s^2=\dfrac{1}{8}\{(75-73)^2+\cdots+(55-73)^2\}=96$

問3　1から30までの整数を，3で割ったときの余りの数で分類する。

3で割って余りが0の数の集合をA_0，3で割って余りが1の数の集合をA_1，

3で割って余りが2の数の集合をA_2とすると，

$A_0=\{3,\ 6,\ 9,\ 12,\ 15,\ 18,\ 21,\ 24,\ 27,\ 30\}$

$A_1=\{1,\ 4,\ 7,\ 10,\ 13,\ 16,\ 19,\ 22,\ 25,\ 28\}$

$A_2=\{2,\ 5,\ 8,\ 11,\ 14,\ 17,\ 20,\ 23,\ 26,\ 29\}$

3枚の和が3の倍数になるのは，

(i)　「A_0から3枚」または「A_1から3枚」または「A_2から3枚」

${}_{10}C_3\cdot 3=\dfrac{10\cdot 9\cdot 8}{3\cdot 2\cdot 1}\cdot 3=360$

(ii)　A_0，A_1，A_2から1枚ずつ

$10\cdot 10\cdot 10=1000$

(i)，(ii)より，$360+1000=1360$

問4　$13n+121=(3n+29)\cdot 4+n+5$，

$3n+29=(n+5)\cdot 3+14$

ゆえに，$13n+121$と$3n+29$の最大公約数は，$n+5$と14の最大公約数に等しい。

$14=2\cdot 7$であるから，$n+5$は7の倍数ではあるが，2の倍数ではない。

また，$1\leqq n\leqq 50$より，$6\leqq n+5\leqq 55$であるから，

$n+5=7,\ 21,\ 35,\ 49$より，$n=2,\ 16,\ 30,\ 44$

問5　$\dfrac{dx}{dt}=-\sin t$，$\dfrac{dy}{dt}=\cos t$

よって，$\sin t \neq 0$ のとき，$\dfrac{dy}{dx} = -\dfrac{\cos t}{\sin t}$

$$\dfrac{d^2y}{dx^2} = \dfrac{d}{dx}\left(\dfrac{dy}{dx}\right) = \dfrac{d}{dt} \cdot \left(-\dfrac{\cos t}{\sin t}\right)\dfrac{dt}{dx}$$

$$\dfrac{d^2y}{dx^2} = \dfrac{\sin t \cdot \sin t + \cos t \cdot \cos t}{\sin^2 t} \cdot \left(-\dfrac{1}{\sin t}\right)$$

$$\dfrac{d^2y}{dx^2} = \dfrac{\sin^2 t + \cos^2 t}{\sin^2 t} \cdot \left(-\dfrac{1}{\sin t}\right) = -\dfrac{1}{\sin^3 t}$$

【3】問1　条件「$\lim\limits_{x\to2} 4(1-ax) = 0$」は，関数 $f(x) = \dfrac{4}{x-2}\left(\dfrac{1}{x}-a\right)$ が $x \to 2$ のとき収束するための必要条件であって，十分条件ではない。

よって，$a = \dfrac{1}{2}$ に対して，関数 $f(x) = \dfrac{4}{x-2}\left(\dfrac{1}{x}-a\right)$ が $x \to 2$ のとき収束することを確かめなければならない。

問2　$f(x) = \dfrac{4}{x-2}\left(\dfrac{1}{x}-a\right)$

$$= \dfrac{4}{x-2} \cdot \dfrac{1-ax}{x}$$

$$= \dfrac{4(1-ax)}{x(x-2)}$$

ここで，$\lim\limits_{x\to2} x(x-2) = 0$ であるから，

$\lim\limits_{x\to2} 4(1-ax) = 0$

すなわち，$4(1-2a) = 0$

よって，$a = \dfrac{1}{2}$

逆に，$a = \dfrac{1}{2}$ のとき，

$$\lim_{x\to2} \dfrac{4}{x-2}\left(\dfrac{1}{x}-\dfrac{1}{2}\right)$$

$$= \lim_{x\to2} \dfrac{4}{x-2} \cdot \dfrac{2-x}{2x}$$

$$= \lim_{x\to2} \left(-\dfrac{2}{x}\right)$$

$$= -1$$

よって，$a=\dfrac{1}{2}$ のとき，確かに条件をみたす。　∴　$a=\dfrac{1}{2}$

〈解説〉解答参照。

【4】問1　$\vec{0}$ でない2つのベクトル $\vec{a}$，$\vec{b}$ に対して，1点Oを定めて，

$\vec{a}=\overrightarrow{\mathrm{OA}}$，$\vec{b}=\overrightarrow{\mathrm{OB}}$，$\angle \mathrm{AOB}=\theta$ とする。

$0°<\theta<180°$ のとき，△OABに余弦定理を適用すると，

$\mathrm{AB}^2=\mathrm{OA}^2+\mathrm{OB}^2-2\mathrm{OA}\times\mathrm{OB}\times\cos\theta$　…①

$\theta=0°$，$180°$ のときも，①は成り立つ。

$\mathrm{AB}=|\vec{b}-\vec{a}|$，$\mathrm{OA}=|\vec{a}|$，$\mathrm{OB}=|\vec{b}|$，

$\mathrm{OA}\times\mathrm{OB}\times\cos\theta=|\vec{a}||\vec{b}|\cos\theta=\vec{a}\cdot\vec{b}$ であるから，

①より $|\vec{b}-\vec{a}|^2=|\vec{a}|^2+|\vec{b}|^2-2(\vec{a}\cdot\vec{b})$

$(b_1-a_1)^2+(b_2-a_2)^2+(b_3-a_3)^2=(a_1^2+a_2^2+a_3^2)+(b_1^2+b_2^2+b_3^2)-2(\vec{a}\cdot\vec{b})$

整理すると，　$\vec{a}\cdot\vec{b}=a_1b_1+a_2b_2+a_3b_3$

問2　$\mathrm{H}\left(\dfrac{1}{2},\ 3,\ \dfrac{5}{2}\right)$

〈解説〉問1　解答参照。

問2　点Hは直線AB上にあるから，$\overrightarrow{\mathrm{AH}}=k\overrightarrow{\mathrm{AB}}$ となる実数 k がある。

よって，$\overrightarrow{\mathrm{PH}}=\overrightarrow{\mathrm{PA}}+\overrightarrow{\mathrm{AH}}=\overrightarrow{\mathrm{PA}}+k\overrightarrow{\mathrm{AB}}$

$\overrightarrow{\mathrm{PH}}=(-2,\ -6,\ 1)+k(-2,\ 4,\ 2)=(-2k-2,\ 4k-6,\ 2k+1)$

$\overrightarrow{\mathrm{AB}}\perp\overrightarrow{\mathrm{PH}}$ より，$\overrightarrow{\mathrm{AB}}\cdot\overrightarrow{\mathrm{PH}}=0$ であるから，

$-2(-2k-2)+4(4k-6)+2(2k+1)=0$

ゆえに，$k=\dfrac{3}{4}$

このとき，$\overrightarrow{\mathrm{OH}}=\overrightarrow{\mathrm{OP}}+\overrightarrow{\mathrm{PH}}=\left(\dfrac{1}{2},\ 3,\ \dfrac{5}{2}\right)$

したがって，点Hの座標は，$\left(\dfrac{1}{2},\ 3,\ \dfrac{5}{2}\right)$

【５】問1　$\dfrac{3\sqrt{3}}{4}$　　　問2　選択群…外心

証明…△OHA，△OHB，△OHCにおいて，

OHは共通　…①

条件より，OA＝OB＝OC　…②

OHと平面ABCは垂直であるから，∠OHA＝∠OHB＝∠OHC＝90°…③

①，②，③より，直角三角形において斜辺と他の1辺が等しいから，

△OHA≡△OHB≡△OHC

∴　AH＝BH＝CH

よって，点Hは3点A，B，Cからの距離が等しい点であるから，点Hは

△ABCの外心である。　　　問3　$\dfrac{\sqrt{15}}{3}$　　　問4　$\dfrac{\sqrt{5}}{24}$

〈解説〉問1　$\cos\angle BAC=\dfrac{3^2+1^2-\sqrt{7}^2}{2\cdot3\cdot1}=\dfrac{3}{6}=\dfrac{1}{2}$

$\sin\angle BAC>0$より

$\sin\angle BAC=\sqrt{1-\cos^2\angle BAC}=\sqrt{1-\left(\dfrac{1}{2}\right)^2}=\dfrac{\sqrt{3}}{2}$

よって，$S=\dfrac{1}{2}\cdot3\cdot1\cdot\dfrac{\sqrt{3}}{2}=\dfrac{3\sqrt{3}}{4}$

問2　解答参照。

問3　$\overrightarrow{OA}=\vec{a}$，$\overrightarrow{OB}=\vec{b}$，$\overrightarrow{OC}=\vec{c}$とする。

点Hは平面ABC上にあるから，s, t, uを実数として

$\overrightarrow{OH}=s\vec{a}+t\vec{b}+u\vec{c}$，$s+t+u=1$　…①

と表される。OH⊥(平面ABC)から，

$\overrightarrow{OH}\perp\overrightarrow{AB}$，$\overrightarrow{OH}\perp\overrightarrow{AC}$

よって，$(s\vec{a}+t\vec{b}+u\vec{c})\cdot(\vec{b}-\vec{a})=0$　…②

$(s\vec{a}+t\vec{b}+u\vec{c})\cdot(\vec{c}-\vec{a})=0$　…③

ここで，$|\vec{a}|^2=|\vec{b}|^2=|\vec{c}|^2=4$

$$\cos\angle\text{AOB} = \frac{2^2+2^2-1^2}{2\cdot2\cdot2} = \frac{7}{8}$$

$$\cos\angle\text{BOC} = \frac{2^2+2^2-\sqrt{7}^2}{2\cdot2\cdot2} = \frac{1}{8}$$

$$\cos\angle\text{AOC} = \frac{2^2+2^2-3^2}{2\cdot2\cdot2} = -\frac{1}{8}$$

$$\vec{a}\cdot\vec{b} = |\vec{a}|\cdot|\vec{b}|\cdot\cos\angle\text{AOB} = 2\cdot2\cdot\frac{7}{8} = \frac{7}{2}$$

$$\vec{a}\cdot\vec{c} = |\vec{a}|\cdot|\vec{c}|\cdot\cos\angle\text{AOC} = 2\cdot2\cdot\left(-\frac{1}{8}\right) = -\frac{1}{2}$$

$$\vec{b}\cdot\vec{c} = |\vec{b}|\cdot|\vec{c}|\cdot\cos\angle\text{BOC} = 2\cdot2\cdot\left(\frac{1}{8}\right) = \frac{1}{2}$$

②より，$-s|\vec{a}|^2+t|\vec{b}|^2+(s-t)\vec{a}\cdot\vec{b}+u\vec{b}\cdot\vec{c}-u\vec{c}\cdot\vec{a}=0$

$$-4s+4t+\frac{7}{2}(s-t)+\frac{1}{2}u+\frac{1}{2}u=0$$

$$-\frac{1}{2}s+\frac{1}{2}t+u=0$$

よって，$s=t+2u$　…④

③より，$-s|\vec{a}|^2+u|\vec{c}|^2+(s-u)\vec{a}\cdot\vec{c}+t\vec{b}\cdot\vec{c}-t\vec{b}\cdot\vec{a}=0$

$$-4s+4u-\frac{1}{2}(s-u)+\frac{1}{2}t-\frac{7}{2}t=0$$

$$-\frac{9}{2}s+\frac{9}{2}u-3t=0$$

よって，$-3s-2t+3u=0$　…⑤

④を①，⑤に代入すると，

$$\begin{cases} 2t+3u=1 \\ 5t+3u=0 \end{cases}$$

　よって，$t=-\dfrac{1}{3}$，$u=\dfrac{5}{9}$

これを④に代入すると，$s=-\dfrac{1}{3}+\dfrac{10}{9}=\dfrac{7}{9}$

したがって，$\vec{\text{OH}}=\dfrac{7}{9}\vec{a}-\dfrac{1}{3}\vec{b}+\dfrac{5}{9}\vec{c}$

よって，$9^2|\overrightarrow{OH}|^2=|7\overrightarrow{a}-3\overrightarrow{b}+5\overrightarrow{c}|^2$

$9^2|\overrightarrow{OH}|^2=49|\overrightarrow{a}|^2+9|\overrightarrow{b}|^2+25|\overrightarrow{c}|^2-42\overrightarrow{a}\cdot\overrightarrow{b}+70\overrightarrow{a}\cdot\overrightarrow{c}-30\overrightarrow{b}\cdot\overrightarrow{c}$

$9^2|\overrightarrow{OH}|^2=49\cdot4+9\cdot4+25\cdot4-42\cdot\dfrac{7}{2}+70\cdot\left(-\dfrac{1}{2}\right)-30\cdot\dfrac{1}{2}=135$

ゆえに，$|\overrightarrow{OH}|^2=\dfrac{135}{9^2}$より，$|\overrightarrow{OH}|=\dfrac{\sqrt{15}}{3}$

問4　問1，問3より，四面体OABCの体積は，$\dfrac{1}{3}\cdot\dfrac{3\sqrt{3}}{4}\cdot\dfrac{\sqrt{15}}{3}=\dfrac{\sqrt{5}}{4}$

ここで，△OACと△OMNを底面と考えると，四面体OABCと四面体OMBNは同じ高さで，△OMNの面積は，題意より△OACの面積の$\dfrac{1}{2}\times\dfrac{1}{3}=\dfrac{1}{6}$なので，四面体OMBNの体積は，$\dfrac{\sqrt{5}}{4}\times\dfrac{1}{6}=\dfrac{\sqrt{5}}{24}$となる。

【6】問1　$x=\log_2(2\pm\sqrt{3})$

問2　$t>2$のとき　2個　　　$t=2$のとき　1個　　　$t<2$のとき　0個

問3　$8^x+8^{-x}=(2^x+2^{-x})^3-3\cdot2^x\cdot2^{-x}(2^x+2^{-x})$

$4^x+4^{-x}=(2^x+2^{-x})^2-2\cdot2^x\cdot2^{-x}$　であるから，

①より，②は$t^3-3t-3(t^2-2)-6t+k=0$とかける。

整理すると，$t^3-3t^2-9t+6+k=0$　…③

また，問2より，①が実数解をもつ条件は$t\geqq2$である。

③より，$-t^3+3t^2+9t-6=k$

ここで，$f(t)=-t^3+3t^2+9t-6$とおき，$t\geqq2$において，$y=f(t)$のグラフと直線$y=k$との共有点の個数を考える。

$f'(t)=-3t^2+6t+9=-3(t+1)(t-3)$

$f'(t)=0$とすると，$t=-1,\ 3$

t	$\cdots$	-1	$\cdots$	3	$\cdots$
$f'(t)$	$-$	0	$+$	0	$-$
$f(t)$	$\searrow$	-11	$\nearrow$	21	$\searrow$

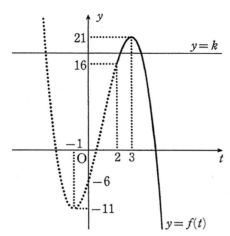

ここで，xについての方程式②が異なる4個の実数解をもつためには，tについての方程式③が異なる2個の実数解をもち，それぞれのtに対して，xについての方程式①が異なる実数解をもてばよい。

よって，グラフと問2より，$16 < k < 21$

〈解説〉問1　与式より，$2^x + \dfrac{1}{2^x} - t = 0$

両辺を2^x倍すると，$2^{2x} + 1 - t \cdot 2^x = 0$

$2^x = k \,(k > 0)$とおくと，$k^2 - tk + 1 = 0$　…③

また，$t = 4$より，$k^2 - 4k + 1 = 0$

これを解くと，$k = 2 \pm \sqrt{4-1} = 2 \pm \sqrt{3}$

したがって，$2^x = 2 \pm \sqrt{3}$

よって，$x = \log_2 (2 \pm \sqrt{3})$

問2　③より，$k^2 - tk + 1 = 0 \,(k > 0)$

$f(k) = k^2 - tk + 1$とおくと，$f(k) = \left(k - \dfrac{t}{2}\right)^2 - \dfrac{t^2}{4} + 1$

また，相加平均と相乗平均の大小関係より，

$t = 2^x + 2^{-x} \geqq 2\sqrt{2^x \cdot 2^{-x}} = 2$

等号成立は，$2^x = 2^{-x}$より$x = 0$のとき。

135

したがって，$t>2$のとき2個，$t=2$のとき1個，$t<2$のとき0個となる。

問3　解答参照。

【7】問1　$X=\dfrac{1}{2}x-\dfrac{\sqrt{3}}{2}y$，$Y=\dfrac{\sqrt{3}}{2}x+\dfrac{1}{2}y$　　問2　$\dfrac{x^2}{4}+y^2=1$

　　問3　最大値…4　　　最小値…1

　　問4　領域$x+\sqrt{3}\,y\geqq2$を原点Oを中心に$-\dfrac{\pi}{3}$だけ回転させる。

問1におけるX，Yを$X+\sqrt{3}\,Y\geqq2$に代入すると，

$\left(\dfrac{1}{2}x-\dfrac{\sqrt{3}}{2}y\right)+\sqrt{3}\left(\dfrac{\sqrt{3}}{2}x+\dfrac{1}{2}y\right)\geqq2$　整理すると，$x\geqq1$

よって，$\begin{cases}\dfrac{x^2}{4}+y^2\leqq1\\x\geqq1\end{cases}$の表す領域を考える。

すなわち，図の斜線部分の面積を求めればよい。

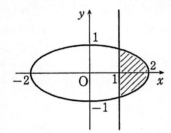

$G:\dfrac{x^2}{4}+y^2=1$より，$y=\pm\sqrt{1-\dfrac{x^2}{4}}$

よって，求める面積Sは，

$S=2\displaystyle\int_{1}^{2}\sqrt{1-\dfrac{x^2}{4}}\,dx$

$x=2\sin\theta$とおくと，$\dfrac{dx}{d\theta}=2\cos\theta$

x	1	$\rightarrow$	2
θ	$\dfrac{\pi}{6}$	$\rightarrow$	$\dfrac{\pi}{2}$

$\dfrac{\pi}{6} \leqq \theta \leqq \dfrac{\pi}{2}$のとき，$\cos\theta > 0$より $\sqrt{1 - \dfrac{x^2}{4}} = \sqrt{1 - \sin^2\theta} = \sqrt{\cos^2\theta} = \cos\theta$

よって，

$$S = 2\int_{\frac{\pi}{6}}^{\frac{\pi}{2}} \cos\theta \cdot 2\cos\theta\, d\theta = 2\int_{\frac{\pi}{6}}^{\frac{\pi}{2}} 2\cos^2\theta\, d\theta = 2\int_{\frac{\pi}{6}}^{\frac{\pi}{2}} (1 + \cos 2\theta)\, d\theta$$

$$= 2\Big[\theta + \dfrac{1}{2}\sin 2\theta\Big]_{\frac{\pi}{6}}^{\frac{\pi}{2}} = \dfrac{2}{3}\pi - \dfrac{\sqrt{3}}{2}$$

〈解説〉問1　複素数平面上において，点$Q(x + yi)$を原点Oを中心として$-\theta$だけ回転した点を$R(X + Yi)$とすると，

$X + Yi = \{\cos(-\theta) + i\sin(-\theta)\}(x + yi)$

$X + Yi = (\cos\theta - i\sin\theta)(x + yi)$

$X + Yi = x\cos\theta + y\sin\theta + (-x\sin\theta + y\cos\theta)i$

よって，$X = x\cos\theta + y\sin\theta$，$Y = -x\sin\theta + y\cos\theta$

この結果から，$X = x\cos\left(-\dfrac{\pi}{3}\right) + y\sin\left(-\dfrac{\pi}{3}\right) = \dfrac{1}{2}x - \dfrac{\sqrt{3}}{2}y$

$Y = -x\sin\left(-\dfrac{\pi}{3}\right) + y\cos\left(-\dfrac{\pi}{3}\right) = \dfrac{\sqrt{3}}{2}x + \dfrac{1}{2}y$

問2　問1より，$2X = x - \sqrt{3}\,y$，$2Y = \sqrt{3}\,x + y$　…①

$13X^2 - 6\sqrt{3}\,XY + 7Y^2 = 16$であるから，この等式の両辺に4をかけたものに①を代入すると，

$13(x - \sqrt{3}\,y)^2 - 6\sqrt{3}\,(x - \sqrt{3}\,y)(\sqrt{3}\,x + y) + 7(\sqrt{3}\,x + y)^2 = 64$

整理すると，$16x^2 + 64y^2 = 64$となり，よって曲線Gの方程式は，

$\dfrac{x^2}{4} + y^2 = 1$　…①

問3　曲線F上の点(a, b)に対応する曲線G上の点を(c, d)とするとき，$k = c^2 + d^2$は原点と曲線G上の点との距離の2乗になるので，曲線Gの式①より，最大値は$2^2 = 4$，最小値は$1^2 = 1$

問4　解答参照。

2019年度	実施問題

【中学校】

【１】次の(1)から(3)の各問いに答えなさい。

(1) 因数分解しなさい。

$(x^2+x+1)(x^2+x-9)+21$

(2) 連立不等式を解きなさい。

$$\begin{cases} 3x-1<5x+3 \\ 2x+1\leqq -x+4 \end{cases}$$

(3) 二次方程式$x^2+ax+16=0$の解が整数となるaの値をすべて求めなさい。

(☆☆◎◎◎)

【２】サッカーの試合では，コイントスにより攻めるゴールを選ぶ権利を得ます。

　　A，B，C，Dの4チームが総当たりで試合をするとき，Aチームが攻めるゴールを選ぶ権利を2試合得る確率を求めなさい。

　　ただし，使用するコインの表が出ることと裏が出ることは，同様に確からしいとする。

(☆☆☆◎◎◎)

【３】陸上のリレー競技では，タイムの短縮につなげるために，バトンを受け取る側が，前走者が何mか手前に来たときに走り出し，できるだけスピードにのったときにバトンをもらうことが重要になります。そこで，直哉さんと良博さんは，50m走における時間と距離の関係を詳しく調べることにしました。

　　次の表は，良博さんの50m走における時間x(秒)と距離y(m)の関係を表しています。良博さんは，スタートから2.0秒までは一定の割合で加速を続け，2.0秒以降は，一定の速さで走りました。

x(秒)	0	0.5	1.0	1.5	2.0	2.5	3.0	3.5	4.0	4.5	・・・
y(m)	0	0.5	2	4.5	8	12	16	20	24	28	・・・

このとき，次の(1)，(2)の各問いに答えなさい。

(1) 表から，「スタートから2.0秒まで」と「2.0秒以降」の関係について，yをxの式で表しなさい。

また，良博さんの50m走の記録を求めなさい。

(2) 第1走者を直哉さん，第2走者を良博さんとしてリレーのバトンパスを行います。直哉さんが，秒速6mの一定の速さで走ってくる場合，良博さんは直哉さんが何m手前に来たときに走り出せば，最も効率のよいバトンの受け渡しができるか求めなさい。

(☆☆☆◎◎◎)

【4】 次の図は，AD＝6cm，AB＝18cm，AE＝6cmの直方体です。2点P，Qは点Aを同時に出発して，点PはAD上を点Dまで毎秒1cmの速さで，点QはAB上を点Bまで毎秒3cmの速さで動きます。

このとき，下の(1)から(3)の各問いに答えなさい。

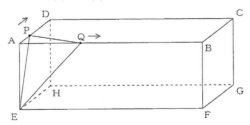

(1) 2点P，Qが出発してから1秒後の三角錐APQEの体積を求めなさい。

(2) 2点P，Qが出発してから2秒後の△PEQの面積を求めなさい。

(3) PE，QEの中点をそれぞれM，Nとします。このとき，2点P，Qが出発して1秒後から5秒後までに線分MNが通ってできる図形の面積を求めなさい。

(☆☆☆◎◎◎)

【5】次の(1)から(3)の各問いに答えなさい。

(1)　次の図は，∠A＝60°，∠C＝90°，AB＝6cmの△ABCです。この△ABCにおいて，∠Bの二等分線と辺ACとの交点をDとします。このとき，DCの長さを求めなさい。

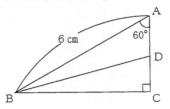

(2)　次の図において∠D＝∠G＝90°，△DEF≡△GFEです。このとき△DEH≡△GFHとなることを証明しなさい。ただし証明を行うにあたっては，中学校2年生にわかるように記述しなさい。

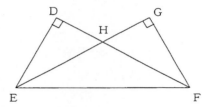

(3)　「中学校学習指導要領(平成20年3月告示)　第2章　第3節　数学」では，第2学年の目標　(2)　に，次のように示されています。

> 　基本的な平面図形の性質について，観察，[　ア　]や実験などの活動を通して理解を深めるとともに，図形の性質の考察における数学的な[　イ　]の必要性と意味及びその方法を理解し，[　ウ　]に考察し表現する能力を養う。

　[　ア　]，[　イ　]，[　ウ　]に当てはまる言葉を次の語句の中から選び書きなさい。

> 活動　　操作　　論理的　　計測　　帰納的　　推論

(☆☆☆◎◎◎)

140

【6】次の(1)，(2)の各問いに答えなさい。

 (1)　次のAからDの調査は，ア「全数調査」とイ「標本調査」のどち
　　らの調査が適していますか。全数調査が適しているときはア，標本
　　調査が適しているときはイと書きなさい。

　　A　テレビ局が行う，有権者の政党支持率調査
　　B　みかんの缶詰の品質調査
　　C　ある学級の生徒の身長の調査
　　D　静岡県内の中学生の平均就寝時刻調査

 (2)　Aさんは，ラグビーの国際試合で入場した20000人の観客の年齢構
　　成を調べるため，400人を抽出し標本調査を行いました。

　　　　Aさん：「私は試合終了後に出口で待っていて，最初に出てき
　　　　　　　た人から400番目の人までの年齢を調べました。」

　　　Aさんの選び方は，標本調査における資料の選び方には適しませ
　　ん。なぜ適さないのか，その理由を書きなさい。

(☆☆☆○○○)

【7】次の図の①は，関数$y=-x^2+4x$のグラフです。
　　このとき，あとの(1)，(2)の各問いに答えなさい。

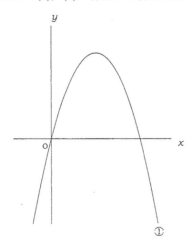

(1)　関数$y＝－x^2＋4x$の頂点の座標を求めなさい。

(2)　①のグラフとx軸との交点をA，$y＝x$との交点をBとします。ただし，点A，Bは原点以外とします。点Pが関数$y＝－x^2＋4x$上にあるとき，

　　　$△OAB＝△OAP$

となる点Pの座標をすべて求めなさい。

(☆☆☆◎◎◎)

【８】中学校3年生の数学の授業で，「根号を含む式の加法・減法」について学習しています。生徒たちは授業の中で，$2\sqrt{2}＋3\sqrt{2}＝5\sqrt{2}$となることを，数学的活動を通して理解しました。その後，「なぜ$\sqrt{2}＋\sqrt{3}$が$\sqrt{5}$とならないのか。」と考え始めました。そこで授業者であるあなたは，次のア・イの二つの方法で考えるように助言しました。

> ア　近似値を用いる方法
> イ　平方根の計算で示す方法

アとイについて，中学生にわかるような説明を書きなさい。

ア　近似値を用いる方法

　　$\sqrt{2}＝1.414$，　$\sqrt{3}＝1.732$，　$\sqrt{5}＝2.236$として示しなさい。

イ　平方根の計算で示す方法

　　$(\sqrt{2}＋\sqrt{3})^2$と$(\sqrt{5})^2$を計算し，比較することで示しなさい。

(☆☆☆◎◎◎)

【高等学校】

【１】次の文章は，高等学校学習指導要領解説数学編理数編(平成21年12月)の「第1部　数学編　第1章　総説　第1節　改訂の趣旨」における，「2　改訂の趣旨」の一部である。あとの各問に答えよ。

2 改訂の趣旨

　平成20年1月の中央教育審議会答申(以下「答申」と略記)においては，学習指導要領改訂の基本的な考え方が示されるとともに，各教科等の改善の基本方針や主な改善事項が示されている。このたびの高等学校数学科の改訂は，これらを踏まえて行ったものである。

　「答申」の中で，算数・数学科の改善の基本方針については，次のように示された。

　ア　改善の基本方針

(ア)　算数科，数学科については，その課題を踏まえ，小・中・高等学校を通じて，発達の段階に応じ，【　A　】を一層充実させ，【　B　】を確実に身に付け，数学的な【　C　】を育て，【　D　】を高めるようにする。

……………(中略)……………

(ウ)　数学的な【　C　】は，合理的，論理的に考えを進めるとともに，互いの【　E　】を図るために重要な役割を果たすものである。このため，数学的な【　C　】を育成するための指導内容や活動を具体的に示すようにする。特に，根拠を明らかにし筋道を立てて【　F　】に考えることや，言葉や数，式，図，表，グラフなどの相互の関連を理解し，それらを適切に用いて問題を解決したり，自分の考えを分かりやすく説明したり，互いに自分の考えを【　G　】し伝え合ったりすることなどの指導を充実する。

……………(中略)……………

(オ)　【　A　】は，【　B　】を確実に身に付けるとともに，数学的な【　C　】を高めたり，算数・数学を学ぶことの楽しさや意義を実感したりするために，重要な役割を果たすものである。【　A　】を生かした指導を一層充実

し，また，【　Ｈ　】を重視した指導が行われるようにするために，小・中学校では各学年の内容において，【　Ａ　】を具体的に示すようにするとともに，高等学校では，必履修科目や多くの生徒の選択が見込まれる科目に「《　あ　》」を位置付ける。

……………(以下略)……………

問１　文章中の【　Ａ　】から【　Ｈ　】に入る語句を，次の①から⑩よりそれぞれ１つずつ選び，その番号を記入せよ。

① 学ぶ意欲　　　　　　　　　② 処理

③ 思考力・表現力　　　　　　④ 言語活動や体験活動

⑤ 体系的　　　　　　　　　　⑥ 算数的活動・数学的活動

⑦ 知的なコミュニケーション　⑧ 基礎的・基本的な知識・技能

⑨ 表現　　　　　　　　　　　⑩ 一般的

問２　文章中の《　あ　》に入る語句を記入せよ。

(☆☆☆◎◎◎)

【２】「$0 \leqq \theta \leqq \pi$ のとき，$y = \sin\theta + \sqrt{3}\cos\theta$ の最大値を求めよ。だだし，そのときの θ の値は求めなくてよい。」という問題に，高校生のＳさんは次のように解答した。下の各問に答えよ。

(Ｓさんの解答)

$0 \leqq \theta \leqq \pi$ より，$0 \leqq \sin\theta \leqq 1$，$-1 \leqq \cos\theta \leqq 1$ であるから

$-\sqrt{3} \leqq \sin\theta + \sqrt{3}\cos\theta \leqq 1 + \sqrt{3}$

よって，y の最大値は $1 + \sqrt{3}$ となる。

問１　Ｓさんの考え方には間違いがある。なぜ間違っているのかをＳさんに説明する場合，どのように説明するか，記入せよ。

問２　この問題の正答例を記入せよ。

(☆☆☆◎◎◎)

【3】 次の各問に答えよ。答のみ記入せよ。

問1 x, y, zが実数のとき，$x^2-4xy+5y^2-6yz+10z^2+2z+7$の最小値を求めよ。ただし，そのときの$x$，$y$，$z$の値は求めなくてよい。

問2 ある会社では，同じ部品を2つの工場A，Bで製造しており，工場A，工場Bで製造された部品にはそれぞれ3%，2%の不良品が含まれている。工場Aの部品1000個と工場Bの部品700個を混ぜた中から無作為に1個取り出し，検査を行った。取り出した部品が不良品であったとき，それが工場Aで製造された部品である確率を求めよ。

問3 77!を計算したとき，末尾には0が連続して何個並ぶか求めよ。

問4 極限値 $\displaystyle\lim_{x \to \pi}\dfrac{1+\cos x}{(x-\pi)^2}$ を求めよ。

問5 複素数平面上の原点Oと異なる2点A，Bの表す複素数をそれぞれ α，β とする。$\alpha=3+4i$のとき，△OABが線分OAを斜辺とする直角二等辺三角形となるような複素数βを求めよ。

(☆☆☆◎◎◎)

【4】 次の各問に答えよ。ただし，問2は答のみ記入せよ。

問1 変量xのn個のデータの値を，x_1, x_2, ……, x_nとする。

x_1, x_2, ……, x_nの平均値を $\overline{x}$ とし，x_1^2, x_2^2, ……, x_n^2の平均値を $\overline{x^2}$ とするとき，変量xのデータの分散s^2について，次の等式が成り立つことを証明せよ。

$$s^2=\overline{x^2}-(\overline{x})^2$$

問2 あるテストを30人の生徒が受験した。受験前日の睡眠時間が6時間以上の生徒と6時間未満の生徒に分けて，テストの点数の平均値と分散を調べた結果が次の表である。このとき，生徒30人の点数の分散を求めよ。

睡眠時間	生徒の人数	平均値	分散
6時間以上	10	8	6
6時間未満	20	5	4.5

(☆☆☆◎◎◎)

【5】分数の列を次のような群に分ける。なお，第n群の分数の分母は2^n，分子は2から2^nまでの偶数であるとする。

$$\frac{2}{2}\left|\frac{2}{4}, \frac{4}{4}\right|\frac{2}{8}, \frac{4}{8}, \frac{6}{8}, \frac{8}{8}\left|\frac{2}{16}, \frac{4}{16}, \frac{6}{16}, \frac{8}{16}, \frac{10}{16}, \frac{12}{16}, \frac{14}{16}, \frac{16}{16}\right|\frac{2}{32}, \frac{4}{32}, \cdots$$

第1群　舞2群　　第3群　　　　　　　　　　第4群

このとき，次の各問に答えよ。ただし，問3は答のみ記入せよ。

問1　第270項を求めよ。

問2　初項から第270項までの和を求めよ。

問3　約分すると$\frac{1}{4}$になる項が10回目に現れるのは第何項か求めよ。

(☆☆☆◎◎◎)

【6】座標平面上において，2つの円$C_1 : x^2+y^2=5$，$C_2 : x^2+y^2+ax+by+c=0$ (a, b, cは定数) がある。円C_1上の点A$(-2, 1)$における接線をlとする。また，円C_2は，中心が直線l上にあり，点Aと点B$(1, 7)$を通る。このとき，次の各問に答えよ。ただし，問1，問2は答のみ記入せよ。

問1　接線lの方程式を求めよ。

問2　a, b, cの値を求めよ。

問3　連立不等式 $\begin{cases} x^2+y^2 \leqq 5 \\ x^2+y^2+ax+by+c \leqq 0 \end{cases}$ の表す領域をDとする。点(x, y)が領域Dを動くとき，$\dfrac{2y}{x-4}$の最大値を求めよ。ただし，そのときのx, yの値は求めなくてよい。

(☆☆☆◎◎◎◎)

【7】4点A$(0, -1, -2)$, B$(0, 1, -2)$, C$(-1, 0, 2)$, D$(1, 0, 2)$を頂点とする四面体ABCDについて，次の各問に答えよ。ただし，問1，問2，問3は答のみ記入せよ。

問1　等式$\overrightarrow{\mathrm{OX}} = \overrightarrow{\mathrm{OA}} + s\overrightarrow{\mathrm{AD}}$を満たす点をXとするとき，点Xの座標を$s$を用いて表せ。

問2　点P$(0, 0, 2t)$を通りz軸に垂直な平面と，辺ADが交わる点をQとする。点Qの座標をtを用いて表せ。ただし，$-1 \leqq t \leqq 1$とする。

問3　四面体ABCDとxy平面が交わる部分の図形を，xy平面上に図示せよ。

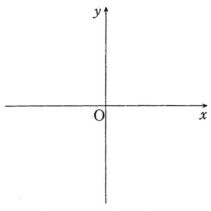

問4　四面体ABCD(内部を含む)をz軸の周りに1回転してできる立体の
　　体積Vを求めよ。

（☆☆☆○○○）

解答・解説

【中学校】

【 1 】(1)　$(x-2)(x-1)(x+2)(x+3)$　　　(2)　$-2<x\leqq1$

　(3)　$a=\pm17,\ \pm10,\ \pm8$

〈解説〉(1)　$x^2+x=A$とおいて

$$
\begin{aligned}
(x^2+x+1)(x^2+x-9)+21 &=(A+1)(A-9)+21\\
&=A^2-8A+12\\
&=(A-2)(A-6)\\
&=(x^2+x-2)(x^2+x-6)\\
&=(x-1)(x+2)(x-2)(x+3)
\end{aligned}
$$

　(2)　$3x-1<5x+3$より，$-2x<4$，$x>-2$

　$2x+1\leqq-x+4$より，$3x\leqq3$，$x\leqq1$

ゆえに，共通の範囲は，$-2<x\leqq1$

(3)　$x^2+ax+16=0$の2つの解を α，β とすると，解と係数の関係から，

$\alpha+\beta=-a$　…①

$\alpha\beta=16$　…②

2次方程式の解が整数であるから，②より，

$(\alpha$，$\beta)=(\pm16$，$\pm1)$, $(\pm1$，$\pm16)$, $(\pm8$，$\pm2)$, $(\pm2$，$\pm8)$,

$(\pm4$，$\pm4)$　（複号同順）

したがって，これらと①より，$a=\pm17$，$a=\pm10$，$a=\pm8$

【２】$\dfrac{3}{8}$

〈解説〉4チームが総当たりで，Aチームが攻めるゴールを選ぶ権利を2試合得るのは，

[○A－B，○A－C，A－○D]，[○A－B，A－○C，○A－D]，

[A－○B，○A－C，○A－D]　（○が攻めるゴールを選ぶ権利を得る）

の場合がある。

それぞれについての確率は，$\dfrac{1}{2}\times\dfrac{1}{2}\times\dfrac{1}{2}=\dfrac{1}{8}$であるから，

求める確率は，$\dfrac{1}{8}\times3=\dfrac{3}{8}$

【３】(1)　「スタートから2.0秒まで」…$y=2x^2$

「2.0秒以降」…$y=8x-8$

50m走の記録…$\dfrac{29}{4}(7.25)$秒　　(2)　$\dfrac{9}{2}(4.5)$m

〈解説〉(1)　$0\leqq x\leqq2$において，

$(x$，$y)=(0$，$0)$, $(0.5$，$0.5)$, $(1.0$，$2)$, $(1.5$，$4.5)$, $(2.0$，$8)$だから，

$y=ax^2$とおいて，$a=2$

ゆえに，$y=2x^2$

$x\geqq2$において，

$(x$，$y)=(2.0$，$8)$, $(2.5$，$12)$, $(3.0$，$16)$, $(3.5$，$20)$, …

だから，$y=px+q$とおいて，

$8=2p+q$, $12=2.5p+q$より，$p=8$, $q=-8$

ゆえに，$y=8x-8$

次に，$y=50$〔m〕のときは，$8x-8=50$より，$x=\dfrac{29}{4}$〔秒〕

(2) 良博さんが走り出した地点を原点とすると，良博さんが走り出してから2秒間の様子は，

$y=2x^2$ $(x\leqq2)$ …①

と表せる。

良博さんが走り出したとき，直哉さんがb〔m〕手前に来ていたとすると，秒速6mで走っているので，直哉さんの走る様子は，

$y=6x-b$ …②

と表せる。

最も効率のよいバトンの受け渡しができる地点は①，②が接するときなので，$2x^2=6x-b$より，$2x^2-6x+b=0$の判別式が0となるとき。

よって，$(-6)^2-4\cdot2\cdot b=0$より，$b=\dfrac{9}{2}$〔m〕

【4】 (1) 3cm³   (2) $6\sqrt{11}$ cm²   (3) 9cm²

〈解説〉(1) 1秒後の2点P，Qの位置をP_1，Q_1とすれば，$AP_1=1$，$AQ_1=3$であるから，

$$三角錐APQE=\dfrac{1}{3}\cdot\triangle AP_1Q_1\cdot AE$$

$$=\dfrac{1}{3}\times\dfrac{1}{2}\times1\times3\times6=3〔cm^3〕$$

(2) 2秒後の2点P，Qの位置をP_2，Q_2とすれば，

$AP_2=2$，$AQ_2=6$ であるから，

$P_2Q_2=\sqrt{2^2+6^2}=2\sqrt{10}$

$P_2E=\sqrt{2^2+6^2}=2\sqrt{10}$

$Q_2E=\sqrt{6^2+6^2}=6\sqrt{2}$

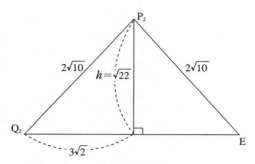

図より，三角形の高さが $h=\sqrt{22}$ であるから，

$$\triangle PEQ=\triangle P_2EQ_2=\frac{1}{2}\times6\sqrt{2}\times\sqrt{22}=6\sqrt{11}\ (\text{cm}^2)$$

(3)　1秒後の2点P，Qの位置を P_1，Q_1 とすれば，$AP_1=1$，$AQ_1=3$，5秒後の2点P，Qの位置を P_5，Q_5 とすれば，$AP_5=5$，$AQ_5=15$ であるから，四角形 $P_1P_5Q_5Q_1$ の面積 S は，

$$S=\triangle AP_5Q_5-\triangle AP_1Q_1=\frac{1}{2}\times5\times15-\frac{1}{2}\times1\times3=36$$

M，NはPE，QE の中点であるから，2点P，Qが1秒から5秒まで移動したときの線分MN が通ってできる四角形 $M_1M_5N_5N_1$ は四角形 $P_1P_5Q_5Q_1$ と相似であり，相似比は1：2である。

したがって，面積比は1：4になるから，

四角形 $M_1M_5N_5N_1=\frac{1}{4}S=\frac{36}{4}=9\ (\text{cm}^2)$

【5】(1)　$6\sqrt{3}-9\ (\text{cm})$

(2)　△HEFにおいて

仮定から　∠GEF＝∠DFE

2つの角が等しいから，△HEFは二等辺三角形である

したがって　HE＝HF　…①

△DEHと△GFHにおいて

仮定から　DE＝GF　…②

　　　　　∠EDH＝∠FGH＝90°　…③

①，②，③より

直角三角形で，斜辺と他の一辺がそれぞれ等しいから

△DEH≡△GFH

(3)　ア　操作　　イ　推論　　ウ　論理的

〈解説〉(1)　AC＝6cos60°＝3

　　　　BC＝6sin60°＝3√3

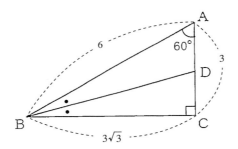

よって，

AD：DC＝AB：BC＝6：3√3＝2：√3

ゆえに，DC＝$\frac{\sqrt{3}}{2+\sqrt{3}}$×3＝6√3 －9〔cm〕

(2)　(別解)　△DEHと△GFHにおいて，

DE＝GF　…④

∠EDH＝∠FGH＝90°　…⑤

∠DHE＝∠GHF　（対頂角）

また，∠DEH＝90°－∠DHE，∠GFH＝90°－∠GHF

よって，∠DEH＝∠GFH　…⑥

④，⑤，⑥より，2角とその間の辺が等しいから，

△DEH≡△GFH

(3)　「中学校学習指導要領　第2章　第3節　数学　第2　各学年の目標及び内容より　第2学年の目標についての問題。学習指導要領を精読しておくこと。

【6】(1) Ａ　イ　　Ｂ　イ　　Ｃ　ア　　Ｄ　イ　　(2) 無作為抽出と
はなっていないため，資料の選び方に偏りがある可能性が高いから。
〈解説〉(1)　Ａ　すべての人の調査を行うことは不可能。　Ｂ　すべての
缶詰を調査することはできない。　Ｃ　クラスの限られた人数すべて
を調査することができる。　Ｄ　県内すべての生徒の就寝時刻を調べ
ることはできない。ただし，学校単位であれば，「全数調査」が可能
である。　(2)　この調査では無作為抽出とはなっていない。20000人
の中から最初に出てきた人から400番目の人までの年齢についての選
び方では，偏りがある可能性が高い場合がある。例えば，若年層では，
試合が終わると早く試合会場から出ようとし，年齢が高くなると，急
がずゆっくりと会場を出るようなことがある。

【7】(1)　(2, 4)　　(2)　(1, 3), (2±$\sqrt{7}$, −3)
〈解説〉(1)　$y = -x^2 + 4x = -(x-2)^2 + 4$
ゆえに，頂点の座標は，(2, 4)
(2)　$-x^2 + 4x = 0$ より，$x = 0, 4$
よって，A(4, 0)
$\begin{cases} y = -x^2 + 4x \\ y = x \end{cases}$ を解いて，
$(x, y) = (0, 0), (3, 3)$
よって，B(3, 3)
点Pの座標を$(t, -t^2 + 4t)$とする。
$\triangle \mathrm{OAB} = \dfrac{1}{2} \times 4 \times 3 = 6$であり，$\triangle \mathrm{OAB} = \triangle \mathrm{OAP}$より，
$\dfrac{1}{2} \times 4 \times |-t^2 + 4t| = 6$
$0 \leq t < 4$のとき，
$-t^2 + 4t = 3$, $t^2 - 4t + 3 = 0$, $t = 1, 3$
$t < 0$, $t \geq 4$のとき，
$-(-t^2 + 4t) = 3$, $t^2 - 4t - 3 = 0$, $t = 2 \pm \sqrt{7}$
ゆえに，点Pの座標は，(1, 3), (2±$\sqrt{7}$, −3)

【8】ア　近似値を用いる方法

$\sqrt{2} = 1.414$, $\sqrt{3} = 1.732$　のとき

$\sqrt{2} + \sqrt{3} = 3.146$　となり

$\sqrt{5} = 2.236$　とは異なるから,

$\sqrt{2} + \sqrt{3}$ は $\sqrt{5}$ とならない。

イ　平方根の計算で示す方法

$(\sqrt{2} + \sqrt{3})^2 = 2 + 2\sqrt{6} + 3 = 5 + 2\sqrt{6}$

$(\sqrt{5})^2 = 5$

となるから, $\sqrt{2} + \sqrt{3}$ は $\sqrt{5}$ とならない。

〈解説〉解答参照。

【高等学校】

【1】問1　A　⑥　　　B　⑧　　　C　③　　　D　①　　　E　⑦　　　F　⑤

G　⑨　　　H　④　　　問2　課題学習

〈解説〉高等学校学習指導要領解説数学編理数編　「第1部　数学編　第1章　総説　第1節　改訂の趣旨」についての問題。学習指導要領を精読し,「改訂の趣旨」をしっかり理解しておくこと。

【2】問1　たしかに, $0 \leq \theta \leq \pi$ のとき, $\sin\theta$, $\cos\theta$ の値の範囲はそれぞれ $0 \leq \sin\theta \leq 1$, $-1 \leq \cos\theta \leq 1$ であるが, $\sin\theta = 1$ となるとき, 同時に $\cos\theta = 1$ とはならない。

よって, $\sin\theta = 1$, $\cos\theta = 1$ として最大値を求めることはできないから, この考え方は間違いである。

問2　$y = \sin\theta + \sqrt{3}\cos\theta$ を変形すると

$y = 2\sin\left(\theta + \dfrac{\pi}{3}\right)$ となる。

$0 \leq \theta \leq \pi$ より, $\dfrac{\pi}{3} \leq \theta + \dfrac{\pi}{3} \leq \dfrac{4}{3}\pi$ であるから

$-\dfrac{\sqrt{3}}{2} \leq \sin\left(\theta + \dfrac{\pi}{3}\right) \leq 1$ となる。

よって, $-\sqrt{3} \leq 2\sin\left(\theta + \dfrac{\pi}{3}\right) \leq 2$

　　ゆえに，yの最大値は2である。

〈解説〉解答参照。

【3】問1　6　　　問2　$\dfrac{15}{22}$　　　問3　18個　　　問4　$\dfrac{1}{2}$

　　問5　$-\dfrac{1}{2}+\dfrac{7}{2}i$，$\dfrac{7}{2}+\dfrac{1}{2}i$

〈解説〉問1　$x^2-4xy+5y^2-6yz+10z^2+2z+7$

　　　$=(x-2y)^2+y^2-6yz+10z^2+2z+7$

　　　$=(x-2y)^2+(y-3z)^2+z^2+2z+7$

　　　$=(x-2y)^2+(y-3z)^2+(z+1)^2+6$　…①

　　x，y，zは実数であるから

　　$(x-2y)^2\geqq0$，$(y-3z)^2\geqq0$，$(z+1)^2\geqq0$

　　ゆえに，①の最小値は，6

　　(参考)　$(x,\ y,\ z)=(-6,\ -3,\ -1)$のとき，最小値6である。

　　問2　工場Aでの部品の不良品は，$1000\times0.03=30$〔個〕

　　工場Bでの部品の不良品は，$700\times0.02=14$〔個〕

　　したがって，1700個の中から無作為に1個を取り出し，それが不良品

　　である確率は，

　　$\dfrac{30+14}{1700}=\dfrac{44}{1700}$

　　したがって，それが工場Aで製造された部品である条件付き確率は，

　　$\dfrac{\text{工場Aでの不良品の確率}}{\text{不良品の確率}}=\dfrac{\dfrac{30}{1700}}{\dfrac{44}{1700}}=\dfrac{15}{22}$

　　問3　$77!=77\times76\times75\times\cdots\times70\times\cdots\times60\times\cdots\times30\times\cdots\times25\times\cdots\times$

　　$20\times\cdots\times10\times9\times\cdots$

　　において，

　　$70\times60\times50\times40\times30\times20\times10=10^7\times7\times6\times5\times4\times3\times2\times1=10^8\times N$

　　また，25，$75=25\times3$については，$25\times4=100=10^2$で，それ以外は，

　　$2\times5=10$であるので，

　　$1\sim9$，$11\sim19$，$21\sim29$，$31\sim39$，$41\sim49$，$51\sim59$，$61\sim69$，$71\sim77$

については，10，10，10^2，10，10，10，10，10^2

ゆえに，末尾に0が連続して並ぶのは，8＋4＋6＝18〔個〕

問4　$x-\pi=t$とおくと，$x\to\pi$のとき$t\to0$　である。

$$\lim_{x\to\pi}\frac{1+\cos x}{(x-\pi)^2}=\lim_{t\to0}\frac{1+\cos(t+\pi)}{t^2}$$

$$=\lim_{t\to0}\frac{1-\cos t}{t^2}=\lim_{t\to0}\frac{2\sin^2\dfrac{t}{2}}{t^2}=\lim_{t\to0}\frac{2\sin^2\dfrac{t}{2}}{4\cdot\left(\dfrac{t}{2}\right)^2}$$

$$=\lim_{t\to0}\frac{1}{2}\left(\frac{\sin\dfrac{t}{2}}{\dfrac{t}{2}}\right)^2=\frac{1}{2}$$

問5　△OABはOAが斜辺の直角二等辺三角形であるから下の図のようになり，

$$\beta=\frac{1}{\sqrt{2}}\times\alpha\times\left(\cos\left(\pm\frac{\pi}{4}\right)+i\sin\left(\pm\frac{\pi}{4}\right)\right)$$

$$=\frac{1}{\sqrt{2}}(3+4i)\left(\frac{1}{\sqrt{2}}\pm\frac{1}{\sqrt{2}}i\right)$$

$$=\frac{1}{2}(3+4i)(1\pm i)$$

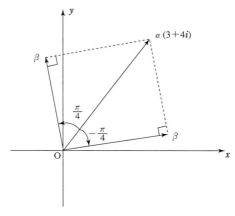

よって，$\beta=-\dfrac{1}{2}+\dfrac{7}{2}i,\ \dfrac{7}{2}+\dfrac{1}{2}i$

【４】問1　分散の定義より

$s^2=\dfrac{1}{n}\{(x_1-\overline{x})^2+(x_2-\overline{x})^2+\cdots\cdots+(x_n-\overline{x})^2\}$ であるから

$s^2=\dfrac{1}{n}\{(x_1{}^2+x_2{}^2+\cdots\cdots+x_n{}^2)-2\overline{x}(x_1+x_2+\cdots\cdots+x_n)+n(\overline{x})^2\}$

$\quad=\dfrac{1}{n}\{(x_1{}^2+x_2{}^2+\cdots\cdots+x_n{}^2)-2\overline{x}\cdot\dfrac{1}{n}(x_1+x_2+\cdots\cdots+x_n)+(\overline{x})^2$

$\quad=\overline{x^2}-2\overline{x}\cdot\overline{x}+(\overline{x})^2$

$\quad=\overline{x^2}-(\overline{x})^2$

問2　7

〈解説〉問1　解答参照。

問2　6時間以上について，$\dfrac{1}{10}(a_1+a_2+a_3+\cdots+a_{10})=8$ より，

$a_1+a_2+a_3+\cdots+a_{10}=80$

6時間未満について，$\dfrac{1}{20}(b_1+b_2+b_3+\cdots+b_{20})=5$ より，

$b_1+b_2+b_3+\cdots+b_{20}=100$

よって，生徒30人の平均は，$\dfrac{1}{30}(80+100)=6$

生徒30人の分散は，

$s^2=\dfrac{1}{30}\{(a_1-6)^2+(a_2-6)^2+\cdots+(a_{10}-6)^2+(b_1-6)^2+(b_2-6)^2+\cdots+(b_{20}-6)^2\}$

$\quad=\dfrac{1}{30}\{a_1{}^2+a_2{}^2+\cdots+a_{10}{}^2-12(a_1+a_2+\cdots+a_{10})+6^2\times10\}$

$\qquad+\dfrac{1}{30}\{b_1{}^2+b_2{}^2+\cdots+b_{20}{}^2-12(b_1+b_2+\cdots+b_{20})+6^2\times20\}$　　…①

ここで，$a_1+a_2+\cdots+a_{10}=80$，$b_1+b_2+\cdots+b_{20}=100$

また，問1より，$s^2=\overline{x^2}-(\overline{x})^2$ であるから，

6時間以上については，$6=\dfrac{1}{10}(a_1{}^2+a_2{}^2+\cdots+a_{10}{}^2)-8^2$

よって，$a_1{}^2+a_2{}^2+\cdots+a_{10}{}^2=700$

6時間未満については，$4.5=\dfrac{1}{20}(b_1{}^2+b_2{}^2+\cdots+b_{20}{}^2)-5^2$

よって，$b_1{}^2+b_2{}^2+\cdots+b_{20}{}^2=590$

ゆえに，①より，分散は，

$$s^2=\frac{1}{30}(700-12\times80+6^2\times10)+\frac{1}{30}(590-12\times100+6^2\times20)$$
$$=7$$

【5】問1　第1群から第n群までに含まれる項数は

$1+2+4+\cdots+2^{n-1}=\dfrac{2^n-1}{2-1}=2^n-1$であるから

第1群から第8群までに含まれる項数は，$2^8-1=255<270$

第1群から第9群までに含まれる項数は，$2^9-1=511>270$

よって，第270項は，第9群の15番目であるから

$$\frac{2\cdot15}{2^9}=\frac{30}{512}$$

問2　第n群に含まれる数の和は

$$\frac{2}{2^n}+\frac{4}{2^n}+\frac{6}{2^n}+\cdots+\frac{2^n}{2^n}$$

$$=\frac{1}{2^n}(2+4+6+\cdots+2^n)=\frac{1}{2^n}\cdot\frac{1}{2}\cdot2^{n-1}\cdot(2+2^n)=\frac{1+2^{n-1}}{2}$$

よって，初項から第270項までの和は

$$\sum_{k=1}^{8}\frac{1+2^{k-1}}{2}+\frac{1}{2^9}(2+4+6+\cdots+30)$$

$$=\frac{1}{2}\left(8+\frac{2^8-1}{2-1}\right)+\frac{1}{2^9}\cdot\frac{1}{2}\cdot15\cdot(2+30)=\frac{4223}{32}$$

問3　第2559項

〈解説〉問1，問2　解答参照。

問3　約分して$\dfrac{1}{4}$となるのは，

第3群：$\dfrac{2}{2^3}$，第4群：$\dfrac{4}{2^4}$，第5群：$\dfrac{8}{2^5}$，第6群：$\dfrac{16}{2^6}$，…，

第n群：$\dfrac{2^{n-2}}{2^n}$　（ただし，$n\geqq3$）となっている。

したがって，10回目に$\dfrac{1}{4}$が現れるのは第12群である。

そして，11群までの項数の和は，$2^{11}-1=2048-1=2047$

第12群について，

$$\left|\frac{2\cdot1}{2^{12}},\ 2\cdot\frac{2\cdot2}{2^{12}},\ \frac{2\cdot3}{2^{12}},\ \frac{2\cdot4}{2^{12}},\ \frac{2\cdot5}{2^{12}},\ \cdots,\ \frac{2\cdot2^9}{2^{12}},\ \cdots\right|$$

すなわち，$2^9=512$〔番目〕であるから，$2047+512=2559$

ゆえに，第2559項

【6】問1　$-2x+y=5$　　　問2　$a=1$，$b=-8$，$c=5$

問3　$\begin{cases} x^2+y^2=5 \\ x^2+y^2+x-8y+5=0 \end{cases}$　を解くと，$(x, y)=(-2, 1)$，$\left(\dfrac{22}{13}, \dfrac{19}{13}\right)$

ここで，$\dfrac{2y}{x-4}=k$とおくと，$y=\dfrac{k}{2}(x-4)$　（ただし，$x\neq4$）となる。

これは，点$(4, 0)$を通る傾き$\dfrac{k}{2}$の直線のうち，点$(4, 0)$を除いた部分を表す。この直線をmとする。

よって，kの値が最大になるのは，領域Dと直線mが共有点をもち，傾き$\dfrac{k}{2}$が最大になるときである。

ここで，点Aにおける円C_2の接線の方程式は

$y-1=-\dfrac{1}{2}(x+2)$　　$\therefore$　$y=-\dfrac{1}{2}x$

この接線のx軸との交点は$(0, 0)$である。

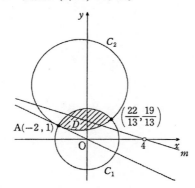

よって，図より，傾きが最大になるのは直線mが円C_2と接するときである。

このとき，円C_2の中心$\left(-\dfrac{1}{2}, 4\right)$と直線$m$との距離が，円$C_2$の半径$\dfrac{3\sqrt{5}}{2}$と等しい。

よって，$\dfrac{\left|-\dfrac{1}{2}k-2\cdot 4-4k\right|}{\sqrt{k^2+4}}=\dfrac{3\sqrt{5}}{2}$

これを解くと，$k=\dfrac{-12\pm5\sqrt{5}}{3}$ となる。

点$(4,\ 0)$を通る円C_2の接線は2本あるが，領域Dと共有点をもつ場合は，

$k=\dfrac{-12+5\sqrt{5}}{3}$ のときである。以上より，kの値の最大値は，

$k=\dfrac{-12+5\sqrt{5}}{3}$

〈解説〉問1　円$x^2+y^2=r^2$ 上の点$(x_1,\ y_1)$における接線の公式$x_1x+y_1y=r^2$より，

$-2x+y=5$

問2　円の中心$\left(-\dfrac{a}{2},\ -\dfrac{b}{2}\right)$は$-2x+y=5$上であるから，

$a-\dfrac{b}{2}=5$ …①

また，2点A$(-2,\ 1)$，B$(1,\ 7)$を通るから，

$4+1-2a+b+c=0$ …②

$1+49+a+7b+c=0$ …③

①，②，③を解いて，$a=1$，$b=-8$，$c=5$

問3　解答参照。

【7】問1　X$(s,\ s-1,\ 4s-2)$　　問2　Q$\left(\dfrac{t+1}{2},\ \dfrac{t-1}{2},\ 2t\right)$

問3

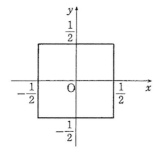

問4　四面体ABCDの平面$z＝2t$による切断面は，頂点の1つに点Qを含む長方形になり，長方形の対角線の交点がz軸上の点Pである。切断面において，z軸から最も離れた点は長方形の4頂点であるから，この長方形をz軸の周りに1回転すると，半径PQの円になる。

ここで，$PQ^2＝\left(\dfrac{t+1}{2}\right)^2＋\left(\dfrac{t-1}{2}\right)^2＝\dfrac{1}{2}(t^2＋1)$

よって

$V＝\displaystyle\int_{-2}^{2}\pi PQ^2 dz$

$z＝2t$ より $\dfrac{dz}{dt}＝2$

z	-2	$\to$	2
t	-1	$\to$	1

$V＝\displaystyle\int_{-1}^{1}\pi \cdot \dfrac{1}{2}(t^2＋1)\cdot 2dt$

$＝2\pi\displaystyle\int_{0}^{1}(t^2＋1)dt＝2\pi\left[\dfrac{t^3}{3}＋t\right]_{0}^{1}＝\dfrac{8}{3}\pi$

〈解説〉問1　$\overrightarrow{OX}＝\overrightarrow{OA}＋s\overrightarrow{AD}＝(0,\ -1,\ -2)＋s(1,\ 1,\ 4)$

$＝(s,\ s-1,\ 4s-2)$

ゆえに，$X(s,\ s-1,\ 4s-2)$

問2　点$P(0,\ 0,\ 2t)$を通りz軸に垂直な平面$z＝2t$と直線ADとの交点の座標は，

$\dfrac{x-1}{1}＝\dfrac{y-0}{1}＝\dfrac{z-2}{4},\ z＝2t$ より，

$Q\left(\dfrac{t+1}{2},\ \dfrac{t-1}{2},\ 2t\right)$

[問3]　平面ABCの方程式を$ax＋by＋cz＋d＝0$ とおくと，

$\begin{cases} -b-2c＋d＝0 \\ b-2c＋d＝0 \\ -a＋2c＋d＝0 \end{cases}$

これらより，$a:b:c:d＝4:0:1:2$

ゆえに，$4x＋z＋2＝0$ …①

同様にして，

平面ABDの方程式は，$4x-z-2=0$ …②

平面ACDの方程式は，$4y-z+2=0$ …③

平面BCDの方程式は，$4y+z-2=0$ …④

xy平面と交わる部分であるから，①，②，③，④に$z=0$を代入して，

①より，$x=-\dfrac{1}{2}$，②より，$x=\dfrac{1}{2}$，

③より，$y=-\dfrac{1}{2}$，④より，$y=\dfrac{1}{2}$

ゆえに，求める図形は解答の図のようになる。

問4 (参考) 直線ADと平面$z=2t$との交点Qの座標は，

$Q\left(\dfrac{t+1}{2},\ \dfrac{t-1}{2},\ 2t\right)$

直線ACと平面$z=2t$との交点Rの座標は，

$\dfrac{x+1}{-1}=\dfrac{y-0}{1}=\dfrac{z-2}{4},\ z=2t$ より，

$R\left(-\dfrac{t+1}{2},\ \dfrac{t-1}{2},\ 2t\right)$

直線BCと平面$z=2t$との交点Sの座標は，

$\dfrac{x+1}{-1}=\dfrac{y-0}{-1}=\dfrac{z-2}{4},\ z=2t$ より，

$S\left(-\dfrac{t+1}{2},\ -\dfrac{t-1}{2},\ 2t\right)$

直線BDと平面$z=2t$との交点Tの座標は，

$\dfrac{x-1}{1}=\dfrac{y-0}{-1}=\dfrac{z-2}{4},\ z=2t$ より，

$T\left(\dfrac{t+1}{2},\ -\dfrac{t-1}{2},\ 2t\right)$

これより，四面体ABCDの平面$z=2t$による切断面は，四角形QRST(長方形)となる。

2018年度　実施問題

【中学校】

【１】 次の文は，「中学校学習指導要領解説　数学編(平成20年9月)第2章　第1節　1　(2)　目標について」の記述の一部である。[　a　]，[　b　]，[　c　]，[　d　]に当てはまる言葉を，下のアからコの中から選び記号で答えなさい。

> 　[　a　]活動を通して，数量や図形などに関する基礎的な概念や原理・法則についての理解を深め，数学的な表現や処理の仕方を習得し，事象を[　b　]的に考察し[　c　]する能力を高めるとともに，数学的活動の楽しさや数学のよさを[　d　]し，それらを活用して考えたり判断したりしようとする態度を育てる。
>
> ア　数学的　　　イ　判断　　　ウ　主体的　　　エ　数学
> オ　体験　　　　カ　実感　　　キ　思考　　　　ク　表現
> ケ　数理　　　　コ　体験的

(☆☆○○○○)

【２】 次の方程式を解きなさい。

(1) $3(x+1)^2 = 45 - 6x$

(2) $|x+2| + |x-3| = x^2 - 4$

(☆○○)

【３】 奉仕作業の日に，今川先生は，塗装業を営んでいる保護者の井伊さんと一緒に学校の壁を塗ろうと考えている。

　　井伊さんは，一人で10m²の壁を30分間で塗ることができる。

　　一方，今川先生は，一人で同じ広さの壁を45分間で塗ることができる。

162

　奉仕作業当日，30m²の壁を井伊さんが一人で15分間塗ってくれた。この後，残りの壁を井伊さんと今川先生の二人で塗ると，あと何分掛かるか求めなさい。

　ただし二人は，一定の速さで最初から最後まで塗ることができるとする。

(☆◎◎◎)

【4】$(a+b):(b+c):(c+a)=3:4:5$のとき，$\dfrac{a^3+b^3+c^3}{abc}$ の値を求めなさい。

(☆☆◎◎◎)

【5】半径2cm，高さ10cmの円柱の容器に水をいっぱいまで入れる。
　　この容器を15°傾けたときに，容器に残る水の体積を求めなさい。
　　ただし，円周率は π とする。

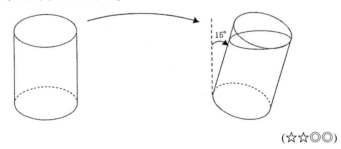

(☆☆◎◎)

【6】走っている自動車の運転者がブレーキを踏み，停止するまでに進む距離を停止距離という。停止距離は運転者が危険を感じてブレーキを踏み，ブレーキが実際にきき始めるまでに車が進む距離(空走距離)と，ブレーキがきき始めて車が停止するまでに進む距離(制動距離)の和で表される。

　次の表は，自動車の速度と空走距離及び停止距離の関係を示す一つの実験結果である。

163

時速 x (km／h)	空走距離（m）	停止距離 y （m）
20	6	9
40	12	24
60	18	45
80	24	72

　　この表において，時速x(km/h)のときの停止距離をy(m)とするとき，yをxの式で表しなさい。

（☆☆◎◎）

【7】次の図のように，放物線$y=ax^2$がある。

　　放物線上に，x座標が-6の点Aとx座標が3の点Bをとり，点Aと点Bを結ぶと直線の傾きが-1になった。

　　このとき，下の問いに答えなさい。

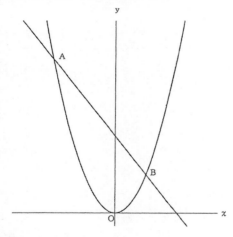

(1)　aの値を求めなさい。

(2)　放物線上に点Pをとる。このとき△PABの面積が△OABの面積の$\frac{1}{3}$となるような点Pの座標をすべて求めなさい。

(3)　直線ABと放物線$y=ax^2$で囲まれた図形の面積を求めなさい。

（☆☆◎◎◎◎）

【8】「1つの弧に対する円周角と中心角の関係」を学習している場面について，次の問いに答えなさい。

(1) 「1つの弧に対する円周角は中心角の半分になる」ことを証明するとき，円周角と中心角の位置関係を，3つの場合に分ける必要がある。

その3つの場合を，次の図にそれぞれかきなさい。

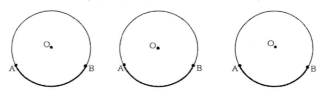

(2) 「1つの弧に対する円周角は中心角の半分になる」ことを利用して，「円に内接する四角形の向かい合う角の和は180°になる」ことを証明しなさい。

(☆◎◎)

【9】中学校2年生の一朗さんは，コインを3枚同時に投げるとき「3枚とも表」「2枚が表で1枚が裏」「1枚が表で2枚が裏」「3枚とも裏」の4通りあると考え，「3枚とも表になる確率は$\frac{1}{4}$と予想した。(表が出ることと裏が出ることは，同様に確からしいとする。)

しかし，実際には「3枚とも表」になる確率は$\frac{1}{4}$ではない。

正しい確率を求め，その考え方を一朗さんに分かるように説明しなさい。

(☆◎◎◎)

【10】中学校3年生の数学の授業で,「三平方の定理を証明しよう」という
　　問題が出題された。太郎さんと花子さんは,次の方法で三平方の定理
　　を証明した。

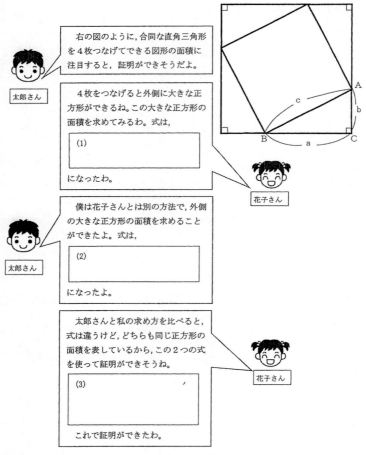

右の図のように,合同な直角三角形
を4枚つなげてできる図形の面積に
注目すると,証明ができそうだよ。

太郎さん

4枚をつなげると外側に大きな正
方形ができるね。この大きな正方形の
面積を求めてみるわ。式は,

(1)

になったわ。

花子さん

僕は花子さんとは別の方法で,外側
の大きな正方形の面積を求めること
ができたよ。式は,

(2)

になったよ。

太郎さん

太郎さんと私の求め方を比べると,
式は違うけど,どちらも同じ正方形の
面積を表しているから,この2つの式
を使って証明ができそうね。

花子さん

(3)

これで証明ができたわ。

(1)から(3)の空欄に,太郎さんと花子さんが考えた式を書きなさい。

(☆◎◎)

【11】次の図1から図4の散布図は，18チームが参加するサッカー地区リー
　グの戦績からデータをまとめたものである。図1から図4の縦軸につい
　ては，いずれも勝ち数を示している。また，横軸については，図1は
　得点，図2は反則，図3は失点，図4はFK(フリーキック)の数を示して
　いる。

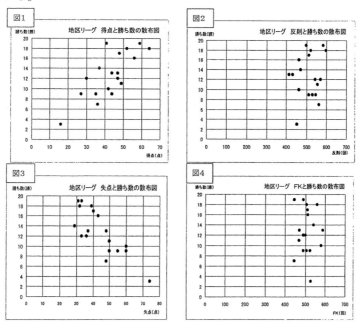

　　これらの散布図から読み取れることとして適切なものを，次のアか
　らオの中からすべて選び記号で答えなさい。
　ア　得点が多くなるほど，勝ち数は多くなる傾向がある。
　イ　反則が少なくなるほど，勝ち数は多くなる傾向がある。
　ウ　失点が50点以上ならば，勝ち数は上位から半分以内に入らない。
　エ　FKが500回を超えると，勝ち数は多くなる傾向がある。
　オ　得点と勝ち数の関係は，強い相関がある。反則と勝ち数，失点と
　　　勝ち数，FKと勝ち数のそれぞれの関係には，強い相関はない。

　　　　　　　　　　　　　　　　　　　　　　　　　　　　(☆◎◎◎)

【高等学校】

【１】次の〔1〕，〔2〕の2つの文章は，平成21年3月に告示された高等学校
学習指導要領の「第2章　第4節　数学」における，〔1〕は「第1款
目標」，〔2〕は「第2款　各科目　第4　数学A　2　内容」の一部分で
ある。あとの各問いに答えよ。

〔1〕　第1款　目標

《　あ　》を通して，数学における基本的な概念や原
理・法則の体系的な理解を深め，事象を数学的に考察し
表現する能力を高め，創造性の基礎を培うとともに，数
学のよさを認識し，それらを積極的に活用して
《　い　》に基づいて判断する態度を育てる。

〔2〕　第2款　各科目　第4　数学A　2　内容

(2)　整数の性質
整数の性質についての理解を深め，それを事象の考
察に活用できるようにする。
ア　約数と倍数
素因数分解を用いた公約数や公倍数の求め方を理
解し，整数に関連した事象を論理的に考察し表現す
ること。
イ　【　A　】
整数の除法の性質に基づいて【　A　】の仕組み
を理解し，それを用いて二つの整数の【　B　】を
求めること。また，【　C　】の解の意味について理
解し，簡単な場合についてその整数解を求めること。
ウ　整数の性質の活用
二進法などの仕組みや分数が有限小数又は
【　D　】で表される仕組みを理解し，整数の性質
を事象の考察に活用すること。

問1　文章中の《　あ　》,《　い　》に入る語句を記入せよ。

問2　文章中の【　A　】から【　D　】に入る語句を,次の①から⑧よりそれぞれ1つずつ選び,その番号を記入せよ。

①　無理数　　　　　　　②　循環小数　　　③　組立除法

④　ユークリッドの互除法　⑤　最大公約数　　⑥　最小公倍数

⑦　二元一次連立方程式　　⑧　二元一次不定方程式

問3　aを整数とする。縦の長さが323cm,横の長さが391cmの長方形の床に,1辺の長さが$a$cmの正方形のタイルを何枚か敷き詰めて,すき間がないようにしたい。タイルの1辺の長さが最も大きくなるときのaの値を求め,答えのみ記入せよ。

(☆☆☆◎◎◎)

【2】「定積分 $\displaystyle\int_{-1}^{1}\dfrac{dx}{1+x^2}$ を求めよ。」という問題に,Sさんは次のように解答した。

下の各問いに答えよ。

> (Sさんの解答)
>
> $x=\tan\theta$ とおくと $\dfrac{dx}{d\theta}=\dfrac{1}{\cos^2\theta}$
>
> | x | -1 | $\rightarrow$ | 1 |
> |---|---|---|---|
> | θ | $\dfrac{3}{4}\pi$ | $\rightarrow$ | $\dfrac{\pi}{4}$ |
>
> $$\int_{-1}^{1}\frac{dx}{1+x^2}=\int_{\frac{3}{4}\pi}^{\frac{\pi}{4}}\frac{1}{1+\tan^2\theta}\cdot\frac{1}{\cos^2\theta}d\theta$$
>
> $$=\int_{\frac{3}{4}\pi}^{\frac{\pi}{4}}d\theta=\Big[\theta\Big]_{\frac{3}{4}\pi}^{\frac{\pi}{4}}=-\frac{\pi}{2}$$

問1　Sさんの考え方には間違いがある。間違っている理由をSさんに説明する場合,どのように説明するか,記入せよ。

問2　この問題の正答例を記入せよ。

(☆☆☆◎◎◎)

【3】 次の各問いに答えよ。答えのみ記入せよ。

問1　△ABCにおいて，AC＝2，A＝30°である。△ABCの外接円の半径が$\sqrt{2}$であるとき，ABを求めよ。

問2　あるテストを40人の生徒が受験し，自己採点をした結果，平均は50点，分散は100であった。テスト返却後に自己採点の結果と実際の点数を比較したところ，自己採点の結果が実際の点数と異なっていた生徒が2人だけいた。自己採点が60点だったAさんの実際の点数は65点であり，自己採点が40点だったBさんの実際の点数は35点であった。このとき，実際の点数の分散を求めよ。

問3　nを自然数とする。6^nが18桁の整数であるとき，nの値をすべて求めよ。ただし，$\log_{10}2＝0.3010$，$\log_{10}3＝0.4771$とする。

問4　点Oを中心とする半径1の円の円周上に3点A，B，Cがあり，$3\overrightarrow{OA}＋5\overrightarrow{OB}＋4\overrightarrow{OC}＝\overrightarrow{0}$を満たす。このとき，△OABの面積を求めよ。

問5　複素数平面上の原点Oと異なる2点A，Bの表す複素数をそれぞれα，βとする。等式$\alpha^2－2\alpha\beta＋3\beta^2＝0$が成り立つとき，$\cos\angle$AOBの値を求めよ。

(☆☆◎◎◎)

【4】 次の各問いに答えよ。ただし，問2は答えのみ記入せよ。

問1　関数$f(x)$，$g(x)$がともに微分可能であるとき，次の等式が成り立つことを証明せよ。

$$\{f(x)g(x)\}'＝f'(x)g(x)＋f(x)g'(x)$$

問2　関数$y＝x^2\log x$の極値があれば求めよ。また，そのときのxの値を求めよ。

(☆☆◎◎◎)

170

【5】 座標平面上の点(x, y)について，xとyがともに整数である点を格子点という。

自然数nに対して，連立不等式$y≧0$，$y≦n^4-x^4$の表す領域をD_nとし，領域D_nに含まれる格子点の個数をS_nとするとき，次の各問いに答えよ。ただし，問1，問2は答えのみ記入せよ。

問1　S_2を求めよ。

問2　領域D_nに含まれる格子点のうち，$x=k$上にある格子点の個数a_kを求めよ。ただし，kは$-n≦k≦n$を満たす整数とする。

問3　$\displaystyle\lim_{n\to\infty}\frac{S_n}{n^5}$を求めよ。

(☆☆☆◎◎◎)

【6】 a，bを定数とする。関数$f(\theta)=a\cos^2\theta+(a-b)\sin\theta\cos\theta+b\sin^2\theta$ $(0≦\theta<2\pi)$について，次の各問いに答えよ。ただし，問1，問2は答えのみ記入せよ。

問1　$f(\theta)$を$p\sin(k\theta+\alpha)+q$の形に変形せよ。

問2　$a=3$，$b=1$とする。$f(\theta)$が最大値をとるときのθの値を求めよ。

問3　$f(\theta)$の最大値が6，最小値が2であるとき，a，bの値を求めよ。

(☆☆☆◎◎◎)

【7】 a，b，cを定数とする。関数$f(x)=\dfrac{x^2+bx+c}{x+a}$は，$x=-3$，$-1$において極値をとり，極小値が1である。このとき，次の各問いに答えよ。ただし，問1，問2は答えのみ記入せよ。

問1　定数a，b，cの値を求めよ。

問2　曲線$y=f(x)$のグラフの概形をかけ。

問3　$t>0$とする。曲線$y=f(x)$と直線$y=x+(b-a)$および2直線$x=0$，$x=t$で囲まれた図形の面積を$S(t)$とするとき，$\displaystyle\lim_{t\to+0}\frac{S(t)}{t}$を求めよ。

(☆☆☆◎◎◎)

解答・解説

【中学校】

【１】a　ア　　b　ケ　　c　ク　　d　カ

〈解説〉「目標」は重要なので，しっかり理解し，用語についても記憶しておくこと。

【２】(1)　$x=-2\pm3\sqrt{2}$　　(2)　$x=-1-\sqrt{6}$, 3

〈解説〉(1)　(左辺)－(右辺)$=3x^2+12x-42=3(x^2+4x-14)=0$

よって，$x=-2\pm\sqrt{2^2-1\times(-14)}=-2\pm3\sqrt{2}$

(2)　(i)　$x<-2$のとき，$|x+2|=-(x+2)$，$|x-3|=-(x-3)$

よって，与式において，(右辺)－(左辺)$=x^2+2x-5=0$

よって，$x=-1\pm\sqrt{(-1)^2-1\times(-5)}=-1\pm\sqrt{6}$

$x<-2$より，$x=-1-\sqrt{6}$

(ii)　$-2\leqq x\leqq3$のとき，$|x+2|=x+2$，$|x-3|=-(x-3)$

よって，与式において，(右辺)－(左辺)$=x^2-9=0$

よって，$x=\pm3$

$-2\leqq x\leqq3$より，$x=3$

(iii)　$x>3$のとき，$|x+2|=x+2$，$|x-3|=x-3$

よって，与式において，(右辺)－(左辺)$=x^2-2x-3=(x+1)(x-3)=0$

よって，$x=-1$, 3

$x>3$より，不適

(i), (ii), (iii)より，$x=-1-\sqrt{6}$, 3

【３】45分

〈解説〉井伊さんが塗れる広さは，$10\div30=\dfrac{1}{3}$〔m²/分〕，今川先生のそれは，$10\div45=\dfrac{2}{9}$〔m²/分〕である。

井伊さんが一人で15分間塗ってくれたので，残りの広さは，

$30 \, [\mathrm{m^2}] - \dfrac{1}{3} \, [\mathrm{m^2/分}] \times 15 \, [分] = 25 \, [\mathrm{m^2}]$

で，二人が塗れる広さは，$\dfrac{1}{3} \, [\mathrm{m^2/分}] + \dfrac{2}{9} \, [\mathrm{m^2/分}] = \dfrac{5}{9} \, [\mathrm{m^2/分}]$ だか

ら，かかる時間は，$25 \, [\mathrm{m^2}] \div \dfrac{5}{9} \, [\mathrm{m^2/分}] = 45 \, [分]$

【4】6

〈解説〉kを実数とすると題意より，

$a+b=3k \quad \cdots ①$

$b+c=4k \quad \cdots ②$

$c+a=5k \quad \cdots ③$

$(① + ② + ③) \div 2$より，$a+b+c=6k \quad \cdots ④$

④－②より，$a=6k-4k=2k$

④－③より，$b=6k-5k=k$

④－①より，$c=6k-3k=3k$

これらを与式に代入して，

$$与式 = \frac{a^3+b^3+c^3}{abc} = \frac{(2k)^3+(k)^3+(3k)^3}{2k \cdot k \cdot 3k} = \frac{(8+1+27)k^3}{6k^3} = 6$$

【5】$24\pi + 8\sqrt{3}\pi \, [\mathrm{cm^3}]$

〈解説〉傾けた状態の水は円柱を平面で切った立体の形をしているので，合同な立体を切り口に重ねると円柱になることを用いて答を求める。

　真横から見ると2つの台形が重なったように見えるので，次の図のように記号をおく。

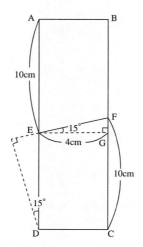

$$FG = 4\tan15° = 4\tan(45° - 30°)$$

$$= 4 \times \frac{\tan45° - \tan30°}{1 + \tan45°\tan30°}$$

$$= 4 \times \frac{1 - \dfrac{1}{\sqrt{3}}}{1 + 1 \cdot \dfrac{1}{\sqrt{3}}} = 8 - 4\sqrt{3} \ 〔cm〕$$

より，重ねてできる円柱の高さADは，

$$AD = AE + CF - FG = 10 + 10 - (8 - 4\sqrt{3}) = 12 + 4\sqrt{3} \ 〔cm〕$$

よって，その体積は，$2^2\pi \times (12 + 4\sqrt{3})$

ゆえに，求める水の体積は，

$$2^2\pi \times (12 + 4\sqrt{3}) \div 2 = 24\pi + 8\sqrt{3}\pi \ 〔cm^3〕$$

【6】$y = \dfrac{3}{400}x^2 + \dfrac{3}{10}x$

〈解説〉空走距離をdとし，次の表のように番号nをつけて，各数値の間の関係を式に想定して答を求める。

n	時速x(km/h)	空走距離d(m)	停止距離y(m)
1	20	6	9
2	40	12	24
3	60	18	45
4	80	24	72

$x=20n$ より，$n=0.05x$

$d=6n$

$y=d\times(0.5n+1)$

$=6n(0.5\times0.05x+1)$

$=0.3x(0.025x+1)$

$=0.0075x^2+0.3x$

$=\dfrac{3}{400}x^2+\dfrac{3}{10}x$

【7】(1)　$a=\dfrac{1}{3}$

(2)　$\left(\dfrac{-3\pm\sqrt{57}}{2}, \dfrac{11\mp\sqrt{57}}{2}\right), \left(\dfrac{-3\pm\sqrt{105}}{2}, \dfrac{19\mp\sqrt{105}}{2}\right)$

(3)　$\dfrac{81}{2}$

〈解説〉(1)　Aのy座標は$y=a\times(-6)^2=36a$，Bのy座標は$y=a\times3^2=9a$だから，題意より，

$\dfrac{9a-36a}{3-(-6)}=-3a=-1$

よって，$a=\dfrac{1}{3}$

(2)　直線ABの傾きが-1なので，式を$y=-x+n$とする。

点B(3，3)を通るから$x=3$，$y=3$を代入すると，

$3=(-1)\times3+n$

$n=6$となるから，直線ABの式は，$y=-x+6$

移項して，$x+y-6=0$

△OABにおいて，底辺をABとすると，高さdは，$d=\dfrac{|0+0-6|}{\sqrt{1^2+1^2}}=3\sqrt{2}$

よって，題意より，底辺をABとしたときの△PABの高さhは，

$$h = \frac{1}{3} \times d = \sqrt{2}$$

Pの座標を$\left(x,\ \frac{1}{3}x^2\right)$とすると，$h = \dfrac{\left|x + \frac{1}{3}x^2 - 6\right|}{\sqrt{1^2 + 1^2}} = \sqrt{2}$

整理して，$x^2 + 3x - 18 = \pm 6$

(i)　$x^2 + 3x - 18 = -6$のとき，$x^2 + 3x - 12 = 0$

よって，

$$x = \frac{-3 \pm \sqrt{3^2 - 4 \cdot 1 \cdot (-12)}}{2 \cdot 1}$$

$$= \frac{-3 \pm \sqrt{57}}{2}$$

$$y = \frac{1}{3} \times \left(\frac{-3 \pm \sqrt{57}}{2}\right)^2$$

$$= \frac{1}{3} \times \frac{66 \mp 6\sqrt{57}}{2 \cdot 2}$$

$$= \frac{11 \mp \sqrt{57}}{2} \quad \text{(以上複号同順)}$$

(ii)　$x^2 + 3x - 18 = 6$のとき，$x^2 + 3x - 24 = 0$

よって，

$$x = \frac{-3 \pm \sqrt{3^2 - 4 \cdot 1 \cdot (-24)}}{2 \cdot 1}$$

$$= \frac{-3 \pm \sqrt{105}}{2}$$

$$y = \frac{1}{3} \times \left(\frac{-3 \pm \sqrt{105}}{2}\right)^2$$

$$= \frac{1}{3} \times \frac{114 \mp 6\sqrt{105}}{2 \cdot 2}$$

$$= \frac{19 \mp \sqrt{105}}{2} \quad \text{(以上複号同順)}$$

(i)，(ii)より，求めるPの座標は，

$$\left(\frac{-3 \pm \sqrt{57}}{2},\ \frac{11 \mp \sqrt{57}}{2}\right) \quad \text{(複号同順)}$$

$$\left(\frac{-3 \pm \sqrt{105}}{2},\ \frac{19 \mp \sqrt{105}}{2}\right) \quad \text{(複号同順)}$$

(3) (2)より，直線ABの方程式は，$y=-x+6$

放物線の方程式は，$y=\dfrac{1}{3}x^2$

$-6\leqq x\leqq 3$のとき，$\dfrac{1}{3}x^2\leqq -x+6$だから，求める図形の面積は，

公式 $\displaystyle\int_{\alpha}^{\beta}a(x-\alpha)(x-\beta)dx=-\dfrac{a(\beta-\alpha)^3}{6}$ を用いて，

$$\int_{-6}^{3}\left(-x+6-\dfrac{1}{3}x^2\right)dx=-\dfrac{-\dfrac{1}{3}\{3-(-6)\}^3}{6}=\dfrac{81}{2}$$

【8】(1)

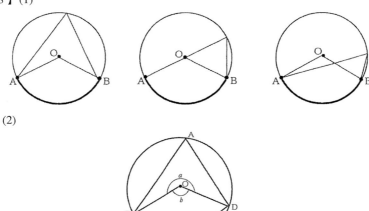

(2)

$\overset{\frown}{BCD}$ において1つの弧に対する円周角は中心角の半分になるから

$\angle A=\dfrac{1}{2}\angle b$ …①

$\overset{\frown}{BAD}$ において1つの弧に対する円周角は中心角の半分になるから

$\angle C=\dfrac{1}{2}\angle a$ …②

①②より，

$\angle A+\angle C=\dfrac{1}{2}\angle b+\dfrac{1}{2}\angle a$

$$=\frac{1}{2}(\angle a + \angle b)$$

$$=\frac{1}{2}\times 360°$$

$$=180°$$

よって，円に内接する四角形の向かい合う角の和は180°になる。

〈解説〉解答参照。

【9】

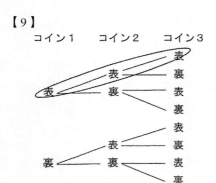

コイン1　　コイン2　　コイン3

3枚とも表になる確率は$\frac{1}{8}$

コインに番号をつけ，樹形図をつくると表裏の組み合わせは8通りある。3枚とも表になるのは1通りなので確率は$\frac{1}{8}$となる。

〈解説〉解答参照。

【10】(1)　$(a+b)^2=a^2+2ab+b^2$　　(2)　$2ab+c^2$

(3)　$(a+b)^2=2ab+c^2$　　　$a^2+2ab+b^2=2ab+c^2$　　　$a^2+b^2=c^2$

〈解説〉(1)　大きな正方形の一辺の長さは，$a+b$だから，正方形の面積は，$(a+b)^2=a^2+2ab+b^2$　(2)　4つの直角三角形と小さな正方形の面積の和は，$4\times\frac{1}{2}ab+c^2=2ab+c^2$　(3)　(1)の式の右辺と(2)の式が等しいことから，$a^2+b^2=c^2$を導ける。

【11】ア，ウ

〈解説〉図2と図4には強い相関はない。よって，イとエは不適。図3で失点と勝ち数の間には強い相関があるので，オは不適。よって，適切なものは，アとウである。

【高等学校】

【1】問1　あ　数学的活動　　い　数学的論拠　　問2　A　④
B　⑤　　C　⑧　　D　②　　問3　$a=17$

〈解説〉目標は重要なので，よく理解して，暗記しておくこと。また，各科目の内容についても，相互関係も含めて，理解しておくこと。

問3　aは323と391の最大公約数である。ユークリッドの互除法を使って求めると，

$391 \div 323 = 1 \cdots 68$　　　$323 \div 68 = 4 \cdots 51$

$68 \div 51 = 1 \cdots 17$　　　$51 \div 17 = 3$余りなし

よって，$a=17$

【2】問1　θについて$\dfrac{3}{4}\pi$から$\dfrac{\pi}{4}$まで積分しようとしているが，積分する範囲に$\theta=\dfrac{\pi}{2}$が含まれており，$x=\tan\theta$は$\theta=\dfrac{\pi}{2}$のとき微分可能ではないから。

問2　$x=\tan\theta$とおくと$\dfrac{dx}{d\theta}=\dfrac{1}{\cos^2\theta}$

x	-1	$\rightarrow$	1
θ	$-\dfrac{\pi}{4}$	$\rightarrow$	$\dfrac{\pi}{4}$

$$\int_{-1}^{1}\frac{dx}{1+x^2}=\int_{-\frac{\pi}{4}}^{\frac{\pi}{4}}\frac{1}{1+\tan^2\theta}\cdot\frac{1}{\cos^2\theta}d\theta$$

$$=\int_{-\frac{\pi}{4}}^{\frac{\pi}{4}}d\theta=\Big[\theta\Big]_{-\frac{\pi}{4}}^{\frac{\pi}{4}}=\frac{\pi}{2}$$

〈解説〉問1　$\tan\theta$は，$\dfrac{1}{2}\pi\leqq\theta\leqq\dfrac{3}{4}\pi$のとき，$\theta=\dfrac{1}{2}\pi$で不連続なので，$\theta=\dfrac{1}{2}\pi$で微分可能ではない。　問2　解答参照。

【3】問1　$\sqrt{3} \pm 1$　　問2　106.25　　問3　$n=22,\ 23$　　問4　$\dfrac{2}{5}$

問5　$\dfrac{1}{\sqrt{3}}$

〈解説〉問1　正弦定理より，$BC=2\sqrt{2}\,\sin A=2\sqrt{2}\,\sin30°=2\sqrt{2}\ \cdot\ \dfrac{1}{2}$

$=\sqrt{2}$

$AB=x$とすると，余弦定理より，

$BC^2=AB^2+AC^2-2AB\cdot AC\cdot\cos30°=x^2+2^2-2x\cdot2\cdot\dfrac{\sqrt{3}}{2}=2$

整理して，$x^2-2\sqrt{3}\,x+2=0$　　よって，$x=\sqrt{3}\pm1$

問2　$(60+40)-(65+35)=0$より，合計点が変わらないので平均点も変わらず，50点である。よって，分散は，

$\{(65-50)^2-(60-50)^2+(35-50)^2-(40-50)^2+100\times40\}\div40=106.25$

問3　題意より，$10^{17}\leqq6^n<10^{18}$

10を底として各々の対数をとると，$17\leqq n\log6<18$

ここで，$n\log6=n(\log2+\log3)=n(0.3010+0.4771)=0.7781n$だから，

$\dfrac{17}{0.7781}=21.848\cdots\leqq n<\dfrac{18}{0.7781}=23.133\cdots$

すなわち，$22\leqq n\leqq23$　　よって，$n=22,\ 23$

問4　次図のように記号をおく。題意より，

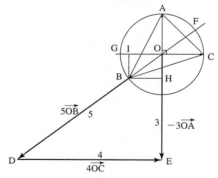

$5\overrightarrow{OB}+4\overrightarrow{OC}=-3\overrightarrow{OA}$，$|\overrightarrow{OA}|=|\overrightarrow{OB}|=|\overrightarrow{OC}|=1$

よって，

$|-3\overrightarrow{OA}|^2+|4\overrightarrow{OC}|^2=3^2+4^2=5^2=|5\overrightarrow{OB}|^2$

三平方の定理が成り立っているから，$\overrightarrow{OA}\perp\overrightarrow{OC}$ より，

$\overrightarrow{OA}\cdot\overrightarrow{OC}=0$

以上から前の図のようになるので，

$\triangle OAB=\dfrac{1}{2}\times OA\times BH=\dfrac{1}{2}\times1\times\dfrac{4}{5}=\dfrac{2}{5}$

問5　与式の両辺を β^2 で割って，$\left(\dfrac{\alpha}{\beta}\right)^2-2\dfrac{\alpha}{\beta}+3=0$

$\dfrac{\alpha}{\beta}=1\pm\sqrt{2}\,i$ 　　$\left|\dfrac{\alpha}{\beta}\right|=\sqrt{3}$ 　　よって，$\cos\angle AOB=\dfrac{1}{\sqrt{3}}$

【4】問1

$$\{f(x)g(x)\}'=\lim_{h\to0}\dfrac{f(x+h)g(x+h)-f(x)g(x)}{h}$$

$$=\lim_{h\to0}\dfrac{f(x+h)g(x+h)-f(x)g(x+h)+f(x)g(x+h)-f(x)g(x)}{h}$$

$$=\lim_{h\to0}\left\{\dfrac{f(x+h)-f(x)}{h}\cdot g(x+h)+f(x)\cdot\dfrac{g(x+h)-g(x)}{h}\right\}$$

ここで，$f(x)$, $g(x)$ はともに微分可能であるから

$$\lim_{h\to0}\dfrac{f(x+h)-f(x)}{h}=f'(x),\quad\lim_{h\to0}\dfrac{g(x+h)-g(x)}{h}=g'(x)$$

また，微分可能ならば連続であるから，$\displaystyle\lim_{h\to0}g(x+h)=g(x)$

よって，$\{f(x)g(x)\}'=f'(x)g(x)+f(x)g'(x)$

問2　$x=\dfrac{1}{\sqrt{e}}$ のとき極小値 $-\dfrac{1}{2e}$

〈解説〉問1　解答参照。　問2　$f(x)=x^2$, $g(x)=\log x$ とすると，

$y=x^2\log x=f(x)g(x)$

よって，

$y'=(x^2\log x)'=\{f(x)g(x)\}'$

$\quad=f'(x)g(x)+f(x)g'(x)=2x\log x+x=x(2\log x+1)$

$y'=0$ のとき，真数条件より，$x>0$ だから，$\log x=-\dfrac{1}{2}$

よって，$x=\dfrac{1}{\sqrt{e}}$

このとき　$y=\left(\dfrac{1}{\sqrt{e}}\right)^2\left(-\dfrac{1}{2}\right)=-\dfrac{1}{2e}$

増減表は次のようになる。

x	0	$\cdots\cdots$	$\dfrac{1}{\sqrt{e}}$	$\cdots\cdots$
y'	$\times$	$-$	0	$+$
y	$\times$	$\searrow$	$-\dfrac{1}{2e}$	$\nearrow$

よって，yは$x=\dfrac{1}{\sqrt{e}}$のとき，極小値$-\dfrac{1}{2e}$をとる。

【５】問1　$S_2=51$　　　問2　$a_k=n^4-k^4+1$

問3　$S_n=\displaystyle\sum_{k=-n}^{n}a_k$であるから

$\displaystyle\lim_{n\to\infty}\dfrac{S_n}{n^5}=\lim_{n\to\infty}\dfrac{1}{n^5}\sum_{k=-n}^{n}(n^4-k^4+1)$

$\qquad\qquad=\displaystyle\lim_{n\to\infty}\dfrac{1}{n}\sum_{k=-n}^{n}\left\{1-\left(\dfrac{k}{n}\right)^4\right\}+\lim_{n\to\infty}\dfrac{2n+1}{n^5}$

$y=1-x^4$はy軸に関して対称であるから

$\displaystyle\lim_{n\to\infty}\dfrac{S_n}{n^5}=\lim_{n\to\infty}\left[\dfrac{2}{n}\sum_{k=1}^{n}\left\{1-\left(\dfrac{k}{n}\right)^4\right\}+\dfrac{1}{n}\left\{1-\left(\dfrac{0}{n}\right)^4\right\}\right]+\lim_{n\to\infty}\dfrac{2n+1}{n^5}$

$\qquad\quad=2\displaystyle\int_0^1(1-x^4)dx$

$\qquad\quad=\dfrac{8}{5}$

〈解説〉問1　$n=2$のとき，領域D_2は，$0\leqq y\leqq 16-x^4$　（$-2\leqq x\leqq 2$）

$x=\pm 2$のとき，$y=0$だから，$1\times 2=2$〔個〕

$x=\pm 1$のとき，$0\leqq y\leqq 15$だから，$16\times 2=32$〔個〕

$x=0$のとき，$0\leqq y\leqq 16$だから，17個

よって，$S_2=2+32+17=51$〔個〕

問2　$x=k$のとき，$0\leqq y\leqq k^4$だから，$a_k=n^4-k^4+1$

問3　解答参照。

【6】問1　$f(\theta)=\dfrac{\sqrt{2}(a-b)}{2}\sin\left(2\theta+\dfrac{\pi}{4}\right)+\dfrac{a+b}{2}$　　問2　$\theta=\dfrac{\pi}{8}$，$\dfrac{9}{8}\pi$

問3　(i)　$a>b$のとき

$\sin\left(2\theta+\dfrac{\pi}{4}\right)=1$のとき，$f(\theta)$は最大値をとるから

$\dfrac{\sqrt{2}}{2}(a-b)+\dfrac{a+b}{2}=6$　…①

$\sin\left(2\theta+\dfrac{\pi}{4}\right)=-1$のとき，$f(\theta)$は最小値をとるから

$-\dfrac{\sqrt{2}}{2}(a-b)+\dfrac{a+b}{2}=2$　…②

①，②より　$a=4+\sqrt{2}$，$b=4-\sqrt{2}$　これは$a>b$を満たす。

(ii)　$a=b$のとき　$f(\theta)$は定数になるから，条件を満たさない。

(iii)　$a<b$のとき

$\sin\left(2\theta+\dfrac{\pi}{4}\right)=-1$のとき，$f(\theta)$は最大値をとるから

$-\dfrac{\sqrt{2}}{2}(a-b)+\dfrac{a+b}{2}=6$　…③

$\sin\left(2\theta+\dfrac{\pi}{4}\right)=1$のとき，$f(\theta)$は最小値をとるから

$\dfrac{\sqrt{2}}{2}(a-b)+\dfrac{a+b}{2}=2$　…④

③，④より　$a=4-\sqrt{2}$，$b=4+\sqrt{2}$　これは$a<b$を満たす。

(i)〜(iii)より　$(a,\ b)=(4+\sqrt{2},\ 4-\sqrt{2})$，$(4-\sqrt{2},\ 4+\sqrt{2})$

〈解説〉問1　$f(\theta)=(a-b)\cos^2\theta+\dfrac{a-b}{2}\cdot 2\sin\theta\cos\theta+b$

$\qquad\qquad=\dfrac{a-b}{2}(\cos2\theta+1)+\dfrac{a-b}{2}\sin2\theta+b$

$\qquad\qquad=\dfrac{\sqrt{2}(a-b)}{2}\sin\left(2\theta+\dfrac{1}{4}\pi\right)+\dfrac{a+b}{2}$

問2　$a=3$，$b=1$のとき，問1より，$f(\theta)=\sqrt{2}\sin\left(2\theta+\dfrac{1}{4}\pi\right)+2$

$0\leqq\theta<2\pi$より，$0\leqq2\theta<4\pi$

よって，$f(\theta)$が最大値をとるときは，$\sin\left(2\theta+\dfrac{1}{4}\pi\right)=1$のときだから，

$2\theta+\dfrac{1}{4}\pi=\dfrac{1}{2}\pi$，$\dfrac{5}{2}\pi$

よって，$\theta = \dfrac{1}{8}\pi$，$\dfrac{9}{8}\pi$

問3　解答参照。

【7】問1　$a=2$，$b=3$，$c=3$

問2

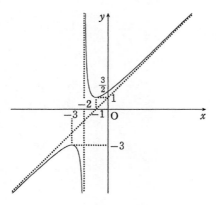

問3　$S(t) = \displaystyle\int_0^t \{f(x)-(x+1)\}dx$

$f(x) = \dfrac{x^2+3x+3}{x+2} = x+1+\dfrac{1}{x+2}$であるから

$S(t) = \displaystyle\int_0^t \dfrac{dx}{x+2} = \Big[\log|x+2|\Big]_0^t = \log\dfrac{t+2}{2}$

よって

$$\lim_{t \to +0}\dfrac{S(t)}{t} = \lim_{t \to +0}\dfrac{1}{t}\log\dfrac{t+2}{2}$$

$$= \lim_{t \to +0}\log\Big(1+\dfrac{t}{2}\Big)^{\frac{1}{t}}$$

$$= \lim_{t \to +0}\dfrac{1}{2}\log\Big(1+\dfrac{t}{2}\Big)^{\frac{2}{t}}$$

$$= \dfrac{1}{2}\log e$$

$$= \dfrac{1}{2}$$

〈解説〉問1　$(x^2+bx+c)\div(x+a)=x+(b-a)$　余り a^2-ab+c

よって，

$$y=f(x)=x+(b-a)+\frac{a^2-ab+c}{x+a}$$

$$y'=f'(x)=1-\frac{a^2-ab+c}{(x+a)^2}=0のとき，x=-3，-1だから，$$

$$f'(-3)=1-\frac{a^2-ab+c}{(a-3)^2}=0$$

よって，$-6a+9=-ab+c$　…①

$$f'(-1)=1-\frac{a^2-ab+c}{(a-1)^2}=0$$

よって，$-2a+1=-ab+c$　…②

①，②より，$-6a+9=-2a+1$

よって，$a=2$，$-ab+c=-2b+c=-3$　…③

よって，$y=f(x)=x+(b-2)+\dfrac{1}{x+2}$

$$y'=f'(x)=1-\frac{1}{(x+2)^2}=1-(x+2)^{-2}$$

$$y''=f''(x)=-(-2)(x+2)^{-3}=\frac{2}{(x+2)^3}$$

$$\lim_{x\to-2-0}f(x)=-\infty,\quad \lim_{x\to-2+0}f(x)=\infty,\quad \lim_{x\to-\infty}f(x)=-\infty,\quad \lim_{x\to\infty}f(x)=\infty$$

以上より，増減表は次のようになる。

x	$-\infty$	$\cdots\cdots$	-3	$\cdots\cdots$	$-2-0$	-2	$-2+0$	$\cdots\cdots$	-1	$\cdots\cdots$	∞
y'		$+$	0	$-$		$\times$		$-$	0	$+$	
y''		$-$	$-$	$-$		$\times$		$+$	$+$	$+$	
y	$-\infty$	$\nearrow$	-3	$\searrow$	$-\infty$	$\times$	∞	$\searrow$	1	$\nearrow$	∞

増減表より，y が極小値1をとるのは，$x=-1$ のときである。よって，

$f(-1)=b-2=1$ のとき，$b=3$　③より，$c=2b-3=3$

以上より，$a=2$，$b=c=3$

問2　$y=f(x)=x+1+\dfrac{1}{x+2}$ より，$\displaystyle\lim_{x\to\pm\infty}f(x)-(x+1)=0$　よって，直線

$y=x+1$ は漸近線である。　問3　解答参照。

2017年度　実施問題

【中学校】

【１】次の文は，「中学校学習指導要領解説　数学編(平成20年9月)第2章第1節　1　(2)　①『数学的活動を通して』について」の記述の一部である。　A ，　B ，　C に当てはまる言葉を，下のアからクまでの中から1つ選びなさい。

> 　数学的活動とは，生徒が　A をもって　B に取り組む　C にかかわりのある様々な営みを意味している。
> 　ここで「　A をもって　B に取り組む」とは，新たな性質や考え方を見いだそうとしたり，具体的な課題を解決しようとしたりすることである。

ア　課題意識	イ　関心	ウ　目的意識	エ　社会
オ　能動的	カ　数学	キ　主体的	ク　日常生活

(☆☆☆◎◎◎)

【２】次の表1は，A中学校とB中学校の生徒それぞれ20人ずつがハンドボール投げを行ったときの結果を，記録の小さい方から順に並べたものです。これを表2の度数分布表に整理しました。

表1

番号	距離(m) A中学校	距離(m) B中学校
1	10	10
2	15	15
3	16	15
4	20	16
5	22	16
6	23	16
7	23	18
8	23	18
9	23	19
10	24	19
11	25	19
12	26	20
13	28	20
14	28	22
15	28	22
16	29	24
17	30	25
18	31	27
19	33	28
20	34	30

表2

階級(m)	階級値(m)	度数(人) A中学校	度数(人) B中学校
以上　未満			
10～13	11.5	1	1
13～16	14.5	1	2
16～19	17.5	1	5
19～22	20.5	1	5
22～25	23.5	6	3
25～28	26.5	2	2
28～31	29.5	5	2
31～34	32.5	2	0
34～37	35.5	1	0
計		20	20

次のアからエまでの中から，正しいものをすべて選びなさい。

ア　B中学校の記録の平均値は23.5mである。

イ　B中学校の記録の中央値は19mであるが，A中学校の記録の中央値は決めることができない。

ウ　A中学校の記録の最頻値は23mである。

エ　B中学校の記録の範囲は20mである。

(☆◎◎◎)

【3】整式A＝$6x^2+11xy+3y^2-9x-10y+3$について，次の各問いに答えなさい。

(1) 整式Aの右辺を因数分解しなさい。

(2) $x=1$，$y=\dfrac{1}{2+\sqrt{5}}$ のとき，整式Aの値を求めなさい。

(☆☆◎◎◎)

【4】図1の四角形ABCDは，1辺が20cmの正方形です。

　この図において，AB，BC，CD，DAの中点をそれぞれE，F，G，H として，AとG，BとH，CとE，DとFを結びます。このとき，AG，BH，CE，DFの4つの直線で囲まれた正方形(点描の部分)の1辺の長さを求めなさい。

図1

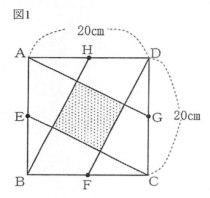

（☆☆○○○）

【5】2018年に，ラグビーワールドプレカップが日本で開催されることになりました。開催方法は，次のとおりです。

　《開催方法》

> 出場国：8カ国(日本，南アフリカ，ニュージーランド，イングランド，アルゼンチン，オーストラリア，サモア，フランス)
>
> 会　場：6会場(東京，大阪，横浜，埼玉，福岡，静岡)
>
> 開会式：7月14日
>
> オープニングゲーム：○○会場　△対◇
>
> 　　　　　　　　　　(開会式後1試合のみ行われる。試合国と会場は抽選で選ばれる。)

オープニングゲームの試合国として，8カ国の中の「日本」と「南

アフリカ」が選ばれ，会場が6会場の中の「静岡」が選ばれる確率を
求めなさい。

　どの国が選ばれるか，どの会場が選ばれるかは，同様に確からしい
ものとする。

(☆☆◎◎◎)

【6】図2のように，円Oの内部に点Pを，円周上に点Aをとる。この図に
　　　おいて，点Aを一端とする線分で，円Oの円周が点Pに重なるように円
　　　の一部を折り返す。この折り目の線をABとするとき，条件にあう点B
　　　を作図によってすべて示しなさい。ただし，作図に用いた線は消さず
　　　に残しておくこと。

図2

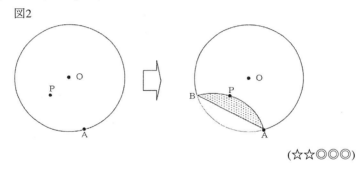

(☆☆◎◎◎)

【7】図3のような三角柱において，辺DFの中点をMとし，この三角柱の
　　　表面に，頂点Aから辺BC，CFを通るように点Mまでひもをかけます。
　　　ひもの長さを最短にするとき，ひもの長さの2乗を求めなさい。

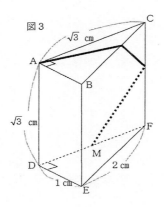

図3

(☆☆☆◎◎◎)

【8】図4のように，関数$y=\frac{1}{2}x^2$のグラフ上に3つの点A，B，Cがあります。点Aのx座標は−1，点Bのx座標は3，点Cのx座標は−5です。点Cを通り直線ABと平行な直線と，関数$y=\frac{1}{2}x^2$との交点を点Dとします。あとの各問いに答えなさい。

図4

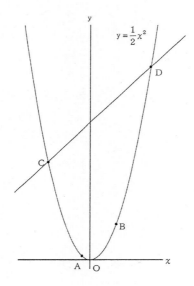

(1)　直線ABの傾きを求めなさい。

(2)　四角形ABDCの面積を求めなさい。

(3)　原点Oを通り，四角形ABDCの面積を二等分する直線の式を求めなさい。

(☆☆☆◎◎◎)

【9】以下は，ある携帯電話の料金プランを示したものです。

> Aプラン：かけ放題2500円　定額
> Bプラン：基本料金1000円　通話時間1分につき通話料金25円
> Cプラン：基本料金2000円　通話時間45分まで通話料金は無料，
> 　　　　　　45分を超えると1分につき通話料金20円

通話時間をx(分)，料金をy(円)として，次の各問いに答えなさい。

(1)　Aプラン，Bプラン，Cプランそれぞれのグラフをかきなさい。

(2)　通話時間が48分のとき，最も安い料金プランをかきなさい。

(3)　Cプランについて，yをxの式で表しなさい。また，変域も示しなさい。

(☆☆◎◎◎)

【10】徳川先生は，本時の目標を「中点連結定理を活用して新たな図形の性質を見いだし，それを証明する。」と設定し，次の問題を提示しました。

　「四角形ABCDの辺AB，BC，CD，DAの中点をそれぞれP，Q，R，Sとするとき，四角形PQRSはどんな四角形になるでしょうか。また，その図形になることを証明しなさい。」

　あとの各問いに答えなさい。

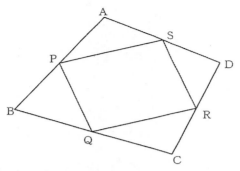

(1)　四角形PQRSの名称をかきなさい。

(2)　(1)の図形になることを「中点連結定理」を用いて証明します。中学生に示す模範の解答をかきなさい。

(3)　徳川先生は，授業の終末で目標が達成できたかどうかを確認するために小テストを実施することにしました。小テストの問題として，最も適しているものを，(ア)から(エ)までの中から選びなさい。

(ア)　次の(　)に記号を入れなさい。

(ア)
　次の(　)に記号を入れなさい。
△ABCの辺AB，ACの中点をそれぞれM，Nとするとき
　　MN(　)BC
　　MN $=\frac{1}{2}$BC

(ウ)
　四角形ABCDが長方形のとき，各辺の中点PQRSを結ぶとひし形になることを，長方形の対角線の長さが等しいことを用いて証明しなさい。

(イ)
　正方形，長方形，ひし形の定義を答えなさい。

(エ)
　AM＝BM，AN＝CNのとき，xの値を求めなさい。

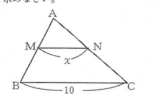

(☆☆◎◎◎)

192

【高等学校】

【1】次の〔1〕，〔2〕の2つの文章は，高等学校学習指導要領解説数学編
　理数編(平成21年12月)の「第1部　数学編　第1章　総説」における，
　〔1〕は「第2節　数学科の目標」の一部，〔2〕は「第1節　改訂の趣旨
　3　改訂の要点　(4)　各科目の内容」の一部である。あとの各問いに
　答えよ。

> 〔1〕　教科の目標の改善に当たっては，「答申」の「改善の基本
> 　方針」等を踏まえるとともに，高等学校における数学教育の
> 　意義を考慮し，小学校，中学校及び高等学校での教育の一貫
> 　性を図り児童生徒の発達に応じた適切かつ効果的な学習が行
> 　われるよう配慮した。
>
> > 　数学的活動を通して，数学における基本的な【　a　】
> > の体系的な理解を深め，事象を数学的に考察し表現す
> > る能力を高め，【　b　】を培うとともに，《　あ　》
> > を認識し，それらを積極的に活用して【　c　】に基づ
> > いて判断する態度を育てる。
>
> ・・・・・・・・・・・・・・・・・・・・・(中略)・・・・・・・・・・・・・・・・・・・・・
>
> 　今回の改訂では，中学校と高等学校では「数学的な【　d　】
> のよさ」を「《　あ　》」に変更した。「《　あ　》」とは，
> 数学的な【　d　】のよさ以外に，数学の【　a　】のよさ，
> 数学的な表現や処理の仕方のよさを含み，さらに高等学校で
> は，数学の実用性や汎用性などの数学の特長，数学的活動や
> 思索することの楽しさなども含んだものである。
>
> ・・・・・・・・・・・・・・・・・・・・・(以下略)・・・・・・・・・・・・・・・・・・・・・
>
> 〔2〕　(ア)「数学Ⅰ」(3単位)
> 　今回の改訂で，数学科の必履修科目はこの科目だけになっ
> た。したがって，「数学Ⅰ」だけで高等学校数学の履修を終え
> る生徒に配慮し，「数学Ⅰ」に続けて深く学ぶ生徒にはその後

の科目の内容との系統性を考慮するとともに，すべての高校生に必要な数学的素養は何かという視点で検討を行い，内容を構成した。また，円滑に学習を進めることができるよう中学校数学が「Ａ　数と式」，「Ｂ　図形」，「Ｃ　関数」，「Ｄ【　ｅ　】」の4領域で構成されていることも踏まえ，次の①から④までの内容で構成するとともに，《　い　》を内容に位置付けることとした。

① 　数と式　　　② 　図形と計量　　　③ 　二次関数

④ 　【　ｆ　】　　　[《　い　》]

………………………………(以下略)………………………………

問1　文章中の【　ａ　】から【　ｆ　】に入る語句を，次のアからカよりそれぞれ1つずつ選び，その記号を記入せよ。

ア　データの分析　　　イ　資料の活用　　　　　ウ　見方や考え方
エ　創造性の基礎　　　オ　概念や原理・法則　　　カ　数学的論拠

問2　文章中の《　あ　》，《　い　》に入る語句を記入せよ。

(☆☆◎◎◎)

【2】「関数 $y=x^x(x>0)$ を微分せよ。」という問題にSさんは，次のように解答した。下の各問いに答えよ。

(Sさんの解答)

α が実数のとき　$(x^\alpha)'=\alpha x^{\alpha-1}$ であるから，

$y'=(x^x)'$

　　$=x\cdot x^{x-1}$

　　$=x^{1+(x-1)}$

　　$=x^x$

問1　Sさんの考え方には間違いがある。間違っている理由をSさんに説明せよ。

問2　この問題の正答例を記入せよ。

(☆☆◎◎◎)

194

【3】次の各問いに答えよ。答えのみ記入せよ。

問1　2次関数$y＝x^2－2x＋2$の$a≦x≦a＋1$における最大値が5であるとき，定数aの値を求めよ。

問2　次の表は，あるクラスにおける生徒5人の英語と国語のテストの点数をまとめたものである。英語と国語のテストの点数の相関係数を求めよ。

生徒番号	①	②	③	④	⑤
英語	78	79	81	77	80
国語	77	79	85	81	83

問3　異なる6色を用いて，立方体の面に色を塗る。塗り方は全部で何通りあるか求めよ。ただし，立方体を回転させて一致する塗り方はすべて同じ塗り方とみなす。

問4　次の条件によって定められる数列$\{a_n\}$の一般項を求めよ。
$$a_1＝4,\ a_{n+1}＝6a_n＋2^{n+2}(n＝1,\ 2,\ 3,\ \cdots)$$

問5　極方程式$r＝\dfrac{16}{5＋3\cos\theta}$で表される曲線を直交座標に関する方程式で表し，座標平面上に図示せよ。

(☆☆☆◎◎◎)

【4】次の各問いに答えよ。ただし，問2は答えのみ記入せよ。

問1　$a＞0,\ a≒1,\ M＞0,\ N＞0$のとき，
$$\log_a MN＝\log_a M＋\log_a N$$
が成り立つことを証明せよ。

問2　方程式$\log_2(x＋1)＋\log_2(x－2)＝2$を解け。

(☆☆◎◎◎)

【5】四面体OABCにおいて，辺ABを1：2に内分する点をP，線分PCを5：3に内分する点をQ，線分OQを1：3に内分する点をRとする。直線ARが平面OBCと交わる点をSとし，直線OSと直線BCの交点をTとするとき，次の各問いに答えよ。ただし，問2，問3は答えのみ記入せよ。

問1　$\overrightarrow{OA} = \vec{a}$，$\overrightarrow{OB} = \vec{b}$，$\overrightarrow{OC} = \vec{c}$ とするとき，$\overrightarrow{OS}$ を $\vec{a}$，$\vec{b}$，$\vec{c}$ を用いて表せ。

問2　BT：TCを求めよ。

問3　四面体OABCと四面体SABTの体積比を求めよ。

(☆☆☆◎◎◎)

【6】方程式 $2x+3y-5z=1$…①について，次の各問いに答えよ。ただし，問1，問3は答えのみ記入せよ。

問1　$z=0$ のとき，方程式①をみたす整数 x，y の組を1組求めよ。

問2　$z=2$ のとき，方程式①をみたす整数 x，y の組をすべて求めよ。

問3　方程式①をみたす整数 x，y，z の組をすべて求めよ。

(☆☆◎◎◎)

【7】次の図のように，半径1の円が x 軸に接しながらすべることなく回転するとき，円周上の定点Pが描く曲線 C(サイクロイド)を考える。円の中心の最初の位置を点(0, 1)，点Pの最初の位置を原点Oとし，その位置から円が角 θ だけ回転したときの点Pの座標を (x, y) とする。ただし，$0 \leqq \theta \leqq 2\pi$ とする。このとき，下の各問いに答えよ。ただし，問1は答えのみ記入せよ。

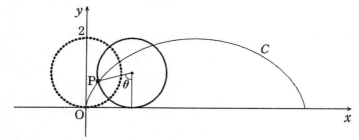

問1　点Pの座標 (x, y) を θ を用いて表せ。

問2　曲線 C 上の点Qを考える。点Qにおける接線 l の傾きは正で，l と x 軸のなす角が $\dfrac{\pi}{6}$ であるとき，点Qの座標を求めよ。

問3　問2の点Qを通り，接線lに垂直な直線をgとする。曲線Cと直線g
およびx軸によって囲まれた図形のうち，直線gの下側の部分をx軸
のまわりに1回転してできる回転体の体積を求めよ。

(☆☆☆◎◎)

解答・解説

【中学校】

【1】A　ウ　B　キ　C　カ
〈解説〉学習指導要領は解説とともに読み込んでおきたい。

【2】ウ，エ
〈解説〉ア：B中学校の記録の平均値は19.95mなので不可。イ：A中学校
の記録の中央値は，(24＋25)÷2＝24.5〔m〕だから不可。

【3】(1)　$(2x+3y-1)(3x+y-3)$　　(2)　$25-11\sqrt{5}$
〈解説〉(1)　$6x^2+11xy+3y^2=(2x+3y)(3x+y)$だから
$A=6x^2+(11y-9)x+(3y-1)(y-3)=(2x+3y-1)(3x+y-3)$
(2)　分母を有理化すると$y=\sqrt{5}-2$　よって，
$A=(3\sqrt{5}-5)(\sqrt{5}-2)=25-11\sqrt{5}$

【4】$4\sqrt{5}$
〈解説〉(1)　BH＞0　三平方の定理より，BH＝$10\sqrt{5}$〔cm〕…①
平行四辺形BHDFの面積は，$10×20＝200$〔cm²〕…②
よって，求める長さは②÷①より，$200÷10\sqrt{5}＝4\sqrt{5}$〔cm〕

【5】 $\dfrac{1}{168}$

〈解説〉題意より，求める確率は$\dfrac{1}{{}_8C_2}\times\dfrac{1}{6}=\dfrac{1}{168}$

【6】

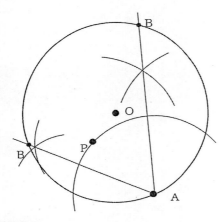

〈解説〉解答参照

【7】 $\dfrac{39+6\sqrt{3}}{4}$

〈解説〉(1)　ひもがかかっている面だけを展開した(線分BC，CFを切り離さない)図において，点Aと点Mを直線で結んだ長さがひもの長さの最短値になるので，直角三角形AJMに三平方の定理を用いて線分AMの長さを求める。

線分AMと線分BC，CFと交わる点をそれぞれG，Hとし，AからBCに降ろした垂線の足をI，IからEFに降ろした垂線の足をJとする。

DF＝AC＝$\sqrt{3}$〔cm〕，∠ABC＝60°

AB：BI：AI＝2：1：$\sqrt{3}$より，AB＝1〔cm〕，BI＝$\dfrac{1}{2}\sqrt{3}$〔cm〕，

EJ＝BI＝$\dfrac{1}{2}$〔cm〕，よって，AJ＝AI＋IJ＝AI＋BE＝$\dfrac{1}{2}\sqrt{3}+\sqrt{3}$

＝$\dfrac{3}{2}\sqrt{3}$〔cm〕

$$JM = JF + FM = \left(2 - \frac{1}{2}\right) + (\sqrt{3} \div 2) = \frac{3 + \sqrt{3}}{2}$$

直角三角形AJMにおいて三平方の定理より，

$$AM^2 = AJ^2 + JM^2 = \left(\frac{3}{2}\sqrt{3}\right)^2 + \left(\frac{3 + \sqrt{3}}{2}\right)^2 = \frac{39 + 6\sqrt{3}}{4}$$

【8】 (1)　1　　(2)　128　　(3)　$y = \frac{21}{2}x$

〈解説〉題意より，$A\left(-1, \frac{1}{2}\right)$, $B\left(3, \frac{9}{2}\right)$, $C\left(-5, \frac{25}{2}\right)$　なので，

点E$(-5, 0)$，点F$(-1, 0)$，点G$(3, 0)$とする。

(1)　傾きは，$\dfrac{\frac{9}{2} - \frac{1}{2}}{3 - (-1)} = 1$

(2)　(1)より，直線CDの方程式を，$y = x + b$とすると点Cを通るから，$\frac{25}{2} = -5 + b$　よって，$b = \frac{35}{2}$, $y = x + \frac{35}{2}$と，$y = \frac{1}{2}x^2$を連立させて，

$$x^2 = 2x + 35$$

整理・因数分解して，$(x + 5)(x - 7) = 0$　$x = -5$, 7だから，$D\left(7, \frac{49}{2}\right)$, H(7, 0)とすると，

台形BGHDの面積は，$(BG + HD) \times GH = \frac{1}{2} \times 29 \times 4 = 58$　…①

台形AFGBの面積は，$\frac{1}{2}(AF + GB) \times FG = \frac{1}{2} \times 5 \times 4 = 10$　…②

台形CEFAの面積は，$\frac{1}{2}(CE + FA) \times 4 = \frac{1}{2} \times 13 \times 4 = 26$　…③

台形CEHDの面積は，$\frac{1}{2}(CE + HD) \times EH = \frac{1}{2} \times 37 \times 12 = 222$　…④

①～④より四角形ABDCの面積は，$222 - 58 - 10 - 26 = 128$

(3)　求める直線の方程式を$y = mx$　…①　とし，

直線①と線分AB，CDとの交点をそれぞれI，Jとする。

(2)より直線CDの方程式は，$y = x + \frac{35}{2}$　…②

直線ABの方程式も同様にして求めると，$y = x + \frac{3}{2}$　…③

点Iのx座標は①，③より，$x = \dfrac{35}{2(m-1)}$　…④

点Jのx座標は①，②より，$x=\dfrac{3}{2(m-1)}$ …⑤

直線②が題意を満たすとき，$IB+JD=\dfrac{1}{2}(AB+CD)$

x座標に着目すると，④，⑤より，

$3-\dfrac{3}{2(m-1)}+7-\dfrac{35}{2(m-1)}=\dfrac{1}{2}(FG+EH)=\dfrac{1}{2}\{3-(-1)+7-(-5)\}=8$

$\dfrac{3}{2(m-1)}+\dfrac{35}{2(m-1)}=\dfrac{19}{m-1}=2,\ 2(m-1)=19$　よって，$m=\dfrac{21}{2}$

ゆえに，題意を満たす直線の方程式は，$y=\dfrac{21}{2}x$

【９】(1)

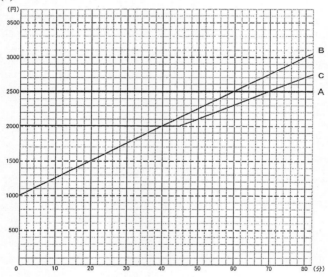

(2)　Cプラン　　(3)　$y=2000$　　変域　$0\leqq x\leqq45$，

$y=20x+1100$　　　変域　$45<x$

〈解説〉(1)　解答参照

(2)　Aプラン2500円，

Bプラン$25\times48+1000=2200$〔円〕，

Cプラン$(48-45)\times20+2000=2060$〔円〕，

よって，最も安いのはCプラン

(3) $x>45$ のとき題意より，$20(x-45)+2000=20x+1100$

よって，$y=2000$（変域：$0\leqq x\leqq 45$），$y=20x+1100$（変域：$45<x$）

【10】(1) 平行四辺形

(2) 対角線BDをひく，

△ABDにおいて，AP＝BP，AS＝DSなので

PS//BD，$PS=\dfrac{1}{2}BD$ …①

△CBDにおいて，同様に

QR//BD，$QR=\dfrac{1}{2}BD$ …②

①，②よりPS//QR，PS＝QR

一組の対辺が平行で等しいので，四角形PQRSは平行四辺形である。

(3) ウ

〈解説〉(1), (2) 解答参照 (3) 授業内容の概要は，「四角形の四辺の4つの中点を結んだ四角形は平行四辺形になる」ことだから，最も適しているのはウである。

【高等学校】

【1】問1 a オ b エ c カ d ウ e イ f ア

問2 あ 数学のよさ い 課題学習

〈解説〉目標と各科目の内容は出題頻度が高いので，整理して覚えておくことが必要である。

【2】問1 $(x^a)'=\alpha x^{a-1}$はx^aにおける指数αが定数である場合に成り立つ。x^xにおける指数xは定数ではないから，$(x^x)'=x\cdot x^{x-1}$とすることはできない。

問2 $x>0$より，$y>0$であるから，$y=x^x$の両辺の自然対数をとると

$\log y=x\log x$ 両辺をxで微分すると，

$\dfrac{y'}{y}=\log x+x\cdot\dfrac{1}{x}=\log x+1$ よって，$y'=y(\log x+1)=x^x(1+\log x)$

〈解説〉解答参照

【３】問1　$a＝-1,\ 2$　　問2　0.7　　問3　30通り

　　問4　$a_n＝2^n(3^n-1)$　　問5　方程式…$\dfrac{(x+3)^2}{25}+\dfrac{y^2}{16}＝1$

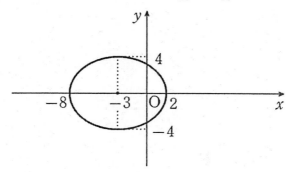

〈解説〉問1　$y＝f(x)＝x^2-2x+2＝(x-1)^2+1$とする。頂点は$(1,\ 1)$，軸は$x＝1$である。題意より，$f(a)＝5$　または，$f(a+1)＝5$　である。

　$f(a)＝(a-1)^2+1＝5$のとき，$(a+1)(a-3)＝0$　よって，$a＝-1,\ 3$

1)　$a＝-1$のとき，$-1\leqq x\leqq 0$　なので，$f(-1)＞f(0)$となり，題意を満たす。　2)　$a＝3$のとき，$3\leqq x\leqq 4$　なので，$f(3)＜f(4)$となり，題意を満たさない。

　$f(a+1)＝a^2+1＝5$のとき，$a＝\pm 2$

3)　$a＝2$のとき，$2\leqq x\leqq 3$　なので，$f(2)＜f(3)$となり，題意を満たす。

4)　$a＝-2$のとき，$-3\leqq x\leqq -2$　なので，$f(-3)＜f(-2)$　となり，題意を満たさない。

1)～4)より，$a＝-1,\ 2$

問2　(相関係数)＝(共分散)÷{(英語の標準偏差)×(国語の標準偏差)}

(共分散)＝{(英語の偏差)×(国語の偏差)の平均}

まず，英語と国語の　1)　偏差＝素点-平均　2)　分散＝(偏差)^{2}の平均　3)　標準偏差＝$\sqrt{分散}$　をそれぞれ求め，上記の公式に代入する。英語の標準偏差は　$\sqrt{2}$　　国語の標準偏差は　$2\sqrt{2}$　　共分散は2.8になるので，相関係数は，$2.8÷(\sqrt{2}×2\sqrt{2})＝0.7$

	①	②	③	④	⑤	合計	平均	
英語	78	79	81	77	80	395	79	
偏差	−1	0	2	−2	1	0	0	
偏差²	1	0	4	4	1	10	2	←分散
	×	×	×	×	×	×	$\sqrt{2}$	←標準偏差
国語	77	79	85	81	83	405	81	
偏差	−4	−2	4	0	2	0	0	
偏差²	16	4	16	0	4	40	8	←分散
	×	×	×	×	×	×	$2\sqrt{2}$	←標準偏差
	×	×	×	×	×	×	4	←標準偏差の積
偏差の積	4	0	8	0	2	14	2.8	←共分散
							0.7	←相関係数

問3　異なる6色をA～Fで表し，さいころの1～6の面に塗り分ける場合の数を求める。回転させて一致する塗り方はすべて同じ塗り方とみなすので，1にAを塗ると決め，相対的な塗り方が何通りあるかを数えると，6の塗り方が5通りあり，その各々に対して残り4色の塗り方が円順列の数になるので，$(4-1)!=6$〔通り〕ある。よって，全部で，$5\times6=30$〔通り〕　　問4　$b_n=\dfrac{a_n}{2^n}$とすると，$b_1=2$，$b_{n+1}=3b_n+2$より $b_{n+1}+1=3(b_n+1)$　　よって，数列$\{b_n+1\}$は公比3の等比数列である。初項は，$b_1+1=3$だから一般項は$b_n+1=3\cdot3^{n-1}=3^n$
よって，$b_n=3^n-1$　ゆえに，$a_n=2^n b_n=2^n(3^n-1)$

問5　与式を変形すると，$5r+3r\cos\theta=16\cdots①$　　①に，$x=r\cos\theta$，$r=\sqrt{x^2+y^2}$を代入して，$5\sqrt{x^2+y^2}=16-3x$　　両辺を2乗して整数すると，$16\cdot(x+3)^2+25y^2=16\cdot25$　　よって，$\dfrac{(x+3)^2}{25}+\dfrac{y^2}{16}=1$の楕円である。

【4】問1　$\log_a M=p$，$\log_a N=q$　とおくと，$a^p=M$，$a^q=N$であるから，$MN=a^p a^q=a^{p+q}$　　よって，$\log_a MN=p+q$　　すなわち，$\log_a MN=\log_a M+\log_a N$　　問2　$x=3$
〈解説〉問1　解答参照　問2　真数条件より，$x+1>0$かつ$x-2>0$
すなわち，$x>2\cdots①$　　題意より，左辺$=\log_2(x+1)(x-2)=2=\log_2 4$

よって，$(x+1)(x-2)=4$

展開整理して，$x^2-x-6=(x+2)(x-3)=0$

①より，$x=3$

【5】問1　点Pは線分ABを1：2に内分するから，

$$\overrightarrow{OP}=\frac{2\overrightarrow{OA}+\overrightarrow{OB}}{1+2}=\frac{2}{3}\vec{a}+\frac{1}{3}\vec{b}$$

点Qは線分PCを5：3に内分するから，

$$\overrightarrow{OQ}=\frac{3\overrightarrow{OP}+5\overrightarrow{OC}}{5+3}=\frac{1}{4}\vec{a}+\frac{1}{8}\vec{b}+\frac{5}{8}\vec{c}$$

点Rは線分OQを1：3に内分するから，

$$\overrightarrow{OR}=\frac{1}{4}\overrightarrow{OQ}=\frac{1}{16}\vec{a}+\frac{1}{32}\vec{b}+\frac{5}{32}\vec{c}$$

点Sは直線AR上にあるから，$\overrightarrow{AS}=t\overrightarrow{AR}$（$t$は実数）とおける。

よって，$\overrightarrow{OS}=(1-t)\overrightarrow{OA}+t\overrightarrow{OR}=\left(1-\frac{15}{16}t\right)\vec{a}+\frac{1}{32}t\vec{b}+\frac{5}{32}t\vec{c}$ …①

点Sは平面OBC上にあるから，$1-\frac{15}{16}t=0$　　すなわち，$t=\frac{16}{15}$

①に代入して，$\overrightarrow{OS}=\frac{1}{30}\vec{b}+\frac{1}{6}\vec{c}$ …②　　問2　5：1　問3　3：2

〈解説〉問1　解答参照　　問2　$\overrightarrow{OT}=x\vec{b}+y\vec{c}$ …③とする。

点Tは直線BC上にあるから，$y=1-x$…④

点Tは直線OS上にあるから，②より，$y=5x$…⑤

④，⑤より，$x=\frac{1}{6}$，$y=\frac{5}{6}$　よって，$\overrightarrow{BT}=\frac{5}{6}\overrightarrow{BC}$，$\overrightarrow{TC}=\frac{1}{6}\overrightarrow{BC}$

ゆえに，BT：TC＝5：1

問3　四面体OABCの体積をV_1，四面体SABTの体積をV_2とすると，

$V_1:V_2=\triangle OBC:\triangle SBT=OT\cdot BC:ST\cdot BT=1:\frac{5}{6}\cdot\frac{4}{5}=3:2$

【6】問1　$x=-1$，$y=1$　　問2　$z=2$のとき，与式は，$2x+3y=11$

$2\cdot(-11)+3\cdot11=11$　より　$2(x+11)+3(y-11)=0$　　よって，

$2(x+11)=-3(y-11)$　　2と3は互いに素であるから，$x+11$は3の倍数

である。したがって，整数kを用いて，$x+11=3k$　と表せる。このとき，$y-11=-2k$　以上より，$x=3k-11$，$y=-2k+11$　（kは任意の整数）

問3　$x=3k-5l-1$，$y=-2k+5l+1$，$z=l$　（k，lは任意の整数）

〈解説〉問1，問2　解答参照　　　問3　問2より，$2x+3y-5z=1$　から，$2\cdot(-11)+3\cdot11-5\cdot2=1$　を引いて　$2(x+11)+3(y-11)-5(z-2)=0$　よって，$2\{x+(5z+1)\}+3\{y-(5z+1)\}=0$　問2と同様に，$x+(5z+1)$は3の倍数だから，整数kを用いて，$x+(5z+1)=3k$

すなわち，$x=3k-5z-1$　と表せる。このとき，$y=-2k+5z+1$　したがって，$z=l$（lは整数）とすると，$x=3k-5l-1$，$y=-2k+5l+1$，$z=l$　（k，lは任意の整数）

【7】問1　（$\theta-\sin\theta$，$1-\cos\theta$）　　　問2　$\dfrac{dx}{d\theta}=1-\cos\theta$，$\dfrac{dy}{d\theta}=\sin\theta$

$\theta\neq0$，2π　より，$\dfrac{dx}{d\theta}=1-\cos\theta\neq0$であるから，

$\dfrac{dy}{dx}=\dfrac{\frac{dy}{d\theta}}{\frac{dx}{d\theta}}=\dfrac{\sin\theta}{1-\cos\theta}$　　　$\tan\dfrac{\pi}{6}=\dfrac{1}{\sqrt{3}}$より，直線$l$の傾きは

$\dfrac{1}{\sqrt{3}}$だから，$\dfrac{\sin\theta}{1-\cos\theta}=\dfrac{1}{\sqrt{3}}$　　　この式を変形すると，

$\sin\left(\theta+\dfrac{\pi}{6}\right)=\dfrac{1}{2}$

傾きが正より，$0<\theta<\pi$であるから，

$\dfrac{\pi}{6}<\theta+\dfrac{\pi}{6}<\dfrac{7}{6}\pi$　　　よって，$\theta+\dfrac{\pi}{6}=\dfrac{5}{6}\pi$　ゆえに，$\theta=\dfrac{2}{3}\pi$

以上より，$Q\left(\dfrac{2}{3}\pi-\dfrac{\sqrt{3}}{2}，\dfrac{3}{2}\right)$　　　問3　直線gの傾きは$-\sqrt{3}$だから，

直線$g：y-\dfrac{3}{2}=-\sqrt{3}\left(x-\dfrac{2}{3}\pi+\dfrac{\sqrt{3}}{2}\right)$　　　ゆえに，$g：y=-\sqrt{3}$

$x+\dfrac{2\sqrt{3}}{3}\pi$

$y=0$とすると，$x=\dfrac{2}{3}\pi$

x	$0 \to \dfrac{2}{3}\pi - \dfrac{\sqrt{3}}{2}$
θ	$0 \to \dfrac{2}{3}\pi$

求める体積をVとすると，

$$V = \pi \int_0^{\frac{2}{3}\pi - \frac{\sqrt{3}}{2}} y^2 dx + \frac{1}{3} \cdot \left(\frac{3}{2}\right)^2 \pi \cdot \frac{\sqrt{3}}{2}$$

$$= \pi \int_0^{\frac{2}{3}\pi} (1-\cos\theta)^2 (1-\cos\theta) d\theta + \frac{3\sqrt{3}}{8}\pi$$

$$= \pi \int_0^{\frac{2}{3}\pi} (1 - 3\cos\theta + 3\cos^2\theta - \cos^3\theta) d\theta + \frac{3\sqrt{3}}{8}\pi$$

$$= \pi \int_0^{\frac{2}{3}\pi} \left(1 - 3\cos\theta + 3 \cdot \frac{1+\cos 2\theta}{2} - \frac{\cos 3\theta + 3\cos\theta}{4}\right) d\theta + \frac{3\sqrt{3}}{8}\pi$$

$$= \pi \int_0^{\frac{2}{3}\pi} \left(\frac{5}{2} - \frac{15}{4}\cos\theta + \frac{3}{2}\cos 2\theta - \frac{1}{4}\cos 3\theta\right) d\theta + \frac{3\sqrt{3}}{8}\pi$$

$$= \frac{5}{3}\pi^2 - \frac{15\sqrt{3}}{8}\pi$$

〈解説〉解答参照

2016年度　実施問題

【中学校】

【1】次の文は，「『中学校学習指導要領解説　数学編』文部科学省(平成20年)第2章　数学科の目標及び内容　第2節　内容　1　内容構成の考え方　(1)　中学校数学科の内容について　③　関数」より一部抜粋したものである。次の【　　】のア～ウに当てはまる言葉を書きなさい。

　　一般に関数関係は目で見ることはできない。そこで，関数関係をとらえるために表，【　ア　】，【　イ　】が用いられる。これらの【　ウ　】を用いて処理したり，相互に関連付けて考察したりすることで，現実の世界における数量の関係を数学の世界で考察することができる。

(☆☆◎◎◎)

【2】次のア～オの中から，yはxに反比例するものをすべて選びなさい。

　ア　350mLのお茶をxmL飲んだときに残ったお茶の量がymL

　イ　底面積が$x$cm²の三角すいの体積が$y$cm³

　ウ　3kmの道のりを分速xmで走ったときの時間がy分

　エ　1辺$x$cmの正三角形の周の長さが$y$cm

　オ　横の長さ$x$cm，縦の長さ$y$cmである長方形の面積が12cm²

(☆☆◎◎◎)

【3】次の問いに答えなさい。

(1)　x，yはともに正の数で$xy＝x－y＝2$の関係がある。x，yの値を求めなさい。

(2)　$144＝a^2－b^2$を満たす2つの自然数a，bの値の組をすべて求めなさい。

(3)　3次方程式$2x^3－3x^2＋x＋2＝0$の解をα，β，γとするとき，$\alpha^3＋\beta^3＋\gamma^3$の値を求めなさい。

(4)　袋の中に，1から5までの番号がふられた同じ大きさの赤玉と白玉が5個ずつ入っている。袋の中の玉をよくかき混ぜてから，玉を1個取り出す。取り出した玉を袋の中に戻し，よくかき混ぜてから玉を1個取り出す。1回目に取り出した玉の番号をx，2回目に取り出した玉の番号をyとし，赤玉を負の数，白玉を正の数としたとき，$x^2+y^2 \leq 16$を満たす確率を求めなさい。

(5)　次の図は，AB＝7cmを直径とする円Oである。AB上にAC＝1cmとなるような点Cをとり，点Cを通るABの垂線をひいて円Oとの交点をそれぞれ点P，点Qとする。

　　このとき，PCの長さを求めなさい。

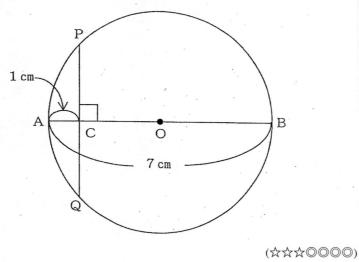

(☆☆☆◎◎◎◎)

【4】地域の資源物回収について調査しているとき，以下のような資料を見つけました。

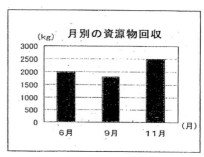

≪買取り単価表≫

新聞紙	・・・3 円/kg
段ボール	・・・2 円/kg
雑誌	・・・1 円/kg
ペットボトル	・・10 円/kg
牛乳パック	・・・4 円/kg
ビン	・・・7 円/kg

※買取り単価は，資源物１kgあたりの買取り価格である。

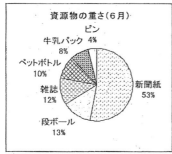

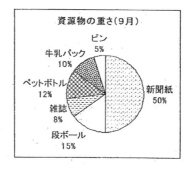

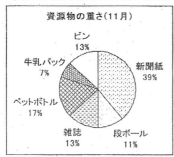

　この資料を見て，11月の資源物回収で一番買い取り金額が高くなった資源物は新聞紙，段ボール，雑誌，ペットボトル，牛乳パック，ビンのうち，どれでしょうか。その答えと金額を書き，選んだ理由を，

言葉や式を使って説明しなさい。

(☆☆◎◎)

【5】中学校2年生に，「平行四辺形の性質」の初めての授業を行っています。康子さんと家夫くんは，「平行四辺形の2組の対角はそれぞれ等しい」ことを，異なる考えで証明しました。

このとき，次の問いに答えなさい。

(1)　康子さんは以下のように証明しました。抜けている一部(　　　)をうめ，証明を完成させなさい。

【康子さんの証明】
平行四辺形ABCDの対角線ACを引く。

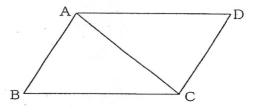

△ABCと△CDAにおいて

(一部)

△ABC≡△CDA
したがって，対応する角はそれぞれ等しいので
∠B＝∠D
同様にして，
∠A＝∠C
よって，∠B＝∠D，∠A＝∠Cより
平行四辺形の2組の対角はそれぞれ等しい。

(2) 家夫くんは，康子さんの考えと異なり，次の図のように補助線を
ひき，三角形の合同条件を用いずに証明しました。

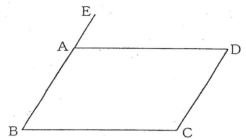

① 家夫くんが考えたと思われる証明をかきなさい。

② 授業者がこの場面で，家夫くんの証明を取り上げた理由として
最も適切なものを，次のア～エの中から1つ選びなさい。

ア 「対辺の長さが等しい」ことにつながる証明であったため

イ 「同様にして」を用いた別証明であったため

ウ 「平行線の性質」を用いた別証明であったため

エ 「平行四辺形の条件」の証明であったため

(☆☆◎◎◎)

【6】 次の図のような，三角すいの形をした容器A－BCDがある。
△ABDは水平で，AE：AB＝AG：AD＝AF：AC＝1：2である。

また，△BCDは，直角二等辺三角形で，点Dに集まる3つの平面はそ
れぞれ垂直に交わっている。

このとき，次の問いに答えなさい。

(1) 三角すいA－BCDと三角すいA－EFGの体積比を求めなさい。

211

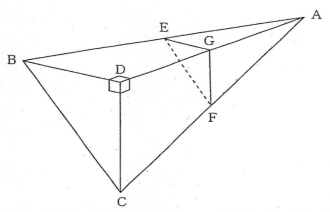

(2)　EFとGF上に中点P，Qをとり，△PFQで容器の内部を仕切る。ま
た，AF上に，AG//RQとなる点Rをとる。三角すいR−PFQの部分に
一定の速さで水を入れ続けたところ，3分で仕切りをこえて容器の
中の水面が2つになった。

　　この後，再び水面が1つになってから，容器全体がいっぱいにな
るまで何分かかるか求めなさい。

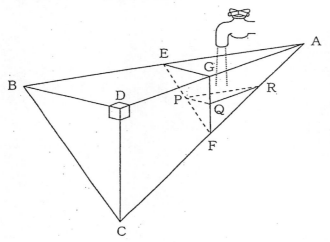

(☆☆☆◎◎◎)

【7】次の図のように，△ABCにおいて，点DはABの中点，点EはACを2：1に分ける点である。点Cと点D，点Bと点Eを結び，CDとBEの交点をFとする。

　このとき，△ABCの面積は△CEFの面積の何倍であるか求めなさい。

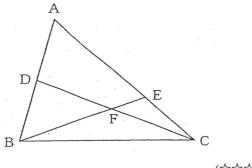

(☆☆☆◯◯)

【8】座標平面上に4点A(−2，0)，B(−4，−4)，C(4，−2)，D(6，2)をとり，四角形ABCDをつくる。

　このとき，あとの問いに答えなさい。

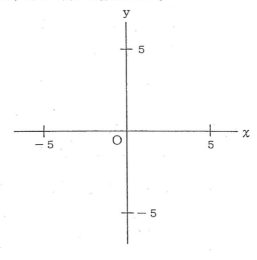

(1)　辺AD上の点をPとする。CP＝DPとなるときの点Pの座標を求めなさい。

(2)　点Pを通って四角形ABCDの面積を2等分する直線の式を求めなさい。

(☆☆☆◎◎◎)

【高等学校】

【1】次の〔1〕，〔2〕の2つの文章は，平成21年3月に告示された高等学校学習指導要領の「第2章　第4節　数学」における，〔1〕は「第1款　目標」，〔2〕は「第2款　各科目　第1　数学Ⅰ　2内容」の一部分である。下の各問いに答えよ。

〔1〕　第1款　目標

　　《　あ　》を通して，数学における基本的な概念や原理，法則の【　Ａ　】を深め，事象を数学的に考察し【　Ｂ　】を高め，創造性の基礎を培うとともに，数学のよさを認識し，それらを積極的に活用して数学的論拠に基づいて判断する態度を育てる。

〔2〕　第2款　各科目　第1　数学Ⅰ　2内容

(4)　データの分析

　　統計の基本的な考えを理解するとともに，それを用いてデータを整理・分析し傾向を把握できるようにする。

　ア　データの散らばり

　　四分位偏差，【　Ｃ　】などの意味について理解し，それらを用いて【　Ｄ　】を把握し，説明すること。

　イ　データの相関

　　散布図や【　Ｅ　】の意味を理解し，それらを用いて二つのデータの相関を把握し説明すること。

問1　文章中の【　Ａ　】から【　Ｅ　】に入る語句を，次の①から⑥よりそれぞれ1つずつ選び，その番号を記入せよ。

①　表現する能力　　　②　体系的な理解　　　③　分散及び標準偏差

④　データの傾向　　　⑤　標本　　　　　　　⑥　相関係数

214

問2　文章中の《　あ　》に入る語句を記入せよ。

問3　次の図は，300人が受験した数学のテストと英語のテストの得点の箱ひげ図である。

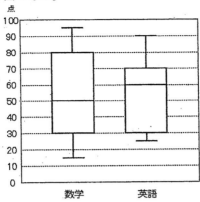

(1)　数学のテストの第3四分位数と四分位偏差を記入せよ。

(2)　この箱ひげ図から読み取れることとして，正しいと断定できるものを次のアからエの中からすべて選び，その番号を記入せよ。ただし，すべて間違っている場合は×と記入せよ。

　ア　75点以上の生徒は，数学のテストでは75人以上，英語のテストでは75人以下である。

　イ　20点台の生徒は，英語のテストにはいるが，数学のテストにはいない。

　ウ　数学のテストの得点が60点台だった生徒は少なくとも一人はいる。

　エ　四分位範囲を比較すると，数学のテストの方が英語のテストより得点の散らばりが大きい。

(☆☆◎◎◎◎)

【2】「関数 $f(x)$ が $f(x)=3x^2+\int_0^1 x f(t)dt$ を満たすとき，$f(x)$ を求めよ。」という問題にSさんは，次のように解答した。あとの各問いに答えよ。

(Sさんの解答)

定積分 $\displaystyle\int_0^1 xf(t)dt$ は上端，下端がともに定数だから，定積分の値は定数である。

よって，$\displaystyle\int_0^1 xf(t)dt = a$（$a$は定数）とおくと，$f(x) = 3x^2 + a$ となる。

このとき，$a = \displaystyle\int_0^1 xf(t)dt = \int_0^1 x(3t^2 + a)dt = \int_0^1 (3t^2 x + ax)dt$

$\qquad\qquad = \Big[t^3 x + atx\Big]_0^1 = x + ax$

したがって，$a = x + ax$

$x = 1$ とすると，$a = 1 + a$ となり，等号が成立しないので，$x \neq 1$ としてよい。

よって，$a = -\dfrac{x}{x-1}$

ゆえに，$f(x) = 3x^2 - \dfrac{x}{x-1}$

問1　Sさんの考え方の間違いを指摘し，間違っている理由をSさんに説明せよ。

問2　この問題の正答例を記入せよ。

(☆☆☆◎◎◎)

【3】次の各問いに答えよ。答えのみ記入せよ。

問1　mを定数とする。関数 $y = mx^2 - x + m - 3$ のグラフとx軸が重なる2点で交わるような定数mの値の範囲を求めよ。

問2　十進法で表された数2015を五進法で表せ。

問3　xについての整式$P(x)$を $(x+1)^2$ で割ると余りが $5x+2$，$x-2$ で割ると余りが3となる。$P(x)$ を $(x+1)^2(x-2)$ で割ったときの余りを求めよ。

問4　△ABCの内心をIとする。$AB = 5$，$BC = 6$，$CA = 7$のとき，$\overrightarrow{AI}$ を $\overrightarrow{AB}$，$\overrightarrow{AC}$ を用いて表せ。

問5　$\left(\dfrac{\sqrt{2} + \sqrt{2}\,i}{2}\right)^{100}$ の値を計算せよ。ただし，iは虚数単位とする。

(☆☆☆◎◎◎)

【4】次の各問いに答えよ。ただし，問2は答えのみ記入せよ。

問1　座標平面上に2直線 $y＝mx$ と $y＝m'x$ がある。ただし，$m＞0$，$m'＜0$ とする。このとき，2直線 $y＝mx$ と $y＝m'x$ が垂直ならば，$mm'＝-1$ が成り立つことを証明せよ。

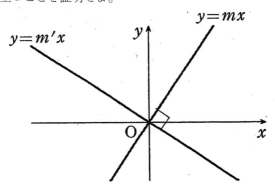

問2　直線 $y＝2x$ に関して，点A(5，5)と対称な点Bの座標を求めよ。

(☆☆☆◎◎◎)

【5】ある種類の細菌を調べたところ，10分ごとに細菌の個数が変化することが分かった。さらに調べると，1個の細菌が10分後に2個，1個，0個になる確率は，それぞれ $\frac{1}{3}$，$\frac{1}{2}$，$\frac{1}{6}$ であった。このとき，次の各問いに答えよ。ただし，問1は答えのみ記入せよ。

問1　この種類の細菌1個が20分後に4個になる確率を求めよ。

問2　この種類の細菌1個が20分後に2個になる確率を求めよ。

(☆☆◎◎◎)

【6】a を定数とする。θ に関する方程式 $\cos2\theta＋2a\cos\theta＋1-2a＝0$ …① について，次の各問いに答えよ。ただし，問1，問2は答えのみ記入せよ。

問1　$a＝\frac{1}{2}$ のとき，方程式①の解を求めよ。ただし，$0\leqq\theta＜2\pi$ とする。

問2　$t=\cos\theta$とおいて，方程式①をtとaを用いて表せ。

問3　$0\leq\theta<2\pi$の範囲において，方程式①が異なる4個の解をもつとき，定数aの値の範囲を求めよ。

(☆☆☆○○○)

【7】eを自然対数の底とする。関数$f(x)=\displaystyle\int_1^e ||\log t-x||dt(x>0)$について，次の各問いに答えよ。ただし，問1，問3は答えのみ記入せよ。

問1　不定積分$\displaystyle\int\log xdx$を求めよ。

問2　$f(x)$をxを用いて表せ。

問3　$f(x)$の最小値とそのときのxの値を求めよ。

(☆☆☆○○○)

解答・解説

【中学校】

【1】ア　式　イ　グラフ　ウ　数学的な表現

〈解説〉「(1)　中学校数学科の内容について」では，「中学校数学科の内容の骨格」として，①〜⑦までが示されており，本問題はそのうちの，「③　関数」の一部である。ア，イは容易にわかるであろう。また，ウの数学的な表現も学習指導要領におけるキーワードなので迷わずに正解したい。

【2】ウ，オ

〈解説〉ア…$y=350-x$と表わされるので，yはxに反比例しない。

イ…三角すいの高さを$h$cmとしたとき，$y=\dfrac{1}{3}hx$と表わされるので，yはxに反比例しない。

ウ…$y=\dfrac{3000}{x}$と表わされるので，yはxに反比例する。

エ…$y=4x$と表わされるので，yはxに反比例しない。

オ…$y=\dfrac{12}{x}$と表わされるので，yはxに反比例する。

よって，正解はウ，オである。

【3】(1) $x=\sqrt{3}+1$　　$y=\sqrt{3}-1$　　(2) $a=13$，$b=5$　　$a=15$，$b=9$　　$a=20$，$b=16$　　$a=37$，$b=35$　　(3) $-\dfrac{15}{8}$　　(4) $\dfrac{8}{25}$

(5) $PC=\sqrt{6}$ cm

〈解説〉(1) $xy=2$ …①

$x-y=2$より，$x=y+2$ …②

②を①に代入して，$y^2+2y-2=0$

$y>0$より，$y=\sqrt{3}-1$

②に代入して，$x=\sqrt{3}+1$

よって，$x=\sqrt{3}+1$　　$y=\sqrt{3}-1$である。

(2) $144=(a+b)(a-b)$

aとbは自然数で，$a>b$より，

$(a+b, a-b)=(144, 1), (72, 2), (48, 3), (36, 4), (24, 6), (18, 8),$

$(16, 9)$

aとbは自然数より，

$(a, b)=(37, 35), (20, 16), (15, 9), (13, 5)$である。

(3) 解と係数の関係より，

$\alpha+\beta+\gamma=\dfrac{3}{2}$　　$\alpha\beta+\beta\gamma+\gamma\alpha=\dfrac{1}{2}$　　$\alpha\beta\gamma=-1$

$\alpha^3+\beta^3+\gamma^3=(\alpha+\beta+\gamma)(\alpha^2+\beta^2+\gamma^2-\alpha\beta-\beta\gamma-\gamma\alpha)+3\alpha\beta\gamma$

$=(\alpha+\beta+\gamma)\{(\alpha+\beta+\gamma)^2-3(\alpha\beta+\beta\gamma+\gamma\alpha)\}$

　$+3\alpha\beta\gamma$

$=\dfrac{3}{2}\left(\dfrac{9}{4}-\dfrac{3}{2}\right)-3=-\dfrac{15}{8}$である。

(4) $x=y=\pm1, \pm2, \pm3, \pm4, \pm5$である。

全事象は$10\times10=100$〔通り〕

$x^2+y^2\leqq16$をみたすのは，

x^2	y^2	x	y	
1	1	±1	±1	4通り
1	4	±1	±2	4通り
1	9	±1	±3	4通り
4	1	±2	±1	4通り
4	4	±2	±2	4通り
4	9	±2	±3	4通り
9	1	±3	±1	4通り
9	4	±3	±2	4通り

となるので，4×8＝32〔通り〕

よって，求める確率は，$\dfrac{32}{100}=\dfrac{8}{25}$である。

(5)　PC＝QCに注意して，方べきの定理より，

AC・CB＝PC・CQ

1・(7－1)＝PC^2

PC＞0なので，PC＝$\sqrt{6}$〔cm〕である。

【4】資源物…ペットボトル　　金額…4250円

　説明…それぞれの資源物の買い取り金額を計算すると，

　新聞紙…………　3円×(2500×0.39)kg＝2925円

　ダンボール……　2円×(2500×0.11)kg＝　550円

　雑誌……………　1円×(2500×0.13)kg＝　325円

　ペットボトル…10円×(2500×0.17)kg＝4250円

　牛乳パック……　4円×(2500×0.07)kg＝　700円

　ビン……………　7円×(2500×0.13)kg＝2275円

　となるので，ペットボトルが4250円で一番買い取り額が高い。

〈解説〉各資源物の金額は，(単価)×(資源物の重さ)で求められる。11月の資源物の総量は，「月別の資源物回収」の棒グラフから2500kgなので，「資源物の重さ(11月)」の円グラフから，各資源物の重さがわかる。

【5】(1)　平行線の錯角は等しいから，

AB//DCより，

∠BAC＝∠DCA　…①

同様に，AD//BCより，

∠ACB＝∠CAD　…②

また，ACは共通　…③

①，②，③より，

1組の辺とその両端の角がそれぞれ等しいから，

(2)　①　【証明】…平行線AD//BCの同位角より，

∠B＝∠EAD　…①

平行線EB//DCの錯角より，

∠D＝∠EAD　…②

①，②から，∠B＝∠D

同様にして，∠A＝∠C

したがって，平行四辺形の2組の対角の大きさはそれぞれ等しい。

②　ウ

〈解説〉(1)，(2)　①　解答参照。

②　ア…「対辺の長さが等しい」ことにはつながらない。

イ…康子さんの証明も「同様にして」を用いている。

ウ…正しい

エ…「平行四辺形の条件」とは，「平行四辺形の定義」を意味し，定義は決めごとであり，証明はできない。

よって，正解はウである。

【6】(1)　8：1　　(2)　111分

〈解説〉(1)　三角すいA－BCDと三角すいA－EFGは相似であり，相似比はAB：AE＝2：1である。よって，体積比は$2^3：1^3＝8：1$である。

(2)　直線RQと辺DCの交点をT，直線RPと辺BCの交点をSとおく。

三角すいA－BCDの体積をV_{A-BCD}と表わすことにする。

$V_{R-PFQ}＝1$とおく。

三角すいR－PFGと三角すいR－SCTは相似であり，相似比は，

RF：RC＝1：3である。

よって，体積比は1^3：3^3＝1：27なので，V_{R-SCT}＝27　…①である。

また，三角すいF－PQRと三角すいF－EGAは相似であり，相似比は

FQ：FG＝1：2である。

よって，体積比は1^3：2^3＝1：8なので，V_{F-EGA}＝8である。

これと(1)より，V_{A-BCD}＝8×8＝64　…②である。

①，②より，求めるのはV_{A-BCD}－V_{R-SCT}＝64－27＝37を満たす時間なので，

37×3＝111〔分〕である。

【7】12倍

〈解説〉△ABEにメネラウスの定理を用いて，

$$\frac{BD}{DA} \cdot \frac{AC}{CE} \cdot \frac{EF}{FB}＝1$$

$$\frac{1}{1} \cdot \frac{3}{1} \cdot \frac{EF}{FB}＝1$$

よって，EF：FB＝1：3

△ABC＝3△BCE

　　　　＝3(4△CEF)

　　　　＝12△CEF

よって，12倍である。

【8】(1)　$P\left(\dfrac{8}{3}, \dfrac{7}{6}\right)$　　(2)　$y＝\dfrac{13}{10}x－\dfrac{23}{10}$　（$13x－10y＝23$）

〈解説〉(1)　P(x, y)とおくと，

$CP^2＝DP^2$より，

$(x－4)^2＋(y＋2)^2＝(x－6)^2＋(y－2)^2$

∴　$x＋2y－5＝0$　…①

直線ADの方程式は，

$y＝\dfrac{2－0}{6＋2}(x＋2)＋0$

$\therefore \quad y = \dfrac{1}{4}x + \dfrac{1}{2} \quad \cdots ②$

②を①に代入して，$x = \dfrac{8}{3}$

②に代入して，$y = \dfrac{7}{6}$

よって，$P\left(\dfrac{8}{3}, \dfrac{7}{6}\right)$である。

(2)　　$AB^2 = 4 + 16 = 20$　　$\therefore$　$AB = 2\sqrt{5}$

　　　　$BC^2 = 64 + 4 = 68$　　$\therefore$　$BC = 2\sqrt{17}$

　　　　$CD^2 = 4 + 16 = 20$　　$\therefore$　$CD = 2\sqrt{5}$

　　　　$DA^2 = 64 + 4 = 68$　　$\therefore$　$DA = 2\sqrt{17}$

よって，$AB = CD$，$BC = AD$なので，四角形ABCDは平行四辺形である。辺BC上に点$Q(x, y)$を$AQ = BQ$となるようにとると，四角形ABQPと四角形CDPQは合同であり，面積は等しい。よって，求める直線は直線PQである。

まず，点$Q(x, y)$の座標を求める。

$AQ^2 = BQ^2$より，

$(x+2)^2 + y^2 = (x+4)^2 + (y+4)^2$

$\therefore \quad x + 2y + 7 = 0 \quad \cdots ③$

直線BCの方程式は，

$y = \dfrac{-4+2}{-4-4}(x+4) - 4$

$\therefore \quad y = \dfrac{1}{4}x - 3 \quad \cdots ④$

④を③に代入して，$x = -\dfrac{2}{3}$

④に代入して，$y = -\dfrac{19}{6}$

よって，$Q\left(-\dfrac{2}{3}, -\dfrac{19}{6}\right)$

以上より，直線PQの方程式は，

$y = \dfrac{\dfrac{7}{6} + \dfrac{19}{6}}{\dfrac{8}{3} + \dfrac{2}{3}}\left(x - \dfrac{8}{3}\right) + \dfrac{7}{6}$

$$=\frac{13}{10}\left(x-\frac{8}{3}\right)+\frac{7}{6}$$

$$=\frac{13}{10}x-\frac{23}{10}\quad(13x-10y=23)\text{である。}$$

【高等学校】

【1】問1　A　②　　　B　①　　　C　③　　　D　④　　　E　⑥

　　問2　数学的活動　　　問3　(1)　第3四分位数…80〔点〕

　　四分位偏差…25〔点〕　　(2)　ア，エ

〈解説〉問1　「数学Ⅰ」は必履修科目である。「数学Ⅰ」の内容は，「(1)　数と式」「(2)　図形と計量」「(3)　二次関数」「(4)　データの分析」で構成されている。(1)～(3)についても確認しておくこと。

　　問2　教科の目標は，正確に書けるように全文を覚える必要がある。

　　問3　(1)　数学のテストの第1四分位数をQ_1，第3四分位数をQ_3とおく。

・第3四分位数は，箱ひげ図より80点である。

・第1四分位数は箱ひげ図より30点なので，四分位偏差は

$\dfrac{Q_3-Q_1}{2}=\dfrac{80-30}{2}=25$〔点〕である。

(2)　ア…数学のテストの第3四分位数は80点なので75人以上おり，英語のテストの第3四分位数は70点なので75人以下である。よって，正しい。

イ…20点台の生徒は英語のテストにはいないが，数学のテストにはいる。よって，正しくない。

ウ…数学のテストの得点が60点台だった生徒は少なくとも一人はいる，と断定はできない。よって正しくない。

エ…数学のテストの四分位範囲は，$80-30=50$〔点〕

英語のテストの四分位範囲は，$70-30=40$〔点〕となり，数学のテストの方が大きいので，正しい。よって，ア，エ　が正しい。

【2】問1　定積分$\displaystyle\int_0^1 xf(t)dt$の値は定数であるとしたことが間違いである。積分定数ではないxは定数とみなされ，$\displaystyle\int_0^1 xf(t)dt=x\int_0^1 f(t)dt$とな

るので，定積分 $\displaystyle\int_0^1 xf(t)dt$ は，x の関数となる。

よって，定積分 $\displaystyle\int_0^1 xf(t)dt$ は定数とはならない。

問2　$f(x)=3x^2+x\displaystyle\int_0^1 f(t)dt$

$\displaystyle\int_0^1 f(t)dt=a$（$a$ は定数）とおくと，$f(x)=3x^2+ax$ となる。

このとき，$a=\displaystyle\int_0^1 f(t)dt=\int_0^1(3t^2+at)dt=\left[t^3+\dfrac{a}{2}t^2\right]_0^1=1+\dfrac{a}{2}$

したがって，$a=2$

ゆえに，$f(x)=3x^2+2x$

〈解説〉解答参照。

【3】問1　$\dfrac{3-\sqrt{10}}{2}<m<0$, $0<m<\dfrac{3+\sqrt{10}}{2}$　　　問2　$31030_{(5)}$

　　問3　$-x^2+3x+1$　　　問4　$\overrightarrow{\text{AI}}=\dfrac{7}{18}\overrightarrow{\text{AB}}+\dfrac{5}{18}\overrightarrow{\text{AC}}$　　　問5　-1

〈解説〉問1　条件をみたすには，

$\begin{cases} m\neq 0 \\ \text{判別式が正} \end{cases}$ が必要である。

判別式 $=(-1)^2-4m(m-3)>0$

$4m^2-12m-1<0$

よって，$\dfrac{3-\sqrt{10}}{2}<m<\dfrac{3+\sqrt{10}}{2}$

以上より，$\dfrac{3-\sqrt{10}}{2}<m<0$, $0<m<\dfrac{3+\sqrt{10}}{2}$ である。

問2

```
5 ) 2015
5 )  403 ……0
5 )   80 ……3
5 )   16 ……0
        3 ……1
```

よって，$31030_{(5)}$ である。

問3　$P(x)=(x+1)^2Q(x)+5x+2$ …①

$P(x)=(x-2)R(x)+3$ とおくと,

$P(2)=3$　…②である。

$P(x)=(x+1)^2(x-2)S(x)+ax^2+bx+c$ とおくと,

$P(x)=(x+1)^2\{(x-2)S(x)+a\}+dx+e$ とおくと, ①より $dx+e=5x+2$ なので,

$P(x)=(x+1)^2\{(x-2)S(x)+a\}+5x+2$ である。

ここで, $P(2)=9a+12=3$ となり, ($\because$ ②), $a=-1$ である。

よって, $P(x)=(x+1)^2\{(x-2)S(x)-1\}+5x+2$

$\qquad\qquad =(x+1)^2(x-2)S(x)-(x+1)^2+5x+2$

$\qquad\qquad =(x+1)^2(x-2)S(x)-x^2+3x+1$

よって, 求める余りは, $-x^2+3x+1$ である。

問4

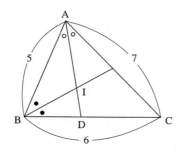

直線AIと辺BCの交点をDとおく。

△ABCの内心がエなので,

BD：CD＝AB：AC＝5：7

よって, $BD=6\times\dfrac{5}{5+7}=\dfrac{5}{2}$

また, $AI：DI＝BA：BD＝5：\dfrac{5}{2}＝2：1$

以上より, $\overrightarrow{AI}=\dfrac{2}{3}\overrightarrow{AD}$

$\qquad\qquad =\dfrac{2}{3}\left(\dfrac{7}{12}\overrightarrow{AB}+\dfrac{5}{12}\overrightarrow{AC}\right)$

$\qquad\qquad =\dfrac{7}{18}\overrightarrow{AB}+\dfrac{5}{18}\overrightarrow{AC}$ である。

問5 $\dfrac{\sqrt{2}+\sqrt{2}\,i}{2} = \dfrac{\sqrt{2}}{2} + \dfrac{\sqrt{2}}{2}\,i$

$= \sqrt{\left(\dfrac{\sqrt{2}}{2}\right)^2 + \left(\dfrac{\sqrt{2}}{2}\right)^2}\left(\cos\dfrac{\pi}{4} + i\sin\dfrac{\pi}{4}\right)$

$= \cos\dfrac{\pi}{4} + i\sin\dfrac{\pi}{4}$

$\therefore \left(\dfrac{\sqrt{2}+\sqrt{2}\,i}{2}\right)^{100} = \cos\left(\dfrac{\pi}{4}\times100\right) + i\sin\left(\dfrac{\pi}{4}\times100\right)$

$= \cos25\pi + i\sin25\pi$

$= \cos\pi + i\sin\pi$

$= -1$である。

【4】 問1 直線$y=mx$上に点P$(1,\ m)$を，直線$y=m'x$上に点Q$(1,\ m')$をそれぞれとる。

△OPQは直角三角形であるので，

三平方の定理を利用すると，PQ^2＝OP^2＋OQ^2

よって，$(m-m')^2 = (1+m^2) + \{1+(m')^2\}$

$m^2 - 2mm' + (m')^2 = m^2 + (m')^2 + 2$

ゆえに，$mm' = -1$

問2 B$(1,\ 7)$

〈解説〉問1 解答参照。

問2

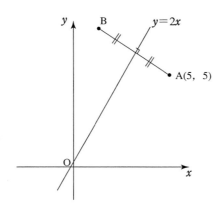

B(p, q)とおくと，線分ABの垂直二等分線が直線$y＝2x$である。

・線分ABの中点$\left(\dfrac{p+5}{2}, \dfrac{q+5}{2}\right)$が直線$y＝2x$上にあるので，代入して，

$$\dfrac{q+5}{2}＝2\cdot\dfrac{p+5}{2}$$

∴　$q＝2p+5$　…①

・直線ABと直線$y＝2x$は垂交するので，

$$\dfrac{q-5}{p-5}\cdot2＝-1$$

∴　$p＝-2q+15$　…②

①を②に代入して

$p＝-4p-10+15$

∴　$p＝1$

①に代入して，$q＝7$

∴　B(1, 7)である。

【5】問1　$\dfrac{1}{27}$　　問2　1個の細菌が20分後に2個になるのは，次の(i)，(ii)の場合である。

(i)　10分後に1個で，20分後に2個になる場合

その確率は$\dfrac{1}{2}\times\dfrac{1}{3}＝\dfrac{1}{6}$

(ii)　10分後に2個で，20分後に2個になる場合

10分後の2個の細菌をA，Bとすると，細菌A，Bに変化したさらに10分後に，次の①～③の場合に変化するとき，条件を満たす。

①Aが2個，Bが0個　　②Aが1個，Bが1個　　③Aが0個，Bが2個

①～③は互いに排反であるので，

その確率は，$\dfrac{1}{3}\times\left(\dfrac{1}{3}\cdot\dfrac{1}{6}+\dfrac{1}{2}\cdot\dfrac{1}{2}+\dfrac{1}{6}\cdot\dfrac{1}{3}\right)＝\dfrac{13}{108}$

(i)，(ii)は互いに排反であるので，

求める確率は，$\dfrac{1}{6}+\dfrac{13}{108}＝\dfrac{31}{108}$

〈解説〉条件を満たすには，10分後に2個になった細菌が，それぞれ次の10分後に2個になればよい。よって，$\dfrac{1}{3}\times\left(\dfrac{1}{3}\times\dfrac{1}{3}\right)＝\dfrac{1}{27}$である。

問2　解答参照。

【6】問1　$\theta = \dfrac{\pi}{3}$，π，$\dfrac{5}{3}\pi$　　　問2　$t^2 + at - a = 0$

問3　$0 \le \theta < 2\pi$ だから，$t = \cos\theta$ は $-1 < t < 1$ のとき解 θ を2個もつ。

よって，方程式①が異なる4個の解をもつ必要十分条件は，

$t^2 + at - a = 0$ が $-1 < t < 1$ において，異なる2つの実数解をもつことである。

$f(t) = t^2 + at - a = \left(t + \dfrac{a}{2}\right)^2 - \dfrac{a^2}{4} - a$ とおくと，

$y = f(t)$ のグラフが t 軸の $-1 < t < 1$ の部分と異なる2点で交わればよい。

$f(t) = 0$ の判別式 $D = a^2 + 4a > 0$ より，$a < -4$，$0 < a$　…②

軸：直線 $t = -\dfrac{a}{2}$ において，$-1 < -\dfrac{a}{2} < 1$ より，$-2 < a < 2$　…③

$f(-1) = 1 - 2a > 0$ より，$a < \dfrac{1}{2}$　…④

$f(1) = 1$ より，$f(1) > 0$ をみたす。　…⑤

②～⑤より，$0 < a < \dfrac{1}{2}$

〈解説〉問1　$a = \dfrac{1}{2}$ を①に代入して，

$\cos 2\theta + \cos\theta = 0$

$2\cos^2\theta - 1 + \cos\theta = 0$

$2\cos^2\theta + \cos\theta - 1 = 0$

$(2\cos\theta - 1)(\cos\theta + 1) = 0$

$\therefore$　$\cos\theta = \dfrac{1}{2}$，$-1$

$0 \le \theta < 2\pi$ より

$\theta = \dfrac{\pi}{3}$，π，$\dfrac{5}{3}\pi$ である。

問2　①より，$2\cos^2\theta - 1 + 2a\cos\theta + 1 - 2a = 0$

$2\cos^2\theta + 2a\cos\theta - 2a = 0$

$\cos^2\theta + a\cos\theta - a = 0$

$\cos\theta = t$ とおいて，

$t^2 + at - a = 0$ である。

問3　解答参照。

【７】問1　$x\log x - x + C$　(Cは積分定数)

問2　$\log t - x = 0$とすると，$\log t = x$より$t = e^x$

(i)　$1 < e^x \leqq e$のとき，すなわち$0 < x \leqq 1$のとき，

$$f(x) = \int_1^{e^x} (-\log t + x)dt + \int_{e^x}^e (\log t - x)dt$$

$$= \Big[-(t\log t - t) + xt\Big]_1^{e^x} + \Big[t\log t - t - xt\Big]_{e^x}^e$$

$$= -(e^x \cdot x - e^x) + xe^x - (1 + x) + (e - e - ex) - (e^x \cdot x - e^x - xe^x)$$

$$= 2e^x - (e+1)x - 1$$

(ii)　$e < e^x$のとき，すなわち$1 < x$のとき，

$$f(x) = \int_1^e (-\log t + x)dt$$

$$= \Big[-(t\log t - t) + xt\Big]_1^e$$

$$= -(e - e) + ex - (1 + x)$$

$$= (e-1)x - 1$$

(i)，(ii)より，$f(x) = \begin{cases} 2e^x - (e+1)x - 1 & (0 < x \leqq 1) \\ (e-1)x - 1 & (1 < x) \end{cases}$

問3　$x = \log\dfrac{e+1}{2}$のとき　最小値$e - (e+1)\log\dfrac{e+1}{2}$

〈解説〉問1　部分積分法を用いると，

$$\int \log x \, dx = \int x' \log x \, dx$$

$$= x\log x - \int x \cdot \frac{1}{x} dx$$

$$= x\log x - x + C \ (Cは積分定数)である。$$

問2　解答参照。

問3　問2より，

(i)　$0 < x \leqq 1$のとき，

$f'(x) = 2e^x - e - 1 = 0$とおくと，

$$e^x = \frac{e+1}{2} \quad \cdots ①$$

$$\therefore \quad x = \log\frac{e+1}{2}$$

ここで，$x = \log\dfrac{e+1}{2}$が$0 < x \leqq 1$の範囲にあるかどうかを調べる。

$0 < x \leqq 1$

$\therefore \quad 1 < e^x < e \quad (\because \quad 問2)$

$1 < \dfrac{e+1}{2} < e \quad (\because \quad ①)$

$0 < \log \dfrac{e+1}{2} < 1$

よって，$x = \log \dfrac{e+1}{2}$は$0 < x \leqq 1$の範囲にある。

(ii)　$1 < x$のとき，

$f'(x) = e - 1 > 0$

(i), (ii)より，増減表は次のようになる。

x	0	$\cdots\cdots$	$\log\dfrac{e+1}{2}$	$\cdots\cdots$	1	$\cdots\cdots$
$f'(x)$		$-$	0	$+$	$+$	$+$
$f(x)$		$\searrow$	最小値	$\nearrow$	$\nearrow$	$\nearrow$

$f\left(\log\dfrac{e+1}{2}\right) = 2e^{\log\frac{e+1}{2}} - (e+1)\log\dfrac{e+1}{2} - 1$

$\qquad\qquad\qquad = e - (e+1)\log\dfrac{e+1}{2}$

よって，

$x = \log\dfrac{e+1}{2}$のとき，最小値$e - (e+1)\log\dfrac{e+1}{2}$をとる。

【中学校】

【1】「中学校学習指導要領解説数学編」文部科学省(平成20年)に記述されている「数学的な推論」について，次の【　　】の中に当てはまる言葉を書きなさい。

　　数学的な推論には，主なものとして【　　】，【　　】，【　　】があり，それらは数や図形の性質などを見いだしたり，数学を利用したり，数学的に説明し伝え合ったりする際に重要なはたらきをする。

(☆☆☆◎◎◎)

【2】次の問いに答えなさい。

(1)　$a=1+\sqrt{2}$，$b=2+\sqrt{5}$，$c=4+\sqrt{10}$ のとき，
　　$abc-bc-4ab-2ac+2c+8a+4b-8$の値を求めなさい。

(2)　$\sqrt{4961-(11n)^2}$が整数となる自然数nをすべて求めなさい。

(3)　$y=x\sqrt{6-x^2}$ $(0\leqq x<\sqrt{6})$のとき，極大値を求めなさい。

(☆☆☆◎◎◎)

【3】中学校の学習内容で「yがxの関数である」ものを次のア～オの中からすべて選びなさい。

ア　ペットボトルに入っている500mLのお茶をxmL飲んだときに残ったお茶の量ymL

イ　底面積が$x$cm^{2}の円錐の体積$y$cm^3

ウ　身長が$x$cmの人の体重$y$kg

エ　自然数xの倍数y

オ　整数xの絶対値y

(☆☆☆◎◎◎)

【4】 下の図のような，AB＝8，BC＝6，CA＝4の△ABCがある。点Eは
△ABCの内心で，直線AEを延長した線とBCとの交点をDとする。こ
のとき，次の問いに答えなさい。

(1)　cosBを求めなきい。

(2)　ADの長さを求めなさい。

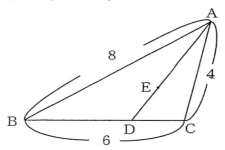

(☆☆☆◎◎)

【5】 次の図のような，底面の直径PQが6cm，母線AQの長さが12cmの円
錐がある。点Mは点Pを出発し，円錐の側面上を動き，線分AQ上の1点
を通って点Pに戻ってくる。このとき，点Mが動く最短の距離を求め
なさい。

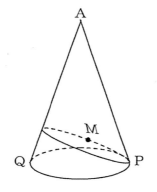

(☆☆☆◎◎)

【6】 次の図のような，3点A(2，6)，B(3，1)，C(5，2)を頂点とする
△ABCがある。さいころを2回投げて，1回目に出た目の数をa，2回目
に出た目の数をbとして，$y=ax+b-4$のグラフをかくとき，このグラ
フが△ABCの辺上の点を通る確率を求めなさい。

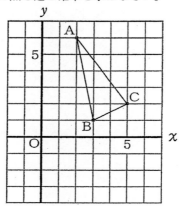

(☆☆☆◎◎◎)

【7】 A中学校とB中学校では，1年生がハンドボール投げの記録を測定し
ました。次の度数分布表は，その結果を学校ごとにまとめたものです。

階級(m)	A中学校	B中学校
	度数(人)	度数(人)
以上　未満		
0〜5	2	1
5〜10	11	2
10〜15	16	10
15〜20	30	16
20〜25	25	19
25〜30	13	11
30〜35	3	1
合計	100	60

　この度数分布表をもとに，全体の人数に対するハンドボール投げの記録が20m未満の生徒の割合は，A中学校とB中学校でどちらが大きいかを調べます。その方法について，次のア～オの中から正しいものを1つ選びなさい。

ア　A中学校，B中学校の20m未満の階級の度数をそれぞれ合計して，その大小を比較する。

イ　A中学校，B中学校の20m未満のそれぞれの階級の相対度数を求め，その相対度数をA中学校，B中学校ごとに合計して，その大小を比較する。

ウ　A中学校，B中学校の15m以上20m未満の階級の度数の大小を比較する。

エ　A中学校，B中学校の15m以上20m未満の階級の相対度数を求めて，大小を比較する。

オ　A中学校とB中学校では人数が違うので，比較することはできない。

(☆☆☆◎◎◎)

【8】あとの図で，①は放物線$y=x^2$，②は直線$y=x+2$であり，①と②の交点をA，Bとする。2点P，Qは①の放物線上にあり，③はP，Qを通る直線である。また，△APBと△AQBの面積は，どちらも△AOBの面積に等しい。線分AP，BQの交点をRとするとき，次の問いに答えなさい。

(1)　点Qのx座標を求めなさい。

(2)　△ARBと△PRQの面積比を求めなさい。

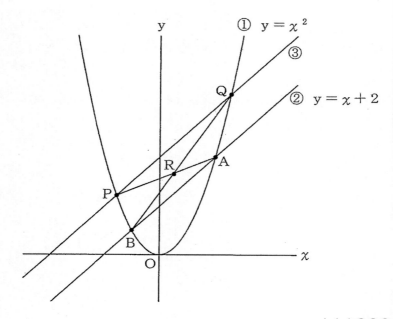

(☆☆☆○○○)

【9】次の命題について，図をかいてから証明しなさい。

　　正方形ABCDの対角線BD上に，BC＝BEとなるように点Eをとり，点
　Eからの垂線をひき，DCとの交点をFとする。このとき，BC＋
　CF＝BDとなる。

(☆☆☆○○○)

【10】あなたは数学の教員として，中学校2年生の「図形」の学習で，次
　の図のような星形の図形の先端にできる7つの角の大きさの和(∠A＋∠B
　＋∠C＋∠D＋∠E＋∠F＋∠G)について考える授業を行っています。
　生徒は，既に学習した図形の性質(ア～カ)を使って，星形の図形の先
　端にできる7つの角の大きさの和を，補助線をひいていろいろな考え
　方で求めています。

このとき，下の問いに答えなさい。なお，図形の性質を用いる場合には，記号(ア〜カ)を使ってもよいこととします。

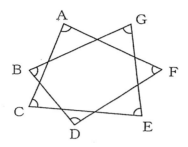

＜既に学習した図形の性質＞

ア　対頂角は等しい。

イ　2直線が平行ならば，同位角，錯角は等しい。

ウ　三角形の内角の和は，180度である。

エ　三角形の外角は，それととなり合わない2つの内角の和に等しい。

オ　n角形の内角の和は，$180(n-2)$度である。

カ　多角形の外角の和は，360度である。

(1)　かおりさんは，次の図のような補助線DHをひいて求めました。補助線DHを用いた求め方と答えを，式や性質を使ってかきなさい。

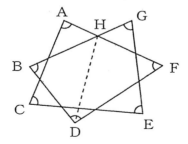

(2)　かおりさんとは異なる考え方になるように，別の補助線をひいて，その求め方と答えを，式や性質を使ってかきなさい。

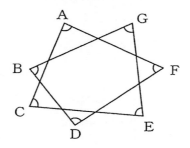

(☆☆☆◎◎◎)

【高等学校】

【1】次の〔1〕，〔2〕の2つの文章は，高等学校学習指導要領解説数学編理数編(平成21年12月)の「第1部数学編」における，〔1〕は「第1章総説第1節改訂の趣旨2改訂の趣旨イ改善の具体的事項」，〔2〕は「第2章各科目第1節数学Ⅰ」の「1性格」及び「2目標」の一部分である。あとの各問いに答えよ。

〔1〕　高等学校においては，目標について，高等学校における数学学習の意義や有用性を一層重視し改善する。また，科目構成及びその内容については，数学学習の系統性と生徒選択の【　①　】，生徒の学習意欲や数学的な【　②　】を高めることなどに配慮し改善する。

(ア)　科目構成は，「数学Ⅰ」，「数学Ⅱ」，「数学Ⅲ」，「数学A」，「数学B」及び「≪あ≫」とする。

　……(イ)から(オ)は略……

(カ)　「数学Ⅰ」，「数学Ⅱ」，「数学Ⅲ」はこの順に履修するものとする。また「数学A」は「数学Ⅰ」と【　③　】またはその後の履修，「数学B」は「数学Ⅰ」の後に履修するものとする。

〔2〕　第1節　数学Ⅰ

1　性格

　この科目は，今回の改訂で数学科の【　④　】科目となった。したがって，この科目は，この科目だけで高等学校数学の履修を終える生徒と引き続き他の科目を履修する生徒の双方に配慮し，高等学校数学としてまとまりをもつとともに他の科目を履修するための基礎となるよう，「(1)数と式」，「(2)図形と計量」，「(3)二次関数」及び「(4)データの分析」の四つの内容で構成した。これらの内容は，生徒が学習する際，中学校数学と円滑に接続できるよう，中学校数学の「A　数と式」，「B　図形」，「C　関数」，「D　≪い≫　」の4領域構成を継承したものでもある。

　また，この科目には課題学習を位置付けて数学的活動を一層重視し，生徒の【　⑤　】な学習を促すとともに，≪う≫を認識できるようにしている。

2　目標

　数と式，図形と計量，二次関数及びデータの分析について理解させ，基礎的な知識の習得と技能の習熟を図り，事象を数学的に【　⑥　】する能力を培い，≪う≫を認識できるようにするとともに，それらを活用する態度を育てる。

問1　文章中の【　①　】から【　⑥　】に入る語句を，次のアからカよりそれぞれ1つずつ選び，その記号を記入せよ。

ア　主体的　　　　　イ　思考力・表現力　　　ウ　考察
エ　共通必履修　　　オ　多様性　　　　　　　カ　並行履修

問2　数学Ⅰの標準単位数を記入せよ。

問3　文章中の≪あ≫，≪う≫に入る語句を記入せよ。

問4　文章中の≪い≫に入る語句を，次のアからエより1つ選び，その記号を記入せよ。

ア　データの整理　　イ　資料の整理
ウ　資料の活用　　　エ　数量関係

(☆☆☆◎◎◎)

【２】「関数$y＝4^x＋4^{-x}－2(2^x＋2^{-x})＋1$の最小値を求めよ。」という問題に高校生のSさんは，次のように解答した。下の各問いに答えよ。

(Sさんの解答)

　　$t＝2^x＋2^{-x}$とおくと，

　　$2^x＞0$，$2^{-x}＞0$より，$t＞0$…①

　　またyをtを用いて表すと，$y＝t^2－2t－1$となるから，これを変形すると$y＝(t－1)^2－2$となる。

　　①より$t＝1$のとき，最小値は$－2$となる。

　問1　Sさんの考え方の間違いを指摘し，Sさんに説明せよ。

　問2　この問題の正答例を記入せよ。

(☆☆☆◎◎◎)

【３】次の各問いに答えよ。答えのみ記入せよ。

　問1　赤玉3個と白玉6個が入っている袋から，玉を1個ずつ2個取り出す。ただし，取り出した玉は袋に戻さないものとする。2個目に取り出した玉が赤玉であるとき，最初に取り出した玉が赤玉である確率を求めよ。

　問2　等式$3x＋7y＝68$を満たす自然数の組$(x，y)$をすべて求めよ。

　問3　$0≦θ＜2π$のとき，不等式$\sin θ＋\sqrt{3}\cos θ＋1＞0$を解け。

　問4　座標空間に4点A$(1，－2，3)$，B$(－2，1，6)$，C$(4，3，－10)$，D$(－3，6，k)$がある。この4点が同一平面上にあるようにkの値を求めよ。

　問5　曲線$4x^2－16x＋9y^2－18y－11＝0$の焦点の座標を求めよ。

(☆☆☆◎◎◎)

【４】次の各問いに答えよ。ただし，問2は答えのみ記入せよ。

　問1　$\lim\limits_{x→0}\dfrac{\sin x}{x}＝1$であることを利用して，関数$\sin x$の導関数が$\cos x$であることを証明せよ。

　問2　方程式$2\sin x－\sin 2x－k＝0$が$0≦x≦π$で異なる2つの実数解をもつとき，定数kの値の範囲を求めよ。

(☆☆☆◎◎◎)

【5】 定数aを正の実数とする。曲線$C：y＝2x^2－a(x≧0)$があり，原点をOとする。点Pが曲線C上を動くとき，次の各問いに答えよ。ただし，問1は答えのみ記入せよ。

問1　点Pのx座標をtとしたとき，線分OPの長さを求めよ。

問2　線分OPの長さの最小値を求めよ。

(☆☆☆◎◎◎)

【6】 数列$\{a_n\}(n＝1，2，3\cdots\cdots)$は，$\log_2 a_n－(n＋1)\log_{a_n}2－n＝0$，$a_n＞1$を満たしている。次の各問いに答えよ。ただし，問1は答えのみ記入せよ。

問1　一般項a_nを求めよ。

問2　$b_n＝\dfrac{1}{n}(\log_{a_n}a_{n+1}－1)(n＝1，2，3，\cdots\cdots)$を満たすとき，数列$\{b_n\}$の一般項$b_n$を求めよ。また，数列$\{b_n\}$の初項から第$n$項までの和を求めよ。

(☆☆☆◎◎◎)

【7】 あとの図のように，1辺の長さがaの立方体ABCD―EFGHがある。面AEFB上にPE＝aとなる点Pをとり，面CBFG上にQG＝aとなる点Qをとる。次の各問いに答えよ。ただし，問1は答えのみ記入せよ。

問1　弧AP，弧FP，弧CQ，弧FQの長さがすべて等しくなるような点P，点Qをとるとき，線分PQの長さをaを用いて表せ。

問2　線分PQが面ABCDに平行となるように，点Pが弧AF上を点Fから点Aまで，点Qが弧CF上を点Fから点Cまで動く。線分PQが動いてできる曲面によって，立方体ABCD―EFGHは2つの部分に分けられる。このとき，小さい方の立体の体積を求めよ。

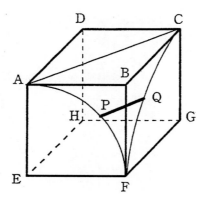

(☆☆☆◎◎◎)

解答・解説

【中学校】

【１】帰納，類推，演繹

〈解説〉『中学校学習指導要領解説　数学編』第2章第2節「1　内容構成の考え方」「(1)中学校数学科の内容について」の「⑥　数学的な推論」の記述の一部である。帰納は，特別な場合についての観察，操作や実験などの活動に基づいて，それらを含んだより一般的な結果を導き出す推論である。類推は，似たような条件のもとでは，似たような結果が成り立つであろうと考えて，新しい命題を予想する推論である。演繹は，前提となる命題から論理の規則にしたがって必然的な結論を導き出す推論である。

【２】(1)　10　　(2)　4，5　　(3)　3

〈解説〉(1)　$abc-bc-4ab-2ac+2c+8a+4b-8$

$=(a-1)bc-(a-1)\cdot 4b-(a-1)\cdot 2c+(a-1)\cdot 8$

$=(a-1)(bc-4b-2c+8)$

$=(a-1)(b-2)(c-4)$

ここで，$a=1+\sqrt{2}$，$b=2+\sqrt{5}$，$c=4+\sqrt{10}$ から$a-1=\sqrt{2}$，

$b-2=\sqrt{5}$，$c-4=\sqrt{10}$ であり，

$abc-bc-4ab-2ac+2c+8a+4b-8=\sqrt{2}\cdot\sqrt{5}\cdot\sqrt{10}=10$

(2) $\sqrt{4961-(11n)^2}=\sqrt{11^2\cdot41-(11n)^2}=11\sqrt{41-n^2}$

nが自然数であるとき，$41-n^2\leqq40$であるため，

$41-n^2=36,\ 25,\ 16,\ 9,\ 4,\ 1$

これらのうち，nが自然数となるものは，$41-n^2=25$，16でnの値は，

それぞれ，4，5である。

(3) $y=x\sqrt{6-x^2}$から，

$$y'=\sqrt{6-x^2}+x\cdot\frac{-2x}{2\sqrt{6-x^2}}=\frac{6-x^2-2x^2}{\sqrt{6-x^2}}=2\cdot\frac{(\sqrt{3}-x)(\sqrt{3}+x)}{\sqrt{6-x^2}}$$

したがって，yの増減表は以下のようになる

x	0	$\cdots$	$\sqrt{3}$	$\cdots$	$(\sqrt{6})$
y'		$+$	0	$-$	
y	0	↗	3	↘	

$x=\sqrt{3}$ で，yは極大値3をとる。

【3】ア，オ

〈解説〉ア y〔mL〕$=(500-x)$〔mL〕と表せる。 イ 円錐の高さをh〔cm〕として，y〔cm³〕$=\frac{1}{3}\times h$〔cm〕$\times x$〔cm²〕と表せるが，これは，yが，xと無関係な数hにも依存していることを意味している。 ウ 筋肉量や骨密度など，身長以外の要素にも依存する。 エ 自然数xに対して，その倍数はx，$2x$，$3x$，…と無数に存在し，1つに定まらない。 オ xが正または0ならば$y=x$，xが負ならば$y=-x$と，ただ1つに決まる。

【４】(1)　$\cos B = \dfrac{7}{8}$　　(2)　$AD = 2\sqrt{6}$

〈解説〉(1)　△ABCに余弦定理を適用する。

$\cos \angle B = \dfrac{8^2 + 6^2 - 4^2}{2 \cdot 8 \cdot 6} = \dfrac{7}{8}$

(2)　直線ADは，∠BACの二等分線であることから，

BD：DC＝AB：AC＝8：4＝2：1

したがって，BD＝4である。

余弦定理から，

$AD = \sqrt{8^2 + 4^2 - 2 \cdot 8 \cdot 4 \cdot \dfrac{7}{8}}$

$\quad = \sqrt{24}$

$\quad = 2\sqrt{6}$

【５】$12\sqrt{2}$ cm

〈解説〉

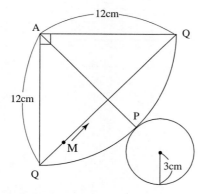

この立体の展開図を考える。

母線の長さが12cmであることから，側面は，半径12cmのおうぎ形となる。

底面の半径が3cmであることから，その円周は6πcmであり，このことから，

おうぎ形の弧の部分の長さは6πcmであることがわかる。したがって，

中心角の大きさは，

$$360°×\frac{6\pi}{12×2×\pi}=90°$$

したがって，点Mが動く最短の距離は，$12\sqrt{2}$〔cm〕

【6】$\frac{1}{2}$

〈解説〉a，bは1以上6以下の自然数であることから，

$y=ax+b-4\geqq x-3$

これに，$x=5$を代入すると，

$y\geqq2$

したがって，直線$y=ax+b-4$のグラフは，直線ACの，y座標が2以上の部分を必ず通る。

また，$y=ax+b-4$に，$x=2$を代入すると，$y=2a+b-4$となる。aが6，5のとき，$y\geqq7$となり，

直線ACの，y座標が6より大きい部分を通る。また$a=4$，$b\geqq3$と，$a=3$，$b\geqq5$のときも同様である。

したがって，直線のグラフが△ABCの辺上を通らない確率は

$\frac{6+6+4+2}{36}=\frac{1}{2}$となる。

直線のグラフが△ABCの辺上を通る確率は，$1-\frac{1}{2}=\frac{1}{2}$である。

【7】イ

〈解説〉階級に属する人の割合は，その階級の度数を全ての度数の合計で割ることで求まる。

この問の場合，20m未満の生徒の割合なので，0m以上5m未満，5m以上10m未満，10m以上15m未満，15m以上20m未満の階級に関して相対度数を求め，和をとればよい。

A中学校では，

$\frac{2}{100}+\frac{11}{100}+\frac{16}{100}+\frac{30}{100}=0.59$

B中学校では，

$$\frac{1}{60}+\frac{2}{60}+\frac{10}{60}+\frac{16}{60}=0.48666\cdots$$

となる。

【８】(1) $\dfrac{1+\sqrt{17}}{2}$　　(2)　面積比…△ARB：△PRQ＝9：17

〈解説〉(1)　点P，Qは直線ABに関して同じ側にあり，△APBの面積と

△AQBの面積が等しいことから，QP//ABである。さらに，この2つの

三角形の面積が，△AOBの面積に等しいことから，点Oを通り，直線

AB，PQと交わる直線に関して，直線ABとの交点は，点Oと，直線PQ

との交点の中点になっている。特に，y軸に関して，直線ABのy切片は，

直線PQのy切片の半分になっている。したがって，直線PQのy切片は4

であり，直線PQの式は，$y=x+4$となる。

これと，放物線$y=x^2$の，$x>0$となる交点を求める。$y=x+4$と$y=x^2$か

ら，$x^2-x-4=0$であり，$x>0$から，$x=\dfrac{1+\sqrt{17}}{2}$

点Qのx座標は，

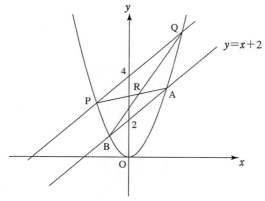

(2)　点Pのx座標は，$\dfrac{1-\sqrt{17}}{2}$，点Aのx座標は2，点Bのx座標は−1であ

る。QP//ABから，

△ARB∽△PRQであることがわかり，

$$\triangle ARB : \triangle PRQ = AB^2 : PQ^2$$
$$= (\sqrt{2}(2+1))^2 : \left(\sqrt{2}\left(\frac{1+\sqrt{17}}{2} - \frac{1-\sqrt{17}}{2}\right)\right)^2$$
$$= 18 : 34$$
$$= 9 : 17$$

【9】(図)

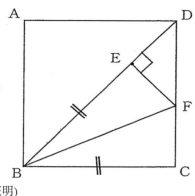

(証明)

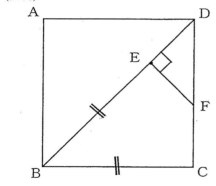

点Bと点Fを結ぶ。

△CBFと△EBFにおいて,

仮定より, BC＝BE …①

∠BCF＝∠BEF＝90° …②

BFは共通 …③

①，②，③より

直角三角形の斜辺と他の1辺がそれぞれ等しい。

よって，△CBF≡△EBF　…④

④より，対応する辺の長さは等しいので，CF＝EF　…⑤

①，⑤より，BC＋CF＝BE＋EF　…⑥

また，AD//BCより，

∠ADB＝∠DBC　…⑦

CB＝CDより，

∠DBC＝∠CDB　…⑧

⑦，⑧より，∠ADB＝∠CDB

∠ADC＝90°なので，

∠CDB＝45°

ここで，△EFDにおいて，

$\angle \text{EFD} = 180° - (\angle \text{FED} + \angle \text{EDF})$

$\qquad\quad = 180° - (90° + 45°)$

$\qquad\quad = 45°$

よって，△EFDは∠EFD＝∠EDF＝45°の直角二等辺三角形なので，

EF＝ED…⑨

⑥，⑨より，BC＋CF＝BE＋ED＝BD

ゆえに，BC＋CF＝BD

〈解説〉(別解)　BC＝BEとなるように点Eを定めたことから，CF＝EDを示せば，BC＋CF＝BDがいえる。

点B，点Fを結ぶ。これによってできる△CBFと△EBFに関して，仮定より，BC＝BEであり，∠BCF＝∠BEF＝90°，さらに，共通辺であるBFも等しいことから，△CBF，△EBFは，斜辺を含む2つの辺の大きさが等しい直角三角形であるため，△CBF≡△EBFであり，このことから，CF＝EFがいえる。△CBDに関して，正方形の性質から，CB＝CDであり，これは，二等辺三角形。

したがって，∠CBD＝∠CDBであり，さらに，∠BCD＝90°から，∠CBD＝∠CDB＝45°。このことから，

∠EFD＝180°−(∠DEF＋∠EDF)＝180°−(90°+45°)＝45°であり，

△EDFは二等辺三角形で，EF＝ED

以上より，CF＝EDがいえて，BC＋CF＝BE＋ED＝BD

【10】(1) （求め方）（補助線DHをひく）

エより，

∠DHG＝∠B＋∠HDB　…①

∠DHA＝∠HDF＋∠F　…②

①＋②

∠DHG＋∠DHA＝∠B＋∠HDB＋∠HDF＋∠F

∠AHG＝∠B＋∠BDF＋∠F　…③

※∠AHG＞180°

オより五角形HACEGの内角の和は180°×3で，

③より，∠AHG＋∠A＋∠C＋∠E＋∠G＝540°

∠B＋∠BDF＋∠F＋∠A＋∠C＋∠E＋∠G＝540°

∠A＋∠B＋∠C＋∠BDF＋∠E＋∠F＋∠G＝540°

（答え）　540°

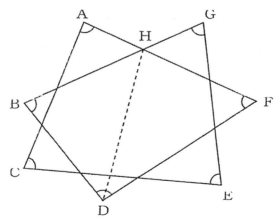

(2) （求め方）（補助線AG，BFをひく）

ウより，∠D＋∠DBF＋∠DFB＝180°　…①

ア，ウより，∠GBF＋∠AFB＝∠FAG＋∠BGA　…②

オより，四角形ACEGの内角の和は，

180°×(4−2)＝180°×2となり，

360°である。…③

①，②，③より，

∠FAC＋∠GBD＋∠C＋∠D＋∠E＋∠DFA＋∠EGB

＝∠FAC＋∠DBF＋∠GBF＋∠C＋∠D＋∠E＋∠DFB＋∠AFB＋∠EGB

＝∠FAC＋∠C＋∠D＋∠E＋∠EGB＋∠DBF＋∠DFB＋(∠GBF＋∠AFB)

＝∠FAC＋∠C＋∠D＋∠E＋∠EGB＋∠DBF＋∠DFB＋(∠FAG＋∠BGA)

＝(∠FAG＋∠FAC＋∠C＋∠E＋∠EGB＋∠BGA)＋(∠D＋∠DBF＋∠DFB)

＝360°＋180°

＝540°

(答え)　540°

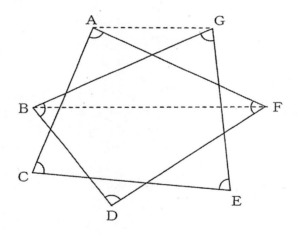

〈解説〉(2)　(別解)

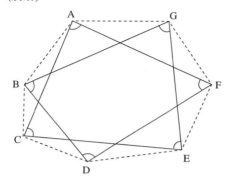

補助線AB，BC，CD，DE，EF，FG，GAを引く。

アを用いると，中央の七角形の内角の和は，補助線によって新しくできた鈍角三角形の鈍角の和に等しい。したがって，新しくできた7つの三角形の鋭角の和は，オから，

$7 \times 180° \times 1 - 180° \times 5 = 360°$

これに，∠A＋∠B＋∠C＋∠D＋∠E＋∠F＋∠Gを足すと，七角形ABCDEFGの内角の和になる。

再び，オを用いると，

$360° + ∠A + ∠B + ∠C + ∠D + ∠E + ∠F + ∠G = 180° \times 5$

よって，

$∠A + ∠B + ∠C + ∠D + ∠E + ∠F + ∠G = 540°$

【高等学校】

【1】問1　①　オ　②　イ　③　カ　④　エ　⑤　ア
⑥　ウ　　問2　3単位　　問3　《あ》　数学活用　　《う》　数学のよさ　　問4　ウ

〈解説〉現行の学習指導要領がどのような趣旨で改訂されたかを問う問題である。日頃の学習指導要領についての学習では，具体的な学習指導要領の内容だけに集中しがちであるが，改訂の趣旨・経過を理解しておくことも大切である。また，「数学Ⅰ」は中学校の4つの領域「A

数と式」「Ｂ　図形」「Ｃ　関数」「Ｄ　資料の整理」を継承していることを理解しておきたい。

【２】問1　$t>0$が誤りである。$2^x>0$，$2^{-x}>0$だから，相加平均・相乗平均の関係から，$t=2^x+2^{-x}\geqq2\sqrt{2^x\cdot2^{-x}}$で等号は$x=0$の時に成り立つ。よって$t\geqq2$である。

問2　$t=2^x+2^{-x}$とおくと，

$2^x>0$，$2^{-x}>0$より，

相加平均・相乗平均の大小関係から，$t=2^x+2^{-x}\geqq2\sqrt{2^x\cdot2^{-x}}$で，等号は$x=0$の時に成り立つ。よって$t\geqq2$…②

また，yをtを用いて表すと，$y=t^2-2t-1$となるから，これを変形すると$y=(t-1)^2-2$となる。

②より$t=2$のとき，つまり$x=0$のとき，最小値は-1

(別解)　$t=2^x+2^{-x}$とおく。

$2^x>0$，$2^{-x}>0$から，相加平均・相乗平均の関係を用いて，

$t=2^x+2^{-x}\geqq2\sqrt{2^x\cdot2^{-x}}=2$

また，等号は，$2^x=2^{-x}$，すなわち$x=0$のときに成立する。

ここで，

$$\begin{aligned}
y&=4^x+4^{-x}-2(2^x+2^{-x})+1\\
&=(2^x)^2+2+(2^{-x})^2-2(2^x+2^{-x})-1\\
&=(2^x+2^{-x})^2-2(2^x+2^{-x})-1\\
&=t^2-2t-1\\
&=(t-1)^2-2
\end{aligned}$$

したがって，yは，$t\geqq2$において単調増加であるため，yは$t=2$，つまり，$x=0$のとき最小値をとり，その値は，-1

〈解説〉問1　tが$t>0$となるようなあらゆる値をとりうるとした点が誤りである。

$2^x>0$，$2^{-x}>0$より，相加平均・相乗平均の関係から，

$t=2^x+2^{-x}\geqq2\sqrt{2^x\cdot2^{-x}}=2$であるため，

tは，正の値の中でも，特に，$t\geqq2$となる値しかとりえない。

問2　解答参照。

【3】問1 $\dfrac{1}{4}$　　問2 (4, 8), (11, 5), (18, 2)　　問3 $0 \leqq \theta < \dfrac{5}{6}\pi$,

$\dfrac{3}{2}\pi < \theta < 2\pi$　　問4 $k = 2$　　問5 $(2+\sqrt{5}, 1), (2-\sqrt{5}, 1)$

〈解説〉問1　2個目に取り出した玉が赤玉である確率は，$\dfrac{3}{3+6} = \dfrac{1}{3}$

2個目に取り出した玉が赤玉かつ，最初に取り出した玉が赤玉，つまり，取り出した玉が2つとも赤玉である確率は，$\dfrac{{}_3C_2}{{}_9C_2} = \dfrac{1}{12}$

したがって，2個目に取り出した玉が赤であるとき，最初に取り出した玉が赤玉である確率は，

$\dfrac{\frac{1}{12}}{\frac{1}{3}} = \dfrac{1}{4}$

問2　68は，68＝33＋35と，3の倍数および7の倍数の和で表せることに注目する。

$3x + 7y = 68$

$3x + 7y = 33 + 35$

$3x - 33 = 35 - 7y$

$3(x-11) = 7(5-y)$

と式変形できることから，$x-11$は7の倍数である。さらに，xは自然数であるため，$x>0$であること，yもまた自然数であるため，右辺は35より小さく，$x-11 < \dfrac{35}{3}$となる。

これらのことから，$x=4$，11，18であることがわかり，それぞれの値を等式に代入してyの方程式を解くことで，等式を満たす自然数(x, y)の組は，$(x, y) = (4, 8)$, (11, 5), (18, 2)であることがわかる。

問3　$\sin\theta + \sqrt{3}\cos\theta + 1 > 0$

$\dfrac{1}{2}\sin\theta + \dfrac{\sqrt{3}}{2}\cos\theta > -\dfrac{1}{2}$

$\sin\theta \cdot \cos\dfrac{\pi}{3} + \cos\theta \cdot \sin\dfrac{\pi}{3} > -\dfrac{1}{2}$

$\sin\left(\theta + \dfrac{\pi}{3}\right) > -\dfrac{1}{2}$

ここで，$0 \leqq \theta < 2\pi$から，$\dfrac{\pi}{3} \leqq \theta + \dfrac{\pi}{3} < \dfrac{7}{3}\pi$であり，

$\dfrac{\pi}{3} \leqq \theta + \dfrac{\pi}{3} < \dfrac{7}{6}\pi$, $\dfrac{11}{6}\pi < \theta + \dfrac{\pi}{3} < \dfrac{7}{3}\pi$

よって，

$0 \leqq \theta < \dfrac{5}{6}\pi$, $\dfrac{3}{2}\pi < \theta < 2\pi$

問4　$\overrightarrow{AD}$ は実数s，tを用いて，　$\overrightarrow{AD} = s\overrightarrow{AB} + t\overrightarrow{AC}$ と表せる。

$\overrightarrow{AD} = (-4,\ 8,\ k-3)$

$\overrightarrow{AB} = (-3,\ 3,\ 3)$

$\overrightarrow{AC} = (3,\ 5,\ -13)$

であるため，

$-4 = -3s + 3t$, $8 = 3s + 5t$

であることがいえて，$s = \dfrac{11}{6}$, $t = \dfrac{1}{2}$

したがって，

$k - 3 = \dfrac{11}{6} \cdot 3 - \dfrac{1}{2} \cdot 13$

であり，

$k = 2$

問5　$4x^2 - 16x + 9y^2 - 18y - 11 = 0$は，

$4x^2 - 16x + 16 + 9y^2 - 18y + 9 - 11 = 16 + 9$

$2^2(x-2)^2 + 3^2(y-1)^2 = 36$

$\dfrac{(x-2)^2}{9} + \dfrac{(y-1)^2}{4} = 1$

と変形できるため，焦点の座標は，

$(2 + \sqrt{9-4},\ 1)$, $(2 - \sqrt{9-4},\ 1)$

すなわち，

$(2 + \sqrt{5},\ 1)$, $(2 - \sqrt{5},\ 1)$である。

【４】問1　(証明)

$(\sin x)' = \displaystyle\lim_{h \to 0} \dfrac{\sin(x+h) - \sin x}{h}$

$= \displaystyle\lim_{h \to 0} \dfrac{\sin x \cos h + \cos x \sin h - \sin x}{h}$

$$= \lim_{h \to 0} \frac{\cos x \sin h - \sin x (1 - \cos h)}{h}$$

$$= \lim_{h \to 0} \left(\cos x \cdot \frac{\sin h}{h} - \sin x \cdot \frac{1 - \cos h}{h} \right)$$

ここで $\quad \lim_{h \to 0} \frac{\sin h}{h} = 1$

$$\lim_{h \to 0} \frac{1 - \cos h}{h}$$

$$= \lim_{h \to 0} \frac{\sin^2 h}{h(1 + \cos h)}$$

$$= \lim_{h \to 0} \frac{\sin h}{1 + \cos h} \cdot \frac{\sin h}{h} = 0 \text{であるから}$$

$(\sin x)' = \cos x \cdot 1 - \sin x \cdot 0 = \cos x$

よって，関数$\sin x$の導関数は$\cos x$である。

問2　$0 \leq k < \dfrac{3\sqrt{3}}{2}$

〈解説〉問1　解答参照。

問2　$2\sin x - \sin 2x - k = 0$から，

$2\sin x - \sin 2x = k$

左辺を$f(x)$とおくと，

$f'(x) = 2\cos x - 2\cos 2x$

$\qquad = 2\cos x - 4\cos^2 x + 2$

$\qquad = -2(2\cos x + 1)(\cos x - 1)$

したがって，fの増減表は以下のようになる。

x	0	$\cdots$	$\dfrac{2}{3}\pi$	$\cdots$	π
f'		$+$	0	$-$	
f	0	$\nearrow$	$\dfrac{3\sqrt{3}}{2}$	$\searrow$	0

これが，kという値に2回，等しくなるためのkの条件は，$0 \leq k < \dfrac{3\sqrt{3}}{2}$

【5】問1　$OP = \sqrt{4t^4 - (4a-1)t^2 + a^2}$

問2　$OP^2 = 4t^4 - (4a-1)t^2 + a^2$

$t^2 = X$ とおくと，$X \geqq 0$ であり，$OP^2 = 4X^2 - (4a-1)X + a^2$

$OP^2 = 4\left(X - \dfrac{4a-1}{8}\right)^2 + \dfrac{8a-1}{16}$

（Ⅰ）　$\dfrac{4a-1}{8} < 0$ かつ $a > 0$ のとき，すなわち，$0 < a < \dfrac{1}{4}$ のとき，OP^2 は

t^2 に関して単調増加である。よって，OP^2 は，$X = 0$ で最小値 a^2

（Ⅱ）　$\dfrac{4a-1}{8} \geqq 0$ のとき，すなわち，$a \geqq \dfrac{1}{4}$ のとき，

OP^2 は，$X = \dfrac{4a-1}{8}$ で最小値 $\dfrac{8a-1}{16}$

（Ⅰ），（Ⅱ）より OP の最小値は，

$0 < a < \dfrac{1}{4}$ のとき，a，$a \geqq \dfrac{1}{4}$ のとき，$\dfrac{\sqrt{8a-1}}{4}$

〈解説〉問1　点Pのx座標がtであるとき，点Pのy座標は$2t^2 - a$である。
　したがって，
$$OP = \sqrt{t^2 + (2t^2 - a)^2} = \sqrt{4t^4 - (4a-1)t^2 + a^2}$$
　問2　解答参照。

【6】問1　$a_n = 2^{n+1}$

問2　$b_n = \dfrac{1}{n}(\log_{2^{n+1}} 2^{n+2} - 1)$ となる。底を2に変換すると

$b_n = \dfrac{1}{n}\left(\dfrac{\log_2 2^{n+2}}{\log_2 2^{n+1}} - 1\right)$

$\quad = \dfrac{1}{n}\left(\dfrac{n+2}{n+1} - 1\right) = \dfrac{1}{n(n+1)}$

また，$\displaystyle\sum_{k=1}^{n} b_k = \dfrac{1}{1 \cdot 2} + \dfrac{1}{2 \cdot 3} + \dfrac{1}{3 \cdot 4} + \cdots\cdots + \dfrac{1}{n(n+1)}$

$\quad = \left(1 - \dfrac{1}{2}\right) + \left(\dfrac{1}{2} - \dfrac{1}{3}\right) + \left(\dfrac{1}{3} - \dfrac{1}{4}\right) + \cdots\cdots + \left(\dfrac{1}{n} - \dfrac{1}{n+1}\right)$

$\quad = \dfrac{n}{n+1}$

〈解説〉問1　正の数a, bに対して，$\log_a b = \dfrac{\log_b b}{\log_b a} = \dfrac{1}{\log_b a}$であることに注意する。

$\log_2 a_n - (n+1)\log_{a_n} 2 - n = 0$から，

$\log_2 a_n - (n+1)\dfrac{1}{\log_2 a_n} - n = 0$

$(\log_2 a_n)^2 - n\log_2 a_n - (n+1) = 0$

$(\log_2 a_n - (n+1))(\log_2 a_n + 1) = 0$

さらに，$a_n > 1$から，$\log_2 a_n > 0$であることに注意すると，$\log_2 a_n = n+1$であることがわかり，$a_n = 2^{n+1}$であることがいえる。

問2　$n+2 = \dfrac{n+2}{n+1} \times (n+1)$であることに注意する。

$b_n = \dfrac{1}{n}(\log_{a_n} a_{n+1} - 1)$

$\quad = \dfrac{1}{n}(\log_{2^{n+1}} 2^{n+2} - 1)$

$\quad = \dfrac{1}{n}\left(\dfrac{n+2}{n+1}\log_{2^{n+1}} 2^{n+1} - 1\right)$

$\quad = \dfrac{1}{n}\left(\dfrac{n+2}{n+1} - 1\right)$

$\quad = \dfrac{1}{n(n+1)}$

$\displaystyle\sum_{k=1}^{n} b_k = \sum_{k=1}^{n} \dfrac{1}{k(k+1)}$

$\qquad\quad = \displaystyle\sum_{k=1}^{n}\left(\dfrac{1}{k} - \dfrac{1}{k+1}\right)$

$\qquad\quad = \displaystyle\sum_{k=1}^{n}\dfrac{1}{k} - \sum_{k=1}^{n}\dfrac{1}{k+1}$

$\qquad\quad = \displaystyle\sum_{k=1}^{n}\dfrac{1}{k} - \sum_{k=2}^{n+1}\dfrac{1}{k}$

$\qquad\quad = 1 - \dfrac{1}{n+1}$

$\qquad\quad = \dfrac{n}{n+1}$

【7】問1　$PQ=(\sqrt{2}-1)a$

問2　点Pから線分BFに垂線を下ろし，線分BFとの交点をRとする。面ABCDに平行な△PQRを考える。小さい方の立体を△PQRを含む平面で切断し，そのときRF$=t$とおく。また，△PQRの面積を$S(t)$とおくと，

$PR=QR=a-\sqrt{a^2-t^2}(0\leqq t\leqq a)$より，$S(t)=\dfrac{1}{2}(a-\sqrt{a^2-t^2})^2$

求める体積をVとすると，

$$
\begin{aligned}
V=\int_0^a S(t)dt &=\frac{1}{2}\int_0^a (a-\sqrt{a^2-t^2})^2 dt\\
&=\frac{1}{2}\int_0^a (2a^2-2a\sqrt{a^2-t^2}-t^2)dt\\
&=\frac{1}{2}\int_0^a (2a^2-t^2)dt-a\int_0^a a\sqrt{a^2-t^2}dt\\
&=\frac{1}{2}\Big[2at^2-\frac{1}{3}t^3\Big]_0^a-\frac{\pi}{4}a^3=\frac{1}{2}\Big(2a^3-\frac{1}{3}a^3\Big)-\frac{\pi}{4}a^3\\
&=\Big(\frac{5}{6}-\frac{\pi}{4}\Big)a^3
\end{aligned}
$$

〈解説〉問1　点P，Qから平面EFGHに下ろした垂線の足を，それぞれ，I，Jとおくと，

$PI=a\sin45°=QJ$

したがって，PQ$=$IJであり，

$$
\begin{aligned}
PQ &=IJ\\
&=\sqrt{FI^2+FJ^2}\\
&=\sqrt{(a-a\cos45°)^2+(a-a\cos45°)^2}\\
&=\sqrt{2\cdot a^2\Big(1-\frac{1}{\sqrt{2}}\Big)^2}\\
&=(\sqrt{2}-1)a
\end{aligned}
$$

問2　点Kを，線分BF上に，PI$=$QJ$=$KFとなるようにとると，△PQK$\equiv$△IJFである。

したがって，△IJFの面積を，PI$=0$からPI$=a$まで積分すればよい。

$$
\begin{aligned}
\int_0^a \frac{1}{2}FI\times FJ d\mathrm{PI} &=\frac{1}{2}\int_0^a (a-\mathrm{EI})^2 d\mathrm{PI}\\
&=\frac{1}{2}\int_0^a (a-\sqrt{a^2-\mathrm{PI}^2})^2 d\mathrm{PI}
\end{aligned}
$$

$$= \frac{1}{2} \int_0^a (a^2 - 2a\sqrt{a^2 - \mathrm{PI}^2} + a^2 - \mathrm{PI}^2)d\mathrm{PI}$$

$$= \frac{1}{2} \int_0^a (2a^2 - \mathrm{PI}^2)d\mathrm{PI} - a \int_0^a \sqrt{a^2 - \mathrm{PI}^2}\,d\mathrm{PI}$$

$$= \frac{1}{2} \left[2a^2\mathrm{PI} - \frac{1}{3}\mathrm{PI}^3\right]_0^a - a \times \frac{1}{4} \times (\text{半径}a\text{の円の面積})$$

$$= \frac{1}{2} \cdot \frac{5}{3}a^3 - \frac{1}{4}\pi a^3$$

$$= \left(\frac{5}{6} - \frac{\pi}{4}\right)a^3$$

2014年度　実施問題

【中学校】

【1】次の問いに答えなさい。

(1) $x+y=m$, $xy=n$ として，x^3+y^3 を m, n を使って表しなさい。

(2) $\dfrac{\sqrt{3}}{\sqrt{2}+1}-\dfrac{\sqrt{2}}{\sqrt{3}+\sqrt{2}}$ を計算しなさい。

(3) 504の正の約数の個数を求めなさい。

(☆☆☆◎◎◎◎)

【2】次の図のように，円周を5等分する点A～Eがあります。点Aに碁石を置き，2つのさいころを同時に1回投げて，出た目の和の数だけ，碁石を点から点へ矢印の方向に動かします。このとき，碁石が点Dにある確率を求めなさい。

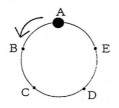

(☆☆☆◎◎◎◎)

【3】$x \leqq 2$ のとき，関数 $y=4^x-2^{x+1}-2$ の最大値と最小値を求めなさい。

(☆☆☆◎◎◎◎)

【4】3つの自然数 a, b, c について「$a^2=b^2+c^2$ が成り立つならば，a, b, c のうち，少なくとも1つは偶数である」ことを背理法を用いて証明しなさい。

(☆☆☆◎◎◎◎)

【5】中学1年生の1次方程式の授業で，「あるクラスで折り紙を配るとき，1人に3枚ずつ配ると15枚あまり，5枚ずつ配ると35枚足りなくなります。このとき，最初にあった折り紙は何枚でしょうか。」という問題に取り組んでいます。どの数量をxで表すかによって，異なる1次方程式をつくることができます。xで表す数量を2種類考えて，それぞれ1次方程式をつくりなさい。

(☆☆☆◎◎◎)

【6】次の図で，3点A，B，Cは円Oの円周上にあります。ACの延長上にBA＝BDとなる点をD，$\overset{\frown}{AC}$上に∠BAC＝∠CAEとなる点をE，また，ACとBEの交点をFとします。

このとき，△FBC∽△FDBであることの証明を，中学生に示す模範となるように記述しなさい。

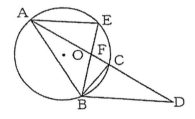

(☆☆☆◎◎◎◎)

【7】次の図のように，まっすぐで幅が一定な川があります。この川に垂直となるように橋をかけます。A地点からB地点まで橋を渡って行くとき，歩く距離が最も短くなる経路を図に示しなさい。

ただし，利用した線や，どのように線をひいたかが分かるしるしを図に残しなさい。また，橋の幅は考えないものとする。

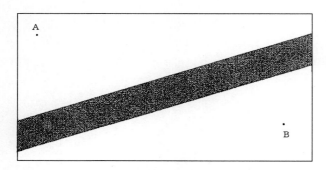

(☆☆☆◎◎◎)

【8】次の図のように，関数 $y=\dfrac{1}{4}x^2$ のグラフと直線 m との交点を，それ
ぞれP，Qとし，直線 m と y 軸との交点をRとします。点Pの x 座標は -6
で，△OPRと△OQRの面積比は3：2です。

　　このとき，下の問いに答えなさい。

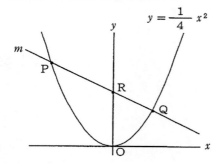

(1)　点Qの座標を求めなさい。

(2)　△OPQを，直線 m を軸として1回転させてできる立体の体積を求
めなさい。ただし，座標軸の1目もりを1cmとする。

(☆☆☆☆◎◎◎◎)

【9】次の表はMさんとKさんが10点満点の的当てゲームを10回行った結果をまとめたものです。このとき，下の問いに答えなさい。

回	1	2	3	4	5	6	7	8	9	10
Mさんの得点	6	9	8	5	7	8	9	6	7	9
Kさんの得点	6	8	7	4	10	8	6	7	10	8

※Mさん，Kさんともに平均値は7.4点，中央値は7.5点

(1)　次の図はMさんのゲーム結果をヒストグラムに表したものです。同様に，Kさんのゲーム結果をヒストグラムに表しなさい。

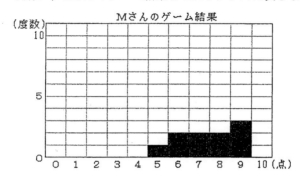

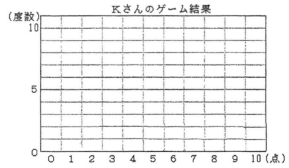

(2)　11回目のゲームを行うとしたら，MさんとKさんのどちらがより高い得点になりそうかを選び，その理由を2人のヒストグラムの特徴を比較して説明しなさい。

(☆☆☆☆◎◎)

【10】次の図で，四角形ABCD，DCFE，EFGHは，それぞれ正方形です。
∠AGB＝a°とするとき，∠FAGの大きさを，aを使って表しなさい。

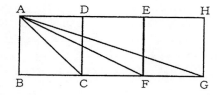

（☆☆☆☆☆◎◎）

【高等学校】

【1】次の〔1〕，〔2〕の2つの文章は，高等学校学習指導要領解説数学編
理数編(平成21年12月)の「第1部数学編第1章総説」の〔1〕は「第2節
数学科の目標」，〔2〕は「第1節改訂の趣旨3改訂の要点(4)各科目の内
容」のそれぞれの一部分である。あとの各問いに答えよ。

〔1〕教科の目標の改善に当たっては，＊「答申」の「改善の基本方針」
等を踏まえるとともに，高等学校における数学教育の意義を考慮し，
小学校，中学校及び高等学校での教育の一貫性を図り児童生徒の発
達に応じた適切かつ効果的な学習が行われるよう配慮した。

《　あ　》を通して，数学における基本的な概念や原理・法則の
体系的な理解を深め，事象を数学的に【　A　】し【　B　】する
能力を高め，創造性の基礎を培うとともに，数学のよさを認識し，
それらを積極的に活用して数学的論拠に基づいて判断する態度を育
てる。

……………………(略)………………

《　あ　》とは，数学学習にかかわる【　C　】をもった【　D　】
のことであるが，第3款の3で規定しているように，高等学校では特
に次の活動を重視している。

・自ら課題を見いだし，解決するための構想を立て，【　A　】・処
理し，その過程を振り返って得られた結果の意義を考えたり，そ
れを発展させたりすること。

・学習した内容を生活と関連付け，具体的な事象の【　A　】に活用すること。

・自らの考えを数学的に【　B　】し根拠を明らかにして説明したり，議論したりすること。

　なお，《　あ　》は，【　E　】などを積極的に活用することによって一層充実したものにすることができる。

〔2〕(ア)「数学Ⅰ」(3単位)

　今回の改訂で，数学科の必履修科目はこの科目だけになった。したがって，「数学Ⅰ」だけで高等学校数学の履修を終える生徒に配慮し，「数学Ⅰ」に続けて深く学ぶ生徒にはその後の科目の内容との【　F　】を考慮するとともに，すべての高校生に必要な数学的素養は何かという視点で検討を行い，内容を構成した。

　　　‥‥‥‥‥‥‥‥‥(略)‥‥‥‥‥‥‥‥‥

　次の①から④までの内容で構成するとともに，課題学習を内容に位置付けることとした。

　①　数と式　　②　図形と計量　　③　二次関数　　④【　a　】

[課題学習]

　　　‥‥‥‥‥‥‥‥‥(以下略)‥‥‥‥‥‥‥‥‥

　※「答申」…「幼稚園，小学校，中学校，高等学校及び特別支援学校の学習指導要領等の改善について(答申)」

(平成20年1月中央教育審議会)

問1　文章中の《　あ　》に入る語句を記入せよ。

問2　文章中の【　A　】から【　F　】に入る語句を，次のアからカよりそれぞれ1つずつ選び，その記号を記入せよ。

　ア　表現　　　　　　イ　系統性　　　　　ウ　目的意識

　エ　コンピュータ　　オ　主体的な活動　　カ　考察

問3　文章中の【　a　】に当てはまる数学Ⅰの内容を次のアからエより1つ選び，その記号を記入せよ。

　ア　場合の数と確率　　イ　整数の性質　　ウ　データの分析

　エ　図形の性質

問4　高等学校の数学科の科目において，数学Ⅰの他に課題学習を位置付けている科目名を記入せよ。

(☆☆☆◎◎◎◎◎)

【2】「2次方程式$x^2-2(a-3)x+a+3=0$の異なる2つの実数解がともに1より大きくなるように，定数aの値の範囲を求めなさい。」…(※)という問題にSさんは，2次方程式における解と係数の関係を用いて次のように解答した。下の各問いに答えよ。

(Sさんの解答)

　$x^2-2(a-3)x+a+3=0$の2つの解をα，βとし，判別式をDとする。

　Ⓐ　$\alpha \neq \beta$，$\alpha>1$かつ$\beta>1$であるための必要十分条件は

$$\begin{cases} \dfrac{D}{4}>0 & \cdots\cdots① \\ \alpha+\beta>2 & \cdots\cdots② \\ \alpha\beta>1 & \cdots\cdots③ \end{cases}$$

　の①，②，③が同時に成り立つことである。

ここで，$\dfrac{D}{4}=(a-3)^2-(a+3)=(a-1)(a-6)$

解と係数の関係より，$\alpha+\beta=2(a-3)$，$\alpha\beta=a+3$

①より，$(a-1)(a-6)>0$であるから，$a<1$，$6<a$　………④

②より，$2(a-3)>2$であるから，$a>4$　………⑤

③より，$a+3>1$であるから，$a>-2$　………⑥

④，⑤，⑥の共通範囲を求めて$a>6$

問1　Sさんの解答には，◻◻◻◻内の条件Ⓐに誤りがある。何故誤っているかをSさんに説明せよ。また，条件Ⓐを正しく直しなさい。

問2　問題(※)を「解と係数の関係」の考え方を用いずに解け。

(☆☆☆◎◎◎◎)

【3】次の各問いに答えよ。答えのみ記入せよ。

問1　座標平面上に3点A(4, 5)，B(4, 1)，C(1, 4)があるとき，△ABCの外心の座標を求めよ。

問2　72の正の約数全体の集合をAとする。集合Aの部分集合の個数を求めよ。

問3　a，bを実数とする。3次方程式 $x^3 + ax^2 + bx + 2 = 0$ の1つの解が $1 + i$ であるとき，a，bの値及び他の解を求めよ。ただし，iは虚数単位とする。

問4　不等式 $\log_2 x + \log_2(6 - x) < 3$ を解け。

問5　面積が5の△$A_1 B_1 C_1$がある。図1のように，各辺の中点を結んで△$A_2 B_2 C_2$を作り，さらに△$A_2 B_2 C_2$の各辺の中点を結んで△$A_3 B_3 C_3$を作る。以下同様にこの操作を限りなく続けていく。△$A_n B_n C_n$の面積をS_nとするとき，無限級数 $\displaystyle\sum_{n=1}^{\infty}(-1)^{n+1}S_n = S_1 - S_2 + S_3 - S_4 + \cdots\cdots$ の和を求めよ。

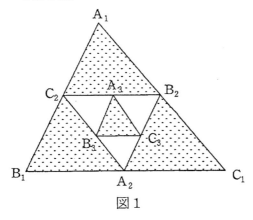

図1

(☆☆☆◎◎◎◎)

【4】平面上に△OABがある。$\overrightarrow{OA} = \vec{a}$，$\overrightarrow{OB} = \vec{b}$，△OABの面積を$S$とするとき，次の各問いに答えよ。ただし，問2は答えのみ記入せよ。

問1　$S = \dfrac{1}{2}\sqrt{|\vec{a}|^2|\vec{b}|^2 - (\vec{a} \cdot \vec{b})^2}$ であることを証明せよ。

問2　$|\vec{a}| = \sqrt{3}$，$|\vec{b}| = \sqrt{2}$，$|\vec{a} + \vec{b}| = \sqrt{6}$ のとき，△OABの面積 Sを求めよ。

(☆☆☆◎◎◎◎)

【5】図2のような，1辺の長さが1の正五角形ABCDEについて，下の各問いに答えよ。ただし，問1，問2は答えのみ記入せよ。

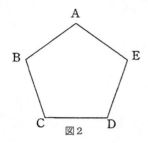

図2

問1　∠CADの大きさを求めよ。

問2　線分BEの長さを求めよ。

問3　$\overrightarrow{AB} = \vec{b}$，$\overrightarrow{AE} = \vec{e}$ とするとき，$\overrightarrow{BC}$ を $\vec{b}$ と $\vec{e}$ を用いて表せ。

(☆☆☆☆◎◎◎◎)

【6】袋の中に，赤玉10個，白玉5個が入っている。この袋から玉を1個取り出す操作を玉がなくなるまで繰り返す。取り出した玉は袋に戻さないものとする。n回目に取り出した玉が4個目の白玉である確率をP_n(nは，$4 \leqq n \leqq 14$の自然数)とする。次の各問いに答えよ。ただし，問1，問3は答えのみ記入せよ。

問1　P_4を求めよ。

問2　P_nを求めよ。

問3　P_nを最大にするnの値を求めよ。

(☆☆☆☆◎◎◎◎)

【7】 eは自然対数の底とする。座標平面上の曲線C_k：$f_k(x)=kxe^{x-k}$(kは正の定数)がある。$y=f_k(x)$上の点$(1,\ f_k(1))$における接線をl_kとする。次の各問いに答えよ。ただし，問1，問2は答えのみ記入せよ。

問1　l_kの方程式を求めよ。

問2　l_kが通る定点をAとする。点Aの座標を求めよ。

問3　$x>0$とする。問2における点Aを通りx軸に垂直な直線をmとする。曲線C_k，直線l_k，直線mで囲まれた図形の面積を$S(k)$とするとき，$S(k)$の最大値を求めよ。

(☆☆☆☆◎◎◎◎)

解答・解説

【中学校】

【1】 (1)　m^3-3mn　　　$m(m^2-3n)$でもよい。　　　(2)　$2-\sqrt{3}$

(3)　24個

〈解説〉(1)　$x^3+y^3=(x+y)^3-3xy(x+y)$より，m^3-3mn

(2)　$\dfrac{\sqrt{3}}{\sqrt{2}+1}-\dfrac{\sqrt{2}}{\sqrt{3}+\sqrt{2}}=\dfrac{\sqrt{3}(\sqrt{2}-1)}{(\sqrt{2}+1)(\sqrt{2}-1)}-\dfrac{\sqrt{2}(\sqrt{3}-\sqrt{2})}{(\sqrt{3}+\sqrt{2})(\sqrt{3}-\sqrt{2})}$

$=\sqrt{3}(\sqrt{2}-1)-\sqrt{2}(\sqrt{3}-\sqrt{2})=\sqrt{6}-\sqrt{3}-\sqrt{6}+2=2-\sqrt{3}$

(3)　504を素因数分解すると，$504=2^3\cdot3^2\cdot7$　　　よって，正の約数の個数は，$(3+1)\cdot(2+1)\cdot(1+1)=4\cdot3\cdot2=24$〔個〕

【2】 $\dfrac{7}{36}$

〈解説〉碁石が点Dにあるのは，目の和が3，8のときだから，$(1,\ 2)$，$(2,\ 1)$，$(2,\ 6)$，$(3,\ 5)$，$(4,\ 4)$，$(5,\ 3)$，$(6,\ 2)$の7通り。よって，求める確率は，$\dfrac{7}{6\times6}=\dfrac{7}{36}$

【3】最大値　6　　最小値　−3

〈解説〉$2^x=t$とおくと，$y=(2^x)^2-2\cdot2^x-2=t^2-2t-2=(t-1)^2-3$

　　ここで，$x\leqq2$より，$0<t\leqq2^2=4$であるから，yは，$t=4$，すなわち$x=2$の
　　とき，最大値$(4-1)^2-3=6$，$t=1$，すなわち$x=0$のとき，最小値　-3を
　　とる。

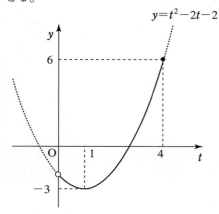

$y=t^2-2t-2$

【4】(証明)　(例)　3つの自然数a，b，cについて，「$a^2=b^2+c^2$が成り立つ
　　ならば，a，b，cはすべて奇数である。」とする。このとき，k，m，n
　　を自然数とすると，$a=2k-1$，$b=2m-1$，$c=2n-1$とおける。
　　(左辺)$=a^2=(2k-1)^2=4k^2-4k+1=2(2k^2-2k)+1$　　　ここで，kは自然
　　数より，$2k^2-2k$は整数であるから，(左辺)は奇数である。一方，
　　(右辺)$=b^2+c^2=(2m-1)^2+(2n-1)^2=4m^2-4m+1+4n^2-4n+1=$
　　$2(2m^2-2m+2n^2-2n+1)$　　　ここで，m，nは自然数より，$2m^2-2m+$
　　$2n^2-2n+1$は整数であるから，(右辺)は偶数である。これは(左辺)が奇
　　数であることに矛盾する。よって，$a^2+b^2+c^2$が成り立つならば，a，b，
　　cのうち，少なくとも1つは偶数である。

〈解説〉背理法を用いるので，「仮定が正しい」とすると結果が矛盾する
　　ことを証明すればよい。

【5】（Ⅰ）　xで表す数量…あるクラスの人数　　1次方程式…$3x+15=$
$5x-35$　　（Ⅱ）　xで表す数量…最初にあった折り紙の枚数
　1次方程式…$\dfrac{x-15}{3}=\dfrac{x+35}{5}$

〈解説〉クラスの人数をxとおいて，折り紙の枚数について等式をつくる
　　方法（Ⅰ）と，折り紙の枚数をxとおいて，クラスの人数について等式を
　　つくる方法（Ⅱ）がある。

【6】（証明）　△FBCと△FDBにおいて，∠BFC＝∠DFB　（共通）…①
　　ここで，仮定のBA＝BDより，△BADは二等辺三角形である。よって，
　　二等辺三角形の2つの底角は等しいので，∠BAD＝∠BDA　…②
　　また，$\overgroup{\text{CE}}$ に対する円周角は等しいので，∠CBE＝∠CAE　…③
　　また，仮定より，∠BAC＝∠CAE　…④　　②，③，④より，
　　∠CBE＝∠BDA　　　　よって，∠CBF＝∠BDF　…⑤　　①，⑤より，
　　2組の角がそれぞれ等しいので，△FBC∽△FDB

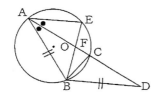

〈解説〉解答参照。

【7】

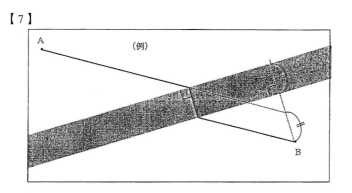

〈解説〉橋の両端をAに近い方からP，P´とする。P，P´は，線分PP´が川と垂直になるようにとるため，PP´の方向は一意に定まり，また，長さも川の幅と等しく，一定である。したがって，四角形PP´BB´が平行四辺形となるように点B´をとると，B´の位置はPP´のとり方によらず，一意に決まる。

このことと，AP＋PP´＋P´B＝AP＋B´B＋PB´であることから，AP＋PB´を最小化することで，歩く距離を最も短くできる。それを達成するのは，A，P，B´が一直線上に存在するときである。

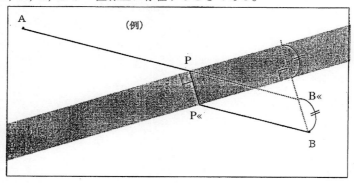

（例）

【8】(1)　Q(4，4)　　　(2)　$48\sqrt{5}\,\pi$ cm³

〈解説〉(1)　△OPRと△OQRは底辺ORが共通なので，面積の比は点P，Qのx座標の絶対値の比に等しい。点Pのx座標は－6であるから，点Qのx座標は，$|-6|\times\dfrac{2}{3}=4$　　よって，点Qの座標は，(4，4)

(2)　P(－6，9)，Q(4，4)より，直線mの式は，$y-4=\dfrac{4-9}{4-(-6)}(x-4)$

$y=-\dfrac{1}{2}x+6$　　$x+2y-12=0$　　原点Oから直線mにひいた垂線OHの長さは，点と直線の距離の公式により，$OH=\dfrac{|0+2\cdot0-12|}{\sqrt{1^2+2^2}}=\dfrac{12}{\sqrt{5}}$

また，$PQ=\sqrt{\{4-(-6)\}^2+(4-9)^2}=5\sqrt{5}$　　よって，求める立体の体

積は，$\dfrac{1}{3} \cdot \pi \cdot OH^2 \cdot PQ = \dfrac{1}{3} \pi \left(\dfrac{12}{\sqrt{5}}\right)^2 \cdot 5\sqrt{5} = 48\sqrt{5}\ \pi$〔cm³〕

【9】(1)

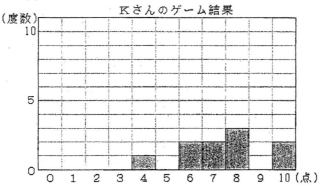

(2) 【Mさんを選んだ場合】…Mさんの方が得点の範囲が小さく，最頻値は9点で，Kさんの得点の最頻値の8点よりも大きいから。

【Kさんを選んだ場合】…Kさんの得点の8点以上の平均値8.8点は，Mさんの得点の8点以上の平均値8.6点より高いため。

〈解説〉解答参照。

【10】$45 - 2a$°

〈解説〉△ACFと△GCAにおいて，∠ACF＝∠GCA　（共通）…①
AC：CF＝GC：CA　…②　①，②より，2組の辺の比とその間の角がそれぞれ等しいので，△ACF∽△GCA　よって，
∠CAF＝∠CGA＝a°　また，AH//BGより，錯角は等しいので，
∠HAG＝∠AGB＝a°　よって，∠FAG＝45°－2×a°＝$45 - 2a$〔°〕

【高等学校】

【１】問１　数学的活動　　問２　A　カ　　B　ア　　C　ウ　　D　オ
　　　E　エ　　F　イ　　問３　ウ　　問４　数学A
〈解説〉問１　学習指導要領については，学習指導要領解説と合わせて理
　　解することが必要である。特に改訂の趣旨をふまえて，学習指導要領
　　がなっているので学習指導要領解説を熟読することが大切である。ま
　　た，〔課題学習〕が数学Ⅰと数学Aに位置付けられていることを知るに
　　は，学習指導要領の各科目の内容を比較しながら理解していないと，
　　丸暗記に頼ることになるので注意したい。

【２】問１　【Sさんへの説明】…Ⓐ ⇒ $\alpha > 1$かつ$\beta > 1$が成り立たない。
　　例えば，$\alpha = 1$，$\beta = 13$のときに，$\frac{D}{4} > 0$，$\alpha + \beta > 2$，$\alpha\beta > 1$となる
　　が，$\alpha > 1$かつ$\beta > 1$ではないから。
　　【正しく直した条件Ⓐ】…$\frac{D}{4} > 0$，$\alpha + \beta > 2$，$(\alpha - 1)(\beta - 1) > 0$
　　問２　2次関数$f(x) = x^2 - 2(a-3)x + a + 3$のグラフと$x$軸の共有点の$x$座標
　　を考える。グラフとx軸が異なる2点で交わり，その交点のx座標がとも
　　に1より大きくなればよいから，$\frac{D}{4} > 0$より，$a < 1$，$6 < a$　…（Ⅰ）
　　頂点のx座標が1より大きいから，$a - 3 > 1$　　よって，$a > 4$　…（Ⅱ）
　　$f(1) > 0$より，$1 - 2(a-3) + a + 3 > 0$　　よって，$a < 10$　…（Ⅲ）
　　（Ⅰ），（Ⅱ），（Ⅲ）より，$6 < a < 10$
〈解説〉解答参照。

【３】問１　(3, 3)　　問２　4096個　　問３　$a = -1$，$b = 0$　他の解：
　　$x = 1 - i$，$x = -1$　　問４　$0 < x < 2$ または $4 < x < 6$　　問５　4
〈解説〉問１　外心を$P(x, y)$とする。PA＝PB＝PCより，$PA^2 = PB^2 = PC^2$
　　$PA^2 = PB^2$より，$(x-4)^2 + (y-5)^2 = (x-4)^2 + (y-1)^2$　　$8y = 24$　　$y = 3$
　　$PA^2 = PC^2$より，$(x-4)^2 + (y-5)^2 = (x-1)^2 + (y-4)^2$　　$(x-4)^2 + 4 = (x-1)^2 + 1$
　　$6x = 18$　　$x = 3$　　よって，(3, 3)
　　問２　72を素因数分解すると，$72 = 2^3 \cdot 3^2$　　よって，集合Aの要素の
　　個数は，$(3+1) \cdot (2+1) = 12$〔個〕であるから，求める部分集合の個数

274

は，$2^{12}=4096$〔個〕

問3　1つの解が$1+i$であるとき，$1-i$も解である。残りの解をαとすると，3次方程式の解と係数の関係により，$(1+i)+(1-i)+\alpha=-a$
…①　　$(1+i)(1-i)+(1-i)\alpha+\alpha(1+i)=b$　…②　　$(1+i)(1-i)\alpha$
$=-2$　…③　　③より，$2\alpha=-2$　　$\alpha=-1$　　これを①，②に代入して，$a=-1$，$b=0$　　よって，$a=-1$，$b=0$
他の解$x=1-i$，$x=-1$

問4　真数条件より，$x>0$，$6-x>0$　　よって，$0<x<6$　…①
$\log_2 x+\log_2(6-x)<3$　　$\log_2 x(6-x)<\log_2 2^3$　　底2は1より大きいから，
$x(6-x)<8$　　$x^2-6x+8>0$　　$(x-2)(x-4)>0$　　$x<2$，$4<x$　…②
①，②より，$0<x<2$ または $4<x<6$

問5　中点を結んでできる三角形の面積は，もとの三角形の面積の$\dfrac{1}{4}$
倍になるから，$S_{n+1}=\dfrac{1}{4}S_n$　　よって，数列$\{S_n\}$は，初項5，公比$\dfrac{1}{4}$の
等比数列であるから，$S_n=5\cdot\left(\dfrac{1}{4}\right)^{n-1}$　　したがって，
$(-1)^{n+1}S_n=(-1)^{n+1}\cdot5\cdot\left(\dfrac{1}{4}\right)^{n-1}=5\cdot\left(-\dfrac{1}{4}\right)^{n-1}$　　$\left|-\dfrac{1}{4}\right|<1$より，
$\displaystyle\sum_{n=1}^{\infty}(-1)^{n+1}S_n$は収束し，$\displaystyle\sum_{n=1}^{\infty}(-1)^{n+1}S_n=\dfrac{5}{1-\left(-\dfrac{1}{4}\right)}=4$

【4】問1　$\angle AOB=\theta$とおくと，$\triangle OAB$の面積Sは，$S=\dfrac{1}{2}|\vec{a}||\vec{b}|\sin\theta$
…①　　$\vec{a}\cdot\vec{b}=|\vec{a}||\vec{b}|\cos\theta$より，$\cos\theta=\dfrac{\vec{a}\cdot\vec{b}}{|\vec{a}||\vec{b}|}$である。

$\sin^2\theta=1-\cos^2\theta$であるから，$\sin^2\theta=1-\dfrac{(\vec{a}\cdot\vec{b})^2}{|\vec{a}|^2|\vec{b}|^2}$　　$\sin\theta>0$より，

$\sin\theta=\sqrt{1-\dfrac{(\vec{a}\cdot\vec{b})^2}{|\vec{a}|^2|\vec{b}|^2}}$　…②　　①，②より，

$$S=\frac{1}{2}|\vec{a}||\vec{b}|\sqrt{1-\frac{(\vec{a}\cdot\vec{b})^2}{|\vec{a}|^2|\vec{b}|^2}}\qquad\text{ゆえに,}$$

$$S=\frac{1}{2}\sqrt{|\vec{a}|^2|\vec{b}|^2-(\vec{a}\cdot\vec{b})^2}\qquad\text{問2}\quad\frac{\sqrt{23}}{4}$$

〈解説〉問1　解答参照。　　　問2　$|\vec{a}+\vec{b}|=\sqrt{6}$ より，$|\vec{a}+\vec{b}|^2=6$

$|\vec{a}|^2+2\vec{a}\cdot\vec{b}+|\vec{b}|^2=6$　　$(\sqrt{3})^2+2\vec{a}\cdot\vec{b}+(\sqrt{2})^2=6$

$\vec{a}\cdot\vec{b}=\dfrac{1}{2}$　　よって，$S=\dfrac{1}{2}\sqrt{(\sqrt{3})^2(\sqrt{2})^2-\left(\dfrac{1}{2}\right)^2}=\dfrac{\sqrt{23}}{4}$

【5】問1　36°　　問2　$\dfrac{1+\sqrt{5}}{2}$　　問3　$\vec{BC}=\dfrac{\sqrt{5}-1}{2}\vec{b}+\vec{e}$

〈解説〉問1　正五角形の1つの内角の大きさは，$\dfrac{180°\times3}{5}=108°$

△ABC，△AEDは合同な二等辺三角形で，∠BAC＝∠EAD＝$\dfrac{180°-108°}{2}=36°$　　よって，∠CAD＝108°－36°×2＝36°

問2　線分ACとBEの交点をFとすると，△EAF∽△ACD　　BE＝xとすると，AC＝BE＝xであり，△EAF，△ABFはともに二等辺三角形であるから，AE＝FE＝1，AF＝BF＝$x-1$　　よって，AE：CA＝AF：CD

より，1：$x=(x-1):1$　　$x(x-1)=1$　　$x^2-x-1=0$

$x=\dfrac{1\pm\sqrt{5}}{2}$　　$x>0$より，$x=\dfrac{1+\sqrt{5}}{2}$　　したがって，BE＝$\dfrac{1+\sqrt{5}}{2}$

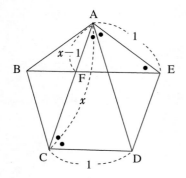

問3　$\overrightarrow{BC}=\overrightarrow{BA}+\overrightarrow{AE}+\overrightarrow{EC}$　　∠BAC＝∠ACE＝36°より，錯角が等

しいから，AB//EC　　$EC=BE=\dfrac{1+\sqrt{5}}{2}$より，$\overrightarrow{EC}=\dfrac{1+\sqrt{5}}{2}\,\vec{b}$

よって，$\overrightarrow{BC}=-\vec{b}+\vec{e}+\dfrac{1+\sqrt{5}}{2}\,\vec{b}=\dfrac{\sqrt{5}-1}{2}\,\vec{b}+\vec{e}$

【6】問1　$\dfrac{1}{273}$　　問2　$\dfrac{(n-1)(n-2)(n-3)(15-n)}{18018}$　　　問3　$n=12$

〈解説〉問1　赤玉10個と白玉5個を取り出した順に一列に並べることを考

え る。赤玉10個と白玉5個を一列に並べたときの場合の数は，${}_{10}C_5=$

$\dfrac{15!}{10!5!}=3003$〔通り〕　　そのうち，4回目に取り出した玉が4個目の

白玉である場合の数は，$1\times{}_{11}C_1=11$〔通り〕　　　よって，$P_4=\dfrac{11}{3003}$

$=\dfrac{1}{273}$

問2　n回目に取り出した玉が4個目の白玉である場合の数は，

${}_{n-1}C_3\times{}_{15-n}C_1=\dfrac{(n-1)(n-2)(n-3)}{6}\times(15-n)$〔通り〕

よって，$P_n=\dfrac{(n-1)(n-2)(n-3)(15-n)}{18018}$

問3　問2より，$P_{n+1}=\dfrac{n(n-1)(n-2)(14-n)}{18018}$　　　よって，$\dfrac{P_{n+1}}{P_n}-1=$

$\dfrac{n(14-n)}{(n-3)(15-n)}-1=\dfrac{-4n+45}{(n-3)(15-n)}$　　　$4\leqq n\leqq11$のとき，$\dfrac{P_{n+1}}{P_n}-1>0$

$n\geqq12$のとき，$\dfrac{P_{n+1}}{P_n}-1<0$より，$P_4<P_5<\cdots<P_{11}<P_{12}>P_{13}>\cdots$

したがって，P_nを最大にするnの値は，$n=12$

【7】問1　$y=2ke^{1-k}x-ke^{1-k}$　　問2　$\left(\dfrac{1}{2},\ 0\right)$　　問3　$\dfrac{1}{4}\left(\dfrac{2}{\sqrt{e}}-1\right)$

〈解説〉問1　$f'_k(x)=k(x+1)e^{x-k}$より，$f'_k(1)=2ke^{1-k}$　　　よって，l_kの方程

式は，$y-f_k(1)=2ke^{1-k}(x-1)$　　$y-ke^{1-k}=2ke^{1-k}x-2ke^{1-k}$

$y=2ke^{1-k}x-ke^{1-k}$

問2 $y=2ke^{1-k}x-ke^{1-k}$ を変形すると，$ke^{1-k}(2x-1)-y=0$　l_k が k の値に関係なく定点を通るとき，$2x-1=0$，$y=0$　これより，$x=\dfrac{1}{2}$，$y=0$　よって，定点Aの座標は，$\left(\dfrac{1}{2},\ 0\right)$

問3 $f'_k(x)=k(x+1)e^{x-k}$，$f''_k(x)=k(x+2)e^{x-k}$　$x>0$ において，$f''_k(x)>0$ より，$y=f_k(x)$ は下に凸のグラフとなる。よって，$\dfrac{1}{2}\leqq x\leqq1$ において，$f_k(x)\geqq2ke^{1-k}x-ke^{1-k}$

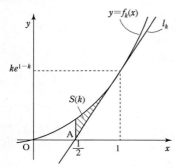

したがって，$S(k)=\displaystyle\int_{\frac{1}{2}}^{1}kxe^{x-k}dx-\dfrac{1}{2}\cdot\dfrac{1}{2}\cdot ke^{1-k}$

$=\Big[kxe^{x-k}\Big]_{\frac{1}{2}}^{1}-k\displaystyle\int_{\frac{1}{2}}^{1}e^{x-k}dx-\dfrac{1}{4}ke^{1-k}=\Big(\dfrac{1}{2}\sqrt{e}-\dfrac{1}{4}e\Big)ke^{-k}$

$S'(k)=\Big(\dfrac{1}{2}\sqrt{e}-\dfrac{1}{4}e\Big)(1-k)e^{-k}$ より，$S'(k)=0$ となるのは，$k=1$

よって，$S(k)$ の増減表は次のようになる。

k	0	……	1	……
$S'(k)$		+	0	−
$S(k)$		↗	極大	↘

$k=1$ において極大かつ最大となるから，最大値は，
$S(1)=\Big(\dfrac{1}{2}\sqrt{e}-\dfrac{1}{4}e\Big)e^{-1}=\dfrac{1}{4}\Big(\dfrac{2}{\sqrt{e}}-1\Big)$

2013年度　実施問題

【中学校】

【1】$(x+2y-2z)(x+2y-3z)-12z^2$を因数分解しなさい。

(☆☆☆◎◎◎◎)

【2】1から100までの整数のうち，6でも9でも割り切れない整数の個数を求めなさい。

(☆☆☆◎◎◎◎)

【3】$\sqrt{15}$の整数部分をa，小数部分をbとするとき，$a^2+12b+2b^2$の値を求めなさい。

(☆☆☆◎◎◎◎)

【4】x，yは素数である。xに120を加えた数を素因数分解すると，$y\times17$となる。また，xをyで割ると，余りが1になる。このときのxの値を求めなさい。

(☆☆☆◎◎◎)

【5】次の図で△DEFは，△ABCを回転移動した図形である，このとき，回転の中心Oを，作図によって求めなさい。(作図に用いた線はそのまま残しておくこと)

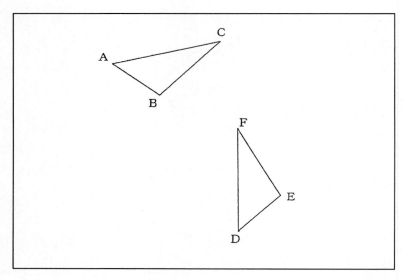

(☆☆☆○○○)

【6】図1のように「△ABCにおいて，∠Aの二等分線と辺BCとの交点を
Dとするとき，AB：AC＝BD：CDである」ということを証明したい。
授業の中で，図2のような補助線をひいている生徒がいた。
　　このとき，下の問いに答えなさい。

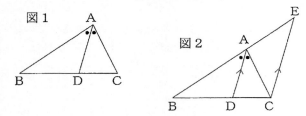

(1)　この生徒が，点Eをとった手順を説明しなさい。
(2)　図2の考え方をもとにして，中学生に示す模範の証明を書きなさ
い。

(☆☆☆○○○○)

【7】同じ大きさのビー玉がたくさん入っている箱がある。この箱の中からビー玉を80個取り出して印を付けたあと箱に戻し，よく混ぜた。再び80個ビー玉を取り出したところ，印の付いたビー玉が14個含まれていた。この箱の中には，およそ何個のビー玉が入っていると考えられるか。十の位までの概数で答えなさい。

(☆☆☆◎◎◎)

【8】幅$a$cmの鉄板を，次の図のように左右$x$cmずつ直角に折り曲げた。そのときの切り口である長方形ABCDの面積をScm²とする。

このとき，下の問いに答えなさい。

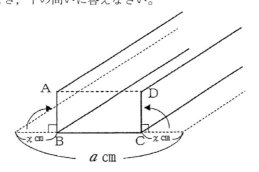

(1)　Sを，aとxを用いて表しなさい。
(2)　Sの最大値を，aを用いて表しなさい。

(☆☆☆◎◎◎)

【9】一辺の長さが8cmの正四面体がある。この正四面体を図のように，BP＝2cmとなる点Pを辺AB上にとり，面PCDで切断するとき，あとの問いに答えなさい。

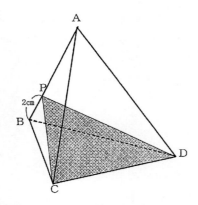

(1)　切断面△PCDの面積を求めなさい。

(2)　点Aから，面PCDに下ろした垂線の長さを求めなさい。

(☆☆☆☆◎◎◎◎)

【10】1個120円で売ると，一日に500個売れる品物がある。この品物は10円値上げするごとに，売り上げ個数が20個ずつ減っていく。

　　この品物を500個仕入れて，一日の売り上げ総額を，1個120円で500個売ったときよりも18000円多くなるようにするには，1個いくらの値段で売ればよいか求めなさい。

　　ただし，値上げして売れ残った品物は，60円で全て売り切ることとする。

(☆☆☆☆◎◎◎◎)

【11】勾配が一定の斜面を，時速6kmの速さで進むケーブルカーが，ふもとのA駅と山頂のB駅の間を往復している。縮尺2万5千分の1の地図でA駅とB駅の直線距離を測ったところ，3.2cmであった。ケーブルカーは，2両設置されており，一方がA駅を出発するとき，他方は同時にB駅を出発する。

　　このとき，あとの問いに答えなさい。

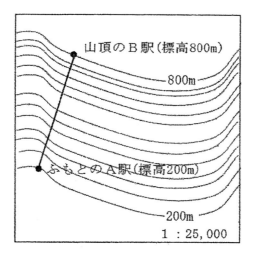

山頂のB駅（標高800m）

800m

ふもとのA駅（標高200m）

200m

1：25,000

(1) 9時40分にA駅を出発したケーブルカーがB駅に到着するのは何時何分か求めなさい。

(2) 2両のケーブルカーは，どちらも一方の駅に到着してから6分後にもう一方の駅に向けて出発する。また，2両は等しい速度で進み，いつもA駅とB駅の中間地点ですれ違う。

　　ケーブルカーは常にこのサイクルで運行し，始発は2両とも9時40分にそれぞれの駅を出発する。このとき，10時から11時の間に何回すれ違うか，グラフを利用して答えなさい。

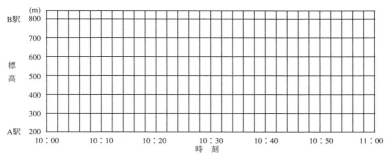

(☆☆☆☆◎◎)

【高等学校】

【１】次の〔１〕，〔２〕の２つの文章は，高等学校学習指導要領解説数学編
　　理数編(平成21年12月)の「第１部数学編第１章総説第１節改訂の趣旨」の
　　「２改訂の趣旨」及び「３改訂の要点」の一部である。あとの各問いに
　　答えよ。

〔１〕平成20年１月の中央教育審議会答申(以下「答申」と略記)において
　　は，学習指導要領改訂の基本的な考え方が示されるとともに，各教
　　科等の改善の基本方針や主な改善事項が示されている。このたびの
　　高等学校数学科の改訂は，これらを踏まえて行ったものである。

　　　「答申」の中で，算数・数学科の改善の基本方針については，次
　　のように示された。

　　ア　改善の基本方針

　　　(ア)　…………………(略)……………

　　　(イ)　数量や図形に関する基礎的・基本的な知識・技能は，生活
　　　　や学習の基盤となるものである。また，科学技術の進展などの
　　　　中で，【A】の国際的な通用性が一層問われている。このため，
　　　　数量や図形に関する基礎的・基本的な知識・技能の確実な定着
　　　　を図る観点から，算数・数学の内容の系統性を重視しつつ，学
　　　　年間や学校段階間で内容の一部を重複させて，発達や学年の段
　　　　階に応じた【B】による教育課程を編成できるようにする。

　　　(ウ)　…………(略)…………　　　(エ)　…………(略)…………

　　　(オ)　算数的活動・数学的活動は，基礎的・基本的な知識・技能
　　　　を確実に身に付けるとともに，【C】を高めたり，【D】を実感
　　　　したりするために，重要な役割を果たすものである。算数的活
　　　　動・数学的活動を生かした指導を一層充実し，また，【E】を重
　　　　視した指導が行われるようにするために，小・中学校では各学
　　　　年の内容において，算数的活動・数学的活動を具体的に示すよ
　　　　うにするとともに，高等学校では，必履修科目や多くの生徒の
　　　　選択が見込まれる科目に「《あ》」を位置付ける。

〔２〕高等学校数学科の目標は，「答申」の「改善の基本方針」等を踏

まえるとともに，高等学校における数学教育の意義を考慮し，小学校算数科及び中学校数学科の目標と一貫性を図って下のように示されている。…………(略)…………

　数学的活動を通して，数学における基本的な概念や原理・法則の【F】を深め，事象を数学的に考察し表現する能力を高め，創造性の基礎を培うとともに，《い》を認識し，それらを積極的に活用して数学的論拠に基づいて判断する態度を育てる。

問1　文章中の【A】～【F】に入る語句を，次の①～⑥よりそれぞれ1つずつ選び，その記号を記入せよ。
①　数学的な思考力・表現力　　②　理数教育
③　言語活動や体験活動　　　　④　反復(スパイラル)
⑤　体系的な理解
⑥　算数・数学を学ぶことの楽しさや意義
問2　文章中の《あ》，《い》に入る語句を解答用紙に記入せよ。

（☆☆☆☆○○○○）

【2】「不等式$|x+2|>2x$を解きなさい。」という問題について，高校生のSさんは，次のように解答した。下の各問いに答えよ。

(Sさんの解答)

　不等式の両辺を平方すると，

$|x+2|^2>(2x)^2$

$(x+2)^2>(2x)^2$

$x^2+4x+4>4x^2$

$3x^2-4x-4<0$

$(3x+2)(x-2)<0$

よって$-\dfrac{2}{3}<x<2$

問1　Sさんの考え方の間違いを指摘し，Sさんに説明せよ。
問2　この問題の正答例を記入せよ。

（☆☆☆☆◎◎◎）

【３】 次の各問いに答えよ。答えのみ記入せよ。

問1　AチームとBチームが野球の試合をする。繰り返し試合をし，先に3勝したチームを優勝とする。各試合でAチームが勝つ確率は $\frac{2}{3}$，Bチームが勝つ確率は $\frac{1}{3}$ である。Aチームが優勝する確率を求めよ。

問2　行列 $A=\begin{pmatrix} \frac{\sqrt{3}}{2} & -\frac{1}{2} \\ \frac{1}{2} & \frac{\sqrt{3}}{2} \end{pmatrix}$ について，A^{2012} を求めよ。

問3　$a_1=3$，$a_{n+1}=9a_n{}^3$ $(n=1, 2, 3\cdots\cdots)$ で定められる数列 $\{a_n\}$ の一般項を求めよ。

問4　座標平面上において，中心が原点，半径が1の円Oの円周上に点Aをとり，線分OAが x 軸の正の向きとなす角を θ とする。また，点Aにおける接線を l とし，点B$(-1, 0)$ から l に垂線をひき，l との交点をPとする。点Pの x 座標を $\cos\theta$ を用いて表せ。

問5　関数 $y=\dfrac{ax^2+bx+c}{x+1}$ は，$x=0$ のとき極小値1をとる。また，$x=3$ のとき，y の値は $\dfrac{11}{2}$ である。このとき，a，b，c の値を求めよ。また，この関数の極大値と極大となるときの x の値を求めよ。

(☆☆☆◎◎◎◎)

【４】 次の各問いに答えよ。ただし，問2は答えのみ記入せよ。

問1　△ABCにおいて，BC$=a$，AC$=b$，AB$=c$とするとき，余弦定理 $a^2=b^2+c^2-2bc\cos A$ が成り立つことを，数学Ⅰの授業を想定して証明せよ。ただし，証明は△ABCが鋭角三角形の場合のみでよい。

問2　円に内接する四角形ABCDにおいて，AB$=3$，BC$=2$，CD$=6$，DA$=3$のとき，対角線ACの長さを求めよ。

(☆☆☆◎◎◎◎)

【5】四面体OABCにおいて，OA⊥OB，OB⊥OC，OC⊥OA，OA＝OB＝OC＝3である。また，辺ACを三等分する点を点Aに近い方からそれぞれD，Eとし，△OBCの重心をFとする。

$\overrightarrow{OA} = \vec{a}$，$\overrightarrow{OB} = \vec{b}$，$\overrightarrow{OC} = \vec{c}$ とおくとき，次の各問いに答えよ。ただし，問1は答えのみ記入せよ。

問1　$\overrightarrow{EF}$ を $\vec{a}$，$\vec{b}$，$\vec{c}$ を用いて表せ。

問2　直線OD上に点P，直線EF上に点Qをとる。線分PQの長さが最小となるとき，$\overrightarrow{OP}$ を $\vec{a}$，$\vec{b}$，$\vec{c}$ を用いて表せ。

(☆☆☆☆◎◎◎)

【6】座標平面上の2点，A(0，3)，B(t，3t)(tは定数)に対して，AP：BP＝1：2を満たす点Pの軌跡を考える。次の各問いに答えよ。ただし，問2は答えのみ記入せよ。

問1　点Pの軌跡を求めよ。

問2　問1の点Pの軌跡が，直線$y＝2$と共有点をもつようなtの値の範囲を求めよ。

(☆☆☆◎◎◎)

【7】a，bを定数とする。2つの関数$f(x)＝a\cos x$，$g(x)＝\sin 2bx$について，次の各問いに答えよ。ただし，問1，問2は答えのみ記入せよ。

問1　$a＝1$，$b＝1$のとき，方程式$f(x)＝g(x)$を解け。ただし，$0 \leqq x < 2\pi$とする。

問2　$a＝\dfrac{1}{2}$，$b > 0$のとき，$0 < x < \dfrac{\pi}{2}$における関数$y＝f(x)$と$y＝g(x)$のグラフの共有点が4つとなるような定数bの値の範囲を求めよ。

問3　$a > 0$，$b＝1$のとき，$S(a)＝\displaystyle\int_0^{\frac{\pi}{6}} |f(x)－g(x)| dx$を求めよ。

(☆☆☆☆◎◎◎)

287

解答・解説

【中学校】

【１】$(x+2y-6z)(x+2y+z)$

〈解説〉$x+2y=X$とおくと，

$$(x+2y-2z)(x+2y-3z)-12z^2=(X-2z)(X-3z)-12z^2$$
$$=X^2-5zX+6z^2-12z^2=X^2-5zX-6z^2$$
$$=(X-6z)(X+z)=(x+2y-6z)(x+2y+z)$$

【２】78個

〈解説〉1から100までの整数のうち，6の倍数は，$6×1$から$6×16$まで，16個，9の倍数は，$9×1$から$9×11$まで，11個。また，6と9の公倍数である18の倍数は，$18×1$から$18×5$まで，5個あるから，6または9の倍数は，$16+11-5=22$[個]　よって，6でも9でも割り切れない整数は，$100-22=78$個

【３】21

〈解説〉$\sqrt{9}<\sqrt{15}<\sqrt{16}$より，$a=3$であるから，$b=\sqrt{15}-3$　よって，

$$a^2+12b+2b^2=a^2+2b(6+b)=3^2+2(\sqrt{15}-3)(\sqrt{15}+3)$$
$$=9+2(15-9)=21$$

【４】67

〈解説〉$x+120=17y$　…①　xをyで割った商をk　$(k≧1)$とすると，

$x=ky+1$　…②

②を①に代入して，$ky+121=17y$　$(17-k)y=121=11^2$　yは素数より，$17-k=11$，$y=11$　よって，$k=6$，$y=11$

①または②に代入して，$x=67$

【5】(例)

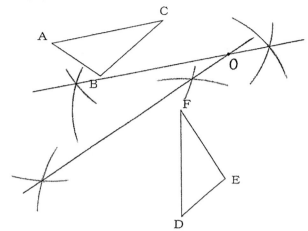

〈解説〉対応する2つの頂点は，それぞれOを通る同一な円周上にあるから，それらの垂直二等分線上に回転の中心Oがある。よって，2組の垂直二等分線の交点をOとすればよい。

【6】(1)　点Cを通り，DAに平行な直線とBAの延長との交点をEとした。

(2)　点Cを通り，DAに平行な直線を引き，BAの延長との交点をEとする。仮定より，∠BAD＝∠CAD　…①

AD//ECより，∠CAD＝∠ACE　(錯角)…②

∠BAD＝∠AEC　(同位角)…③

①，②，③より，∠ACE＝∠AECとなり，△ACEは二等辺三角形であるから，

AC＝AE　…④

平行線と線分の比の定理により，BA：AE＝BD：DC　…⑤

④，⑤より，AB：AC＝BD：CDとなる。

〈解説〉(1)　解答参照。　　(2)　解答参照。

【7】およそ460個

〈解説〉80個のビー玉に含まれる印の付いたビー玉の割合は，$\dfrac{14}{80}=\dfrac{7}{40}$

　　よって，箱の中のビー玉の個数は，$80\div\dfrac{7}{40}=80\times\dfrac{40}{7}=457.1$

　　…より，およそ460個。

【8】(1)　$S=x(a-2x)$　　(2)　$\dfrac{a^2}{8}$

〈解説〉(1)　$AB=x$[cm]，$BC=a-2x$[cm]より，$S=x(a-2x)$

　　(2)　$AB>0$，$BC>0$より，

　　xの範囲は，$0<x<\dfrac{a}{2}$　　$S=-2x^2+ax=-2\left(x-\dfrac{a}{4}\right)^2+\dfrac{a^2}{8}$

　　よって，$x=\dfrac{a}{4}$のとき最大となり，最大値は，$\dfrac{a^2}{8}$

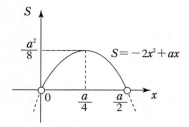

【9】(1)　24cm²　　(2)　$4\sqrt{2}$ cm

〈解説〉(1)　余弦定理より，

　　$CP^2=8^2+2^2-2\cdot8\cdot2\cos60°=64+4-32\cdot\dfrac{1}{2}=52$

　　$CP>0$より，$CP=\sqrt{52}=2\sqrt{13}$ [cm]

　　△PCDはPC＝PDの二等辺三角形だから，辺CDの中点をHとすると，

　　三平方の定理より，$PH^2=(2\sqrt{13})^2-4^2=36$

　　$PH>0$より，$PH=6$[cm]　　よって，

　　$\triangle PCD=\dfrac{1}{2}\cdot CD\cdot PH=\dfrac{1}{2}\cdot8\cdot6=24$[cm²]

　　(2)　△BCDの外心をOとすると，線分AOは正四面体の高さになる。

　　正弦定理より，$2\times OB=\dfrac{8}{\sin60°}=8\times\dfrac{2}{\sqrt{3}}=\dfrac{16\sqrt{3}}{3}$[cm]だから，

△OABに三平方の定理を用いて，$AO^2 = 8^2 - \left(\dfrac{8\sqrt{3}}{3}\right)^2 = \dfrac{128}{3}$

$AO > 0$より，$AO = \sqrt{\dfrac{128}{3}} = \dfrac{8\sqrt{6}}{3}$ [cm]

よって，正四面体の体積は，

$\dfrac{1}{3} \cdot \left(\dfrac{\sqrt{3}}{4} \cdot 8^2\right) \cdot \dfrac{8\sqrt{6}}{3} = \dfrac{128\sqrt{2}}{3}$ [cm³]

$AP : PB = 6 : 2 = 3 : 1$より，

立体A-PCDの体積は，$\dfrac{3}{4} \cdot \dfrac{128\sqrt{2}}{3} = 32\sqrt{2}$ [cm³]だから，

求める垂線の長さを$h$cmとすると，

$\dfrac{1}{3} \cdot \triangle PCD \cdot h = 32\sqrt{2}$　　$\dfrac{1}{3} \cdot 24 \cdot h = 32\sqrt{2}$

よって，$h = 4\sqrt{2}$ [cm]

【10】値上げする分をx円とする。10円値上げするごとに売り上げ個数は20個ずつ減っていくので，x円値上げすると，売り上げ個数は$2x$個減ることになる。

$(120 + x)(500 - 2x) + 60 \times 2x = 120 \times 500 + 18000$

$60000 - 240x + 500x - 2x^2 + 120x = 60000 + 18000$

$-2x^2 + 380x - 18000 = 0$　　$x^2 - 190x + 9000 = 0$　　$(x - 100)(x - 90) = 0$

$x = 100$，90　　したがって，1個220円または210円の値段で売ればよい。

答　220円または210円

〈解説〉解答参照。

【11】(1)　9時50分　　(2)　4回

〈解説〉(1)　$3.2 \times 25000 = 80000$[cm] $= 800$[m]だから，A駅とB駅の直線距離は800m。また，標高差は600mだから，三平方の定理より，$AB^2 = 800^2 + 600^2 = 1000^2$　$AB > 0$より，$AB = 1000$[m]　よって，A駅からB駅までにかかる時間は，$1000 \div \dfrac{6000}{60} = 1000 \times \dfrac{1}{100} = 10$[分]　したがって，到着するのは，9時50分。

291

(2)　9時56分にケーブルカーが出発して，一方の駅から他方の駅に進むために10分かかることに注意して，運行のようすをグラフに表すと，図のようになるから，すれ違う回数は，4回。

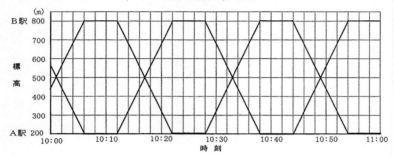

【高等学校】

【1】問1【A】②　【B】④　【C】①　【D】⑥　【E】③　【F】⑤

　　　問2《あ》課題学習　　《い》数学のよさ

〈解説〉問1　(イ)は，内容の系統性を重視すること，反復(スパイラル)による教育課程を編成できるようにすることが述べられている。(オ)は，必履修科目などに「課題学習」を位置付けることが述べられている。

　　　問2　数学科の目標はよく出題されるので，改訂の趣旨と合わせて，キーワードとなる語句を覚えておきたい。

【2】問1　右辺は負の場合もあり，負の場合は2乗すると大小関係が変わることもあるから，両辺を2乗して大小関係が保存するとしてはならない。　問2　（Ⅰ）$x \geqq 0$のときは，左辺は正，右辺は0以上であるので，両辺を2乗しても大小関係は変わらない。よって，両辺を2乗して，$|x+2|^2 > (2x)^2$　$(x+2)^2 > (2x)^2$　$x^2+4x+4 > 4x^2$　$3x^2-4x-4 < 0$　$(3x+2)(x-2) < 0$　よって，$-\dfrac{2}{3} < x < 2$　ゆえに，$0 \leqq x < 2$

（Ⅱ）$x < 0$のときは，左辺は0以上，右辺は負になるので，不等式$|x+2| > 2x$は，すべての負の実数で成り立つ。（Ⅰ），（Ⅱ）より，$x < 2$

〈解説〉問1　解答参照。　問2　解答参照。

【3】 問1　$\dfrac{64}{81}$　　問2　$\begin{pmatrix} -\dfrac{1}{2} & \dfrac{\sqrt{3}}{2} \\ -\dfrac{\sqrt{3}}{2} & -\dfrac{1}{2} \end{pmatrix}$　　問3　$a_n = \dfrac{1}{3} \cdot 3^{2 \cdot 3^{n-1}}$

問4　$\cos^2 \theta + \cos \theta - 1$

問5　$a=2,\ b=1,\ c=1$　　極大値　-7　$(x=-2\,\text{のとき})$

〈解説〉問1　Aチームが3勝0敗で勝つ確率は，$\left(\dfrac{2}{3}\right)^3 = \dfrac{8}{27}$，3勝1敗で勝つ

確率は，${}_3C_2 \left(\dfrac{2}{3}\right)^2 \left(\dfrac{1}{3}\right)^1 \times \dfrac{2}{3} = \dfrac{8}{27}$，

3勝2敗で勝つ確率は，${}_4C_2 \left(\dfrac{2}{3}\right)^2 \left(\dfrac{1}{3}\right)^2 \times \dfrac{2}{3} = \dfrac{16}{81}$ であるから，

求める確率は，$\dfrac{8}{27} + \dfrac{8}{27} + \dfrac{16}{81} = \dfrac{64}{81}$

問2　$A = \begin{pmatrix} \cos 30° & -\sin 30° \\ \sin 30° & \cos 30° \end{pmatrix}$ であるから，

$A^{2012} = \begin{pmatrix} \cos(30° \times 2012) & -\sin(30° \times 2012) \\ \sin(30° \times 2012) & \cos(30° \times 2012) \end{pmatrix}$　ここで，$2012 = 167 \times 12 + 8$

より，$30° \times 2012 = 360° \times 167 + 240°$

よって，$A^{2012} = \begin{pmatrix} \cos 240° & -\sin 240° \\ \sin 240° & \cos 240° \end{pmatrix} = \begin{pmatrix} -\dfrac{1}{2} & \dfrac{\sqrt{3}}{2} \\ -\dfrac{\sqrt{3}}{2} & -\dfrac{1}{2} \end{pmatrix}$

問3　帰納的に $a_n > 0$ だから，両辺の3を底とする対数をとると，$\log_3 a_{n+1}$
$= \log_3 9a_n^3$　$\log_3 a_{n+1} = 3\log_3 a_n + 2$　$\log_3 a_{n+1} + 1 = 3(\log_3 a_n + 1)$　よって，数列 $\{\log_3 a_n + 1\}$ は，初項 $\log_3 a_1 + 1 = 2$，公比3の等比数列であるから，$\log_3 a_n + 1 = 2 \cdot 3^{n-1}$　$\log_3 a_n = 2 \cdot 3^{n-1} - 1$
したがって，$a_n = 3^{2 \cdot 3^{n-1} - 1} = \dfrac{1}{3} \cdot 3^{2 \cdot 3^{n-1}}$

問4　$\cos \theta \neq 0$ のとき，l と x 軸との交点をCとすると，

$OC = \dfrac{OA}{\cos \theta} = \dfrac{1}{\cos \theta}$　$OA /\!/ BP$ より，$OA : BP = OC : BC$

$1 : BP = \dfrac{1}{\cos \theta} : \left(\dfrac{1}{\cos \theta} + 1\right)$

よって，$BP = \cos \theta \left(\dfrac{1}{\cos \theta} + 1\right) = \cos \theta + 1$

したがって，点Pのx座標は，

BP$\cos\theta-1=(\cos\theta+1)\cos\theta-1=\cos^2\theta+\cos\theta-1$　また，$\cos\theta=0$

のとき，lは直線$y=0$だから，点Pのx座標は-1

したがって，すべてのθに対し点Pのx座標は$\cos^2\theta+\cos\theta-1$

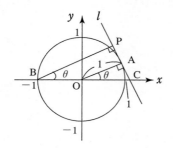

問5　$f(x)=\dfrac{ax^2+bx+c}{x+1}$とおくと，

$$f'(x)=\dfrac{(2ax+b)(x+1)-(ax^2+bx+c)}{(x+1)^2}=\dfrac{ax^2+2ax+b-c}{(x+1)^2}$$

条件より，$f(0)=1$　…①，$f'(0)=0$　…②，$f(3)=\dfrac{11}{2}$　…③

①より，$c=1$　②より，$b-c=0$

よって，$b=1$　このとき，$f(x)=\dfrac{ax+x+1}{x+1}$であるから，

③より，$f(3)=\dfrac{9a+4}{4}=\dfrac{11}{2}$　$a=2$

したがって，$f(x)=\dfrac{2x^2+x+1}{x+1}$　$f'(x)=0$とおくと，

$\dfrac{2x^2+4x}{(x+1)^2}=\dfrac{2x(x+2)}{(x+1)^2}=0$より，$x=-2$，$0$　増減表は図のようになるから，極大値は-7　（$x=-2$のとき）

x	$\cdots$	-2	$\cdots$	-1	$\cdots$	0	$\cdots$
$f'(x)$	$+$	0	$-$		$-$	0	$+$
$f(x)$	↗	-7	↘		↘	1	↗

【4】問1　△ABCの頂点Bから辺ACに垂線をひき，その交点をHとする
と，△ABCは鋭角三角形だから，AH＝$c$cosA，BH＝$c$sinAとなる。
△BHCにおいて，三平方の定理より，BC²＝BH²＋CH²
$a^2＝(c\sin A)^2＋(b－c\cos A)^2＝c^2\sin^2A＋b^2－2bc\cos A＋c^2\cos^2A$
　　＝$c^2(\sin^2A＋\cos^2A)＋b^2－2bc\cos A＝b^2＋c^2－2bc\cos A$
よって，$a^2＝b^2＋c^2－2bc\cos A$が成り立つ。　　問2　$\sqrt{21}$

〈解説〉問1　解答参照。
　　問2　対角線ACの長さを2通りの方法で表す。余弦定理より，
　　AC²＝3²＋2²－2・3・2cosB＝13－12cosB　…①
　　また，AC²＝3²＋6²－2・3・6cos(180°－B)＝45＋36cosB　…②
　　①×3＋②から，4AC²＝84　AC²＝21　AC＞0より，AC＝$\sqrt{21}$

【5】問1　$\overrightarrow{EF}＝－\dfrac{1}{3}\overrightarrow{a}＋\dfrac{1}{3}\overrightarrow{b}－\dfrac{1}{3}\overrightarrow{c}$

　　問2　$\overrightarrow{OP}＝\dfrac{1}{3}\overrightarrow{a}＋\dfrac{1}{6}\overrightarrow{c}$

〈解説〉問1　$\overrightarrow{OE}＝\dfrac{1}{3}\overrightarrow{a}＋\dfrac{2}{3}\overrightarrow{c}$，$\overrightarrow{OF}＝\dfrac{1}{3}\overrightarrow{b}＋\dfrac{1}{3}\overrightarrow{c}$であるから，

　　$\overrightarrow{EF}＝\overrightarrow{OF}－\overrightarrow{OE}＝\left(\dfrac{1}{3}\overrightarrow{b}＋\dfrac{1}{3}\overrightarrow{c}\right)－\left(\dfrac{1}{3}\overrightarrow{a}＋\dfrac{2}{3}\overrightarrow{c}\right)$

　　　　＝$－\dfrac{1}{3}\overrightarrow{a}＋\dfrac{1}{3}\overrightarrow{b}－\dfrac{1}{3}\overrightarrow{c}$

　　問2　$\overrightarrow{OD}＝\dfrac{2}{3}\overrightarrow{a}＋\dfrac{1}{3}\overrightarrow{c}$　　点Pは直線OD上の点であるから，

　　$\overrightarrow{OP}＝s\overrightarrow{OD}＝\dfrac{2}{3}s\overrightarrow{a}＋\dfrac{1}{3}s\overrightarrow{c}$　　(s：実数)と表せる。

　　また，点Qは直線EF上の点であるから，

　　$\overrightarrow{OQ}＝\overrightarrow{OE}＋t\overrightarrow{EF}＝\left(\dfrac{1}{3}\overrightarrow{a}＋\dfrac{2}{3}\overrightarrow{c}\right)＋t\left(－\dfrac{1}{3}\overrightarrow{a}＋\dfrac{1}{3}\overrightarrow{b}－\dfrac{1}{3}\overrightarrow{c}\right)$

　　　　＝$\dfrac{1}{3}(1－t)\overrightarrow{a}＋\dfrac{1}{3}t\overrightarrow{b}＋\dfrac{1}{3}(2－t)\overrightarrow{c}$　　(t：実数)

　　と表せる。よって，$\overrightarrow{PQ}＝\dfrac{1}{3}(1－t－2s)\overrightarrow{a}＋\dfrac{1}{3}t\overrightarrow{b}＋\dfrac{1}{3}(2－t－s)\overrightarrow{c}$

　　PQが最小になるには，OD⊥PQ，EF⊥PQとなればよいから，

　　$\overrightarrow{OD}・\overrightarrow{PQ}＝0$，$\overrightarrow{EF}・\overrightarrow{PQ}＝0$

ここで，$\vec{a} \cdot \vec{b} = \vec{b} \cdot \vec{c} = \vec{c} \cdot \vec{a} = 0$であるから，

$$\overrightarrow{OD} \cdot \overrightarrow{PQ} = \frac{2}{9}(1-t-2s)|\vec{a}|^2 + \frac{1}{9}(2-t-s)|\vec{c}|^2$$

$$= 2(1-t-2s)+(2-t-s) = 4-3t-5s = 0 \quad \cdots ①$$

$$\overrightarrow{EF} \cdot \overrightarrow{PQ} = -\frac{1}{9}(1-t-2s)|\vec{a}|^2 + \frac{1}{9}t|\vec{b}|^2 - \frac{1}{9}(2-t-s)|\vec{c}|^2$$

$$= -(1-t-2s)+t-(2-t-s) = -3+3t+3s = 0 \quad \cdots ②$$

①，②より，$s = \frac{1}{2}$，$t = \frac{1}{2}$

よって，$\overrightarrow{OP} = \frac{2}{3} \cdot \frac{1}{2}\vec{a} + \frac{1}{3} \cdot \frac{1}{2}\vec{c} = \frac{1}{3}\vec{a} + \frac{1}{6}\vec{c}$

【6】問1　中心$\left(-\frac{1}{3}t, \ -t+4\right)$，半径$\frac{2}{3}\sqrt{10t^2-18t+9}$ の円

問2　$t \leqq 0$，$\dfrac{36}{31} \leqq t$

〈解説〉問1　$P(x, \ y)$とおくと，$AP = \sqrt{x^2+(y-3)^2}$,

$BP = \sqrt{(x-t)^2+(y-3t)^2}$　$AP : BP = 1 : 2$より，$AP^2 : BP^2 = 1 : 4$　ゆえに，

$4AP^2 = BP^2$

$4\{x^2+(y-3)^2\} = (x-t)^2+(y-3t)^2$

$4x^2+4y^2-24y+36 = x^2-2tx+t^2+y^2-6ty+9t^2$

$3x^2+2tx+3y^2+6(t-4)y = 10t^2-36$

$3\left(x+\frac{1}{3}t\right)^2 + 3(y+t-4)^2 = 10t^2-36+\frac{1}{3}t^2+3(t-4)^2$

$3\left(x+\frac{1}{3}t\right)^2 + 3(y+t-4)^2 = \frac{40}{3}t^2-24t+12$

$\left(x+\frac{1}{3}t\right)^2 + (y+t-4)^2 = \frac{40}{9}t^2-8t+4$

実数tにおいて，$\dfrac{40}{9}t^2-8t+4 > 0$より，

中心$\left(-\frac{1}{3}t, \ -t+4\right)$，半径$\frac{2}{3}\sqrt{10t^2-18t+9}$ の円

問2　円の中心と直線$y = 2$との距離は，$|(-t+4)-2| = |2-t|$だから，

$|2-t| \leqq \dfrac{2}{3}\sqrt{10t^2-18t+9}$となればよい。

両辺を2乗して，$(2-t)^2 \leqq \dfrac{4}{9}(10t^2-18t+9)$

$4-4t+t^2 \leqq \dfrac{4}{9}(10t^2-18t+9)$　$31t^2-36t \geqq 0$

$t(31t-36) \geqq 0$　よって，$t \leqq 0$，$\dfrac{36}{31} \leqq t$

【7】問1　$x=\dfrac{\pi}{6}$，$\dfrac{\pi}{2}$，$\dfrac{5}{6}\pi$，$\dfrac{3}{2}\pi$　　　問2　$3<b \leqq 4$

問3　$0<a<1$のとき，$S(a)=\dfrac{a^2}{2}-\dfrac{a}{2}+\dfrac{1}{4}$

$a \geqq 1$のとき，$S(a)=\dfrac{a}{2}-\dfrac{1}{4}$

〈解説〉問1　$f(x)=\cos x$，$g(x)=\sin 2x$より，$\cos x=\sin 2x$

$\cos x=2\sin x\cos x$　$\cos x(2\sin x-1)=0$

よって，$\cos x=0$　または　$\sin x=\dfrac{1}{2}$　$0 \leqq x<2\pi$より，

$\cos x=0$のとき，$x=\dfrac{\pi}{2}$，$\dfrac{3}{2}\pi$

$\sin x=\dfrac{1}{2}$のとき，$x=\dfrac{\pi}{6}$，$\dfrac{5}{6}\pi$

したがって，$x=\dfrac{\pi}{6}$，$\dfrac{\pi}{2}$，$\dfrac{5}{6}\pi$，$\dfrac{3}{2}\pi$

問2　図より，$\dfrac{3\pi}{2b}<\dfrac{\pi}{2} \leqq \dfrac{2\pi}{b}$となればよい。$b>0$より，各辺に$\dfrac{2b}{\pi}$

を掛けて，$3<b \leqq 4$

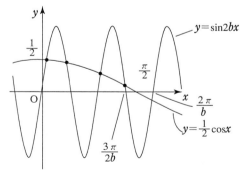

問3　$f(x)=a\cos x$ と $g(x)=\sin 2x$ との交点のx座標のうち，最も小さい正の数を α とする。

(i)　$0<a<1$ のとき，$0<\alpha<\dfrac{\pi}{6}$ であるから，

$0\leqq x\leqq\alpha$ のとき，$a\cos x\geqq\sin 2x$，　$\alpha\leqq x\leqq\dfrac{\pi}{6}$ のとき，$a\cos x\leqq\sin 2x$

よって，$S(a)=\displaystyle\int_0^{\alpha}(a\cos x-\sin 2x)dx+\int_{\alpha}^{\frac{\pi}{6}}(\sin 2x-a\cos x)dx$

$$=[a\sin x-\sin^2 x]_0^{\alpha}+[\sin^2 x-a\sin x]_{\alpha}^{\frac{\pi}{6}}$$

$$=2(a\cos\alpha-\sin^2\alpha)+\frac{1}{4}-\frac{a}{2}$$

ここで，$a\cos\alpha=\sin 2\alpha$ で，$\cos\alpha\neq 0$ より，$\sin\alpha=\dfrac{a}{2}$

したがって，$S(a)=\dfrac{a^2}{2}-\dfrac{a}{2}+\dfrac{1}{4}$

(ii)　$a\geqq 1$ のとき，$\alpha\geqq\dfrac{\pi}{6}$ であるから，

$0\leqq x\leqq\dfrac{\pi}{6}$ のとき，$a\cos x\geqq\sin 2x$

よって，$S(a)=\displaystyle\int_0^{\frac{\pi}{6}}(a\cos x-\sin 2x)dx$

$$=[a\sin x-\sin^2 x]_{\alpha}^{\frac{\pi}{6}}=\frac{a}{2}-\frac{1}{4}$$

(i)，(ii)より，$0<a<1$ のとき，$S(a)=\dfrac{a^2}{2}-\dfrac{a}{2}+\dfrac{1}{4}$，$a\geqq 1$ のとき，

$S(a)=\dfrac{a}{2}-\dfrac{1}{4}$

2012年度　実施問題

【中学校】

【1】 $x^3 - 2x^2 - 9x + 18$ を因数分解しなさい。

(☆☆☆◎◎◎)

【2】 nが100以下の正の整数のとき，$\sqrt{24n}$ が整数となるようなnをすべて求めなさい。

(☆☆☆◎◎◎)

【3】 次の図のように，1から6までの数字を1つずつ書いた6枚のカードがある。

$$\boxed{1} \quad \boxed{2} \quad \boxed{3} \quad \boxed{4} \quad \boxed{5} \quad \boxed{6}$$

この6枚のカードから2枚のカードを使って2桁の整数をつくるとき，できた整数が素数になる確率を求めなさい。

(☆☆☆◎◎◎)

【4】 ∠Aが直角である直角三角形ABCがある。辺AB，BC，CA上にそれぞれ点E，F，Gをとるとき，四角形AEFGが正方形になるように正方形AEFGを作図しなさい。

(☆☆☆◎◎◎)

【5】 みかさんは，3桁の自然数について次のように予想した。
　みかさんの予想
　3桁の自然数Nの各位の数の和が9の倍数ならば，Nも9の倍数になる。
　(例)　576　→　5＋7＋6＝18
　各位の和は18で，18は9の倍数だから，576は9の倍数になる。
　みかさんの予想は正しいといえる。この予想が正しいことの説明を完成しなさい。

(☆☆☆◎◎◎)

【6】除法は小学校3年から指導する内容で，除法が用いられる場合を2つに大別すると「包含除」と呼ばれるものと「等分除」と呼ばれるものがある。18÷3の式になる「包含除」と「等分除」の文章問題をそれぞれ作りなさい。

(☆☆☆◎◎◎)

【7】縦6cm，横13cmの長方形ABCDを，図のように点Pで∠P＝45°となるように折っていく。このとき，BP＝$x$cm，折ってできる部分□の面積を$y$cm²として，あとの問いに答えなさい。

　　ただし，点Pは辺BC上にあるものとする。

図

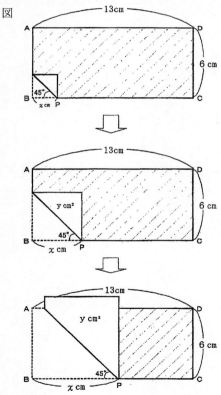

(1) xの変域が次の①，②の場合について，yをxの式でそれぞれ表しなさい。

① $0 \leqq x \leqq 6$

② $6 \leqq x \leqq 13$

(2) 折ってできる部分 □ の面積と，残りの部分 ▨ の面積の比が2：1となるように折るには，BPの長さを何cmにすればよいか求めなさい。

ただし，残りの部分の面積は，折ったときに重なる部分を含まないものとする。

(☆☆☆◎◎◎)

【8】次の図の円Oにおいて，∠AOBは $\overparen{AB}$ に対する中心角，∠APBは $\overparen{AB}$ に対する円周角である。図のように中心Oが∠APBの外部にある場合，$\frac{1}{2}$∠AOB＝∠APBであることを証明したい。

中学生に示す模範の解答をかきなさい。

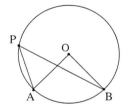

(☆☆☆◎◎◎)

【9】右の図の円Oで，円周を10等分した点を順にA，B，C，D，E，F，G，H，I，Jとする。その中から3点をとって△ABEをつくる。このとき，∠A，∠B，∠Eの大きさはそれぞれ何度になるか求めなさい。

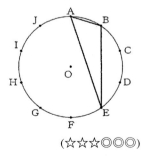

(☆☆☆◎◎◎)

【10】次の図において，①は放物線$y=ax^2(a>0)$，②は放物線$y=-x^2$である。また，③は直線$y=2x$である。①と③のグラフの交点をA，②と③の交点をBとし，点Cの座標を$(-4, 8)$とする。

　　点A，B，Cを頂点とする△ABCの面積が64となるとき，aの値を求めなさい。

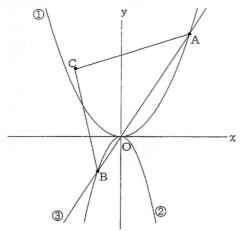

(☆☆☆◎◎◎)

【11】次の立方体において，AB，AD，GHの中点をそれぞれI，J，Kとする。I，J，Kを通る平面で立方体を切断したときの切断面を次の図に示しなさい。また，その図形の名前を答えなさい。

　　ただし，図はフリーハンドでかいてもよい。

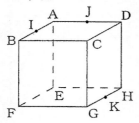

(☆☆☆◎◎◎)

【12】中学校3年の「標本調査」の単元で、「自分の中学校の3年生200人の、一日の睡眠時間は何時間位だろうか」という課題を解決する学習を行う場合、次のような生徒の活動が考えられる。

生徒の活動

① 質問紙を作成する。

② 標本となる生徒を抽出して調査を実施する。

③ 調査の結果を整理する。

④ 調査結果を基にして、全生徒の睡眠時間を予測して説明する。

　調査の方法や結論が適切なものになるために、生徒の活動をするに際し、生徒たちに気を付けさせたいことを2つあげなさい。

(☆☆☆◎◎◎)

【高等学校】

【1】次の文章は高等学校学習指導要領解説数学編理数編(平成21年12月文部科学省)の「第1部　数学編第1章総説第1節改訂の趣旨3改訂の要点」の一部である。あとの各問いに答えよ。ただし、文章中の同じ記号の空欄には、同じ語句が入る。

　数学科の科目編成の改善については、※「答申」の「改善の具体的事項」に示されているように、数学の学習の【　A　】と生徒選択の【　B　】、生徒の学習意欲及び【　C　】を高めることなどに配慮した。

　(略)

改善の要点としては次の4点があげられる。

①　共通必履修科目として「数学Ⅰ」を設けた。

　※「答申」には「学習の基盤であり、広い意味での【　D　】とも言うべき力を高める国語、数学、外国語については、現在選択必履修となっているが、義務教育の成果を踏まえ、共通必履修科目を置く必要がある。」と述べられており、これを受けて「数学Ⅰ」を共通必履修科目とした。

　今回の改訂では、従前の改訂と同様、生徒の特性等の多様化及び中

学校数学の内容を踏まえ，「数学Ⅰ」だけで高等学校数学の履修を終える生徒に配慮し，「数学Ⅰ」に続けて深く学ぶ生徒にはその後の科目の内容との【　Ａ　】を考慮するとともに，今回共通必履修科目になったことから，すべての高校生に必要な【　Ｅ　】は何かという視点で検討を行い，内容を構成した。また，「数学Ⅰ」には，（　ａ　）を内容に位置付け，（　ｂ　）を一層重視し指導することとしている。

② 　（略）

③ 　「数学A」及び「数学B」をそれぞれ三つの項目から幾つかの項目を選択して履修する科目とし，「数学C」の内容を他科目に移行するなどした。

　　従前の「数学A」はその内容のすべてを履修する科目で，「数学B」及び「数学C」はそれぞれ四つの項目から幾つかの項目を選択して履修する科目であった。今回，【　Ａ　】などの観点から内容を見直し，「数学Ⅰ」，「数学Ⅱ」，「数学Ⅲ」の内容との関連も踏まえ，「数学A」及び「数学B」にそれぞれ三つずつの項目を設けた。なお，「数学A」には「数学Ⅰ」と同様，（　ａ　）を内容に位置付けている。

④ 　「数学基礎」の趣旨を生かし，その内容を発展させた科目として「数学活用」を設けた。

　　「数学活用」は，従前の「数学基礎」同様，生徒の（　ｂ　）を一層重視し，具体的な事象の考察を通して数学への興味や関心を高め，数学的な見方や考え方のよさなどの【　Ｆ　】を認識できるようにすることや，数学をいろいろな場面で積極的に活用できるようにすることをねらいとしている。他科目との履修順序を工夫し，適切な時期に扱うことによって生徒の実態等に応じた多様な指導ができるようにしている。

　＊「答申」…「幼稚園，小学校，中学校，高等学校及び特別支援学校の学習指導要領等の改善について(答申)」

(平成20年1月中央教育審議会)

問1　文章中の【　Ａ　】～【　Ｆ　】に入る語句を，次のア～カの中からそれぞれ1つずつ選び，その記号を記入せよ。

　ア　数学的素養　　　　　　　　　イ　数学のよさ
　ウ　数学的な思考力・判断力・表現力　エ　系統性
　オ　言語を活用する能力　　　　　　カ　多様性
問2　文章中の(　a 　),(　b 　)に入る語句を記入せよ。

（☆☆☆◎◎◎）

【2】「袋の中に赤玉2個，白玉2個，黒玉1個，青玉1個，黄玉1個の合計7
　個の玉が入っている。これらの玉をよく混ぜて1つずつ取り出し7個の
　玉を横1列に並べるとき，同じ色の玉が隣り合わない確率を求めよ。」
　という問題に対して，高校生のSさんは次のように解答した。下の各
　問いに答えよ。

(Sさんの解答)
　「赤玉2個が隣り合う」という事象をA，「白玉2個が隣り合う」とい
　う事象をBとする。
　また，事象A，事象Bの起こる確率をそれぞれP(A)，P(B)とする。

赤玉2個が隣り合う確率は，$P(A) = \dfrac{6! \times 2!}{7!} = \dfrac{2}{7}$

白玉2個が隣り合う確率は，$P(B) = \dfrac{6! \times 2!}{7!} = \dfrac{2}{7}$

よって同じ色の玉が隣り合う確率は，$\dfrac{2}{7} + \dfrac{2}{7} = \dfrac{4}{7}$

ゆえに，同じ色の玉が隣り合わない確率は，この余事象の確率である
から

$1 - \dfrac{4}{7} = \dfrac{3}{7}$

問1　Sさんは同じ色の玉が隣り合わない確率を正しく求めることがで
　きていない。Sさんがなぜ正解に至らなかったのか，Sさんに説明せよ。
　ただし，具体的な例を示して説明すること。
問2　この問題の正答例を記入せよ。

（☆☆☆◎◎◎）

【3】次の各問いに答えよ。答えのみ記入せよ。

問1　関数$f(x)=x^2+(2a+4)x+a^2+4$について，$-5 \leqq x \leqq -1$の範囲で常に$f(x)>0$となる定数aの値の範囲を求めよ。

問2　正の奇数の列を次のような群に分け，第n群には$2n$個の数が入るようにする。

　　$\{1,\ 3\},\ \{5,\ 7,\ 9,\ 11\},\ \{13,\ 15,\ 17,\ 19,\ 21,\ 23\},\ \cdots\cdots$

　　このとき，第n群に入る奇数の総和を求めよ。

問3　7^{33}の桁数をa，最高位の数字をbとするとき，a，bの値を求めよ。ただし，$\log_{10}2=0.3010$，$\log_{10}7=0.8451$とする。

問4　極限値$\displaystyle\lim_{n \to \infty}\left(\dfrac{1}{3n-2}+\dfrac{1}{3n-4}+\dfrac{1}{3n-6}+\cdots\cdots+\dfrac{1}{n}\right)$を求めよ。

問5　$x,\ y,\ z$は0以上の整数とする。$x+y+z=18$及び$x<y<z$を満たす組$(x,\ y,\ z)$の個数を求めよ。

問6　図1の直方体OABC－DEFGにおいて，辺AB，EFを2：1に内分する点をそれぞれH，Iとする。HIの延長上にHI＝IPとなる点Pをとる。直線OPと平面ECDとの交点をQとするとき，$\overrightarrow{\mathrm{OQ}}$を$\overrightarrow{\mathrm{OA}}$，$\overrightarrow{\mathrm{OC}}$，$\overrightarrow{\mathrm{OD}}$を用いて表せ。

図1

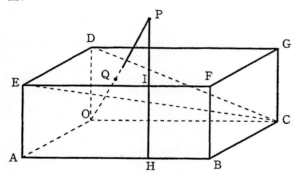

(☆☆☆◎◎◎)

【4】 図2のように，半直線OXとOYがあり，そのなす角は2θ ($0 < \theta < \dfrac{\pi}{2}$)である。OX，OYの両方に接する2円$C_1$，$C_2$があり，円$C_1$と円$C_2$は外接している。円$C_1$とOX，OYとの接点をそれぞれ，P，Qとし，円$C_2$とOX，OYとの接点をそれぞれS，Tとする。円$C_1$の半径を$r$とするとき，△OSTの外接円の半径を$r$及び$\theta$を用いて表せ。ただし，円$C_2$の半径は円$C_1$の半径より大きいものとする。

図2

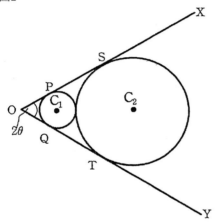

(☆☆☆◎◎)

【5】 xy平面上において，連立不等式 $\begin{cases} y \geqq x \\ y \leqq -x^2 + 2 \\ y \geqq 0 \end{cases}$ の表す領域をDとする。次の各問いに答えよ。ただし，問1は答えのみ記入せよ。

問1 　点(x, y)が領域D内を動くとき，$x+y$の最大値を求めよ。

問2 　直線$y=x$と放物線$y=-x^2+2$の交点のうち，領域D内の点をQとする。点(x, y)が領域D内を動くとき，$x-my$の値が点Qで最大となる定数mの値の範囲を求めよ。

(☆☆☆◎◎)

【6】 eは自然対数の底とする。関数$f(x)=\dfrac{1}{3}(x^2+2x)e^{-x}$について，次の各問いに答えよ。ただし問1，問3は答えのみ記入せよ。

問1　曲線$y=f(x)$の変曲点のx座標を求めよ。

問2　$x>0$のとき，$6e^x-x^3>0$であることを示し，これを用いて$\displaystyle\lim_{x\to\infty}x^2e^{-x}=0$を示せ。

問3　aを正の実数とする。曲線$y=f(x)$の$x\geqq0$の部分と，x軸および直線$x=a$で囲まれた図形の面積を$F(a)$とするとき，$\displaystyle\lim_{a\to\infty}F(a)$を求めよ。

(☆☆☆◎◎◎)

解答・解説

【中学校】

【1】 $(x-2)(x-3)(x+3)$

〈解説〉

$x^3-2x^2-9x+18$

$=x^3-9x-2x^2+18$

$=x(x^2-9)-2(x^2-9)$

$=(x-2)(x^2-9)$

$=(x-2)(x-3)(x+3)$

【2】 6，24，54，96

〈解説〉$\sqrt{24n}$ が，整数になる最小値は，nが2×3のときである。

次に，整数になるのは，nが$2\times3\times2^2$，$2\times3\times3^2$，$2\times3\times4^2$，$2\times3\times5^2$，$2\times3\times6^2$，…が考えられる。nは100以下の正の整数であるので，$2\times3\times5^2$は100を超えてしまうため当てはまらない。

したがって$\sqrt{24n}$ が整数となるようなnは，

2×3，$2\times3\times2^2$，$2\times3\times3^2$，$2\times3\times4^2$であるので，

nは，6，24，54，96である。

【3】$\dfrac{7}{30}$

〈解説〉

	1	2	3	4	5	6
1		12	13	14	15	16
2	21		23	24	25	26
3	31	32		34	35	36
4	41	42	43		45	46
5	51	52	53	54		56
6	61	62	63	64	65	

上の表より，2桁の整数は30個できる。

素数は，13，23，31，41，43，53，61の7個であるから，

できた整数が素数になる確率は$\dfrac{7}{30}$になる。

【別解】

6枚のカードから2枚のカードを選んで並べる場合の数は，

$_6P_2 = 6 \times 5 = 30$

そのときにできる2桁の整数のうち，素数がいくつあるか考える。

一の位が偶数ならば，2で割り切れる。

一の位が5ならば，5で割り切れる。

よって，一の位が1または3の場合についてのみ考えればよい。

21，31，41，51，61，13，23，43，53，63

のうち，素数は，

31，41，61，13，23，43，53

の7つ。

以上より，求める確率は，

$\dfrac{7}{30}$

【４】

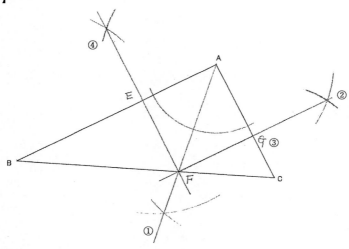

〈解説〉

①　四角形AEFGが正方形ならば，点Fは∠Aの二等分線上にある。よって，∠BACの二等分線とBCの交点がF。

②　ACに関して，Fと対称な点を作図する。点A，点Cとの距離が，それぞれFと等しければよい。

③　②で求めた点とFを結ぶ。そのときにできるACとの交点がGである。必ず∠AGF＝90°となる。

④　②③と同様の手順でEを求める。

【５】解説参照

〈解説〉3桁の自然数Nの各位の数を百の位からそれぞれa, b, cとすると

$N＝100a＋10b＋c$

　　$＝99a＋9b＋(a＋b＋c)\cdots\cdots$①

また，各位の数の和が9の倍数であることから，自然数nを使うと

$a＋b＋c＝9n\cdots\cdots$②

①に②を代入すると

N＝99a＋9b＋9n

＝9(11a＋b＋n)

11a＋b＋nは自然数であるから，9(11a＋b＋n)は9の倍数である。

したがって，3桁の自然数Nの各位の和が9の倍数ならば，Nも9の倍数

であるといえる。

【6】解説参照

〈解説〉

包含除の文章問題	等分除の文章問題
(例)　りんごが18個あります。1人に3個ずつ分けると，何人に分けられるでしょうか。	(例)　りんごが18個あります。3人に同じ数ずつ分けると，1人分は何個になるでしょうか。

【7】(1)　①　$y=\dfrac{1}{2}x^2$　②　$y=6x-18$　(2)　$\dfrac{29}{3}$

〈解説〉

(1)　①

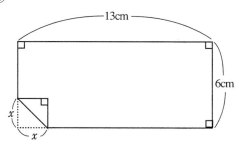

上図における，実線で囲まれた三角形の面積を求めればよい。

$y=\dfrac{1}{2}x^2$

②

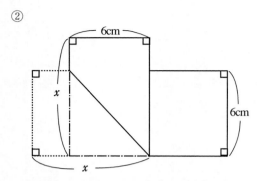

上図の破線と実線で囲まれた長方形の面積から，それに含まれている三角形の面積を引けばよい。

$$y=x\times6-\frac{1}{2}\times6\times6=6x-18$$

(2)　$0\leqq x\leqq6$で，折ってできる部分の面積の最大値は，$x=6$のときで，18cm²である。そのとき，残りの部分の面積は，42cm²である。

したがって，面積の比が2：1となるとき，折ってできる図形は，必ず台形となり，$6<x\leqq13$である。

折ってできる部分の面積は，(1)②の式より，$6x-18$・・・(ア)

残りの部分の面積は長方形なのでその面積は，$6(13-x)$・・・(イ)

(ア)：(イ)は2：1なので，

$6x-18：6(13x-x)=2：1$

$2\times6(13-x)=6x-18$

$2(13-x)=x-3$

$3x=29$

$x=\frac{29}{3}$

$x=\frac{29}{3}$は$6<x\leqq13$に適する。

【8】解説参照

〈解説〉

　＜証明＞

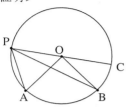

POの延長上の点をCとし，∠OBP＝x，∠OAP＝yとする。

OA＝OP(円Oの半径)より2辺が等しいので，△OAPは二等辺三角形。

したがって，∠OPA＝∠OAP＝y(二等辺三角形の底角)・・・①

三角形の外角は隣り合わない二つの内角の和に等しいので，

∠AOC＝$2y$・・・②

同様にOB＝OPより△OBPは二等辺三角形なので

∠OPB＝∠OBP＝x・・・③

∠BOC＝$2x$・・・④

①③より　　∠APB＝$y－x$・・・⑤

②④より　　∠AOB＝$2y－2x$・・・⑥

⑤⑥より　　$\dfrac{1}{2}$∠AOB＝∠APBとなる。

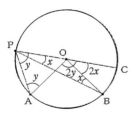

【9】∠A　54度　　　∠B　108度　　　∠E　18度

〈解説〉10等分された点なので，1つの弧($\overset{\frown}{\text{AB}}$)に対する円周角は

$\dfrac{360°}{10}×\dfrac{1}{2}＝18°$

したがって

∠Ａは18°×3＝54°　∠Ｂは18°×6＝108°　∠Ｅは18°×1＝18°

【10】 $\frac{1}{3}$

〈解説〉B(-2, -4), C(-4, 8)を通る直線は$y=-6x-16$であるから，

BCとx軸の交点は$(-\frac{8}{3}$, 0)である。この点をDとすると，

$\triangle BOC=\frac{1}{2}\times(8+4)\times\frac{8}{3}=16$・・・(ア)

これより

$\triangle AOC=64-16=48$　・・・・(イ)

(ア)(イ)から

$\triangle BOC：\triangle AOC=16：48=1：3$

よって，BO：AO＝16：48＝1：3

点Aは$y=2x$上にあるから

A(6, 12)

これを$y=ax^2$に代入すると，

$a\times6^2=12$

$a=\frac{1}{3}$

【11】 正六角形

〈解説〉

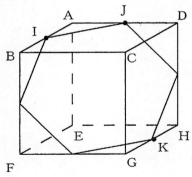

【12】解説参照

〈解説〉○　質問紙に書かれた質問が誘導的になっていないかどうか。
　　○　「一日の睡眠時間」の意味が明らかになっているかどうか(昨日の
　　睡眠時間か，過去1週間の平均睡眠時間かなど)。　○調査する対象に
　　偏りがないか。

【高等学校】

【1】問1【A】エ　【B】カ　【C】ウ　【D】オ　【E】ア　【F】イ
　　問2　(a)　課題学習　　(b)　数学的活動

〈解説〉学習指導要領解説からの出題である。同解説についての問題は圧
　　倒的に空欄補充形式が多いため，何度も類題を解いて練習することで
　　キーワードを覚えるようにしたい。

【2】問1　解説参照　　問2　$\dfrac{11}{21}$

〈解説〉問1　例えば，赤，赤，白，白，黒，青，黄の並び方は事象A，
　　事象Bで同時に起こりうる。「赤玉2個が隣り合う」という事象Aと「白
　　玉2個が隣り合う」という事象が互いに排反でないのに，事象A，事象
　　Bが重複しているものを考慮していないため。
　　問2　「赤玉2個が隣り合う」という事象をA，「白玉2個が隣り合う」
　　という事象をBとする。また，事象A，事象Bの起こる確率をそれぞれ
　　P(A)，P(B)とする。
　　赤玉2個が隣り合う確率はP(A)$=\dfrac{6！×2！}{7！}=\dfrac{2}{7}$
　　白玉2個が隣り合う確率はP(B)$=\dfrac{6！×2！}{7！}=\dfrac{2}{7}$
　　また，赤玉2個と白玉2個がともに隣り合う確率は
　　P(A∩B)$=\dfrac{5！×2！×2！}{7！}=\dfrac{2}{21}$である。事象Aと事象Bは互いに排反
　　でないから
　　よって，同じ色の玉が隣り合う確率はP(A)＋P(B)－P(A∩B)$=\dfrac{2}{7}+\dfrac{2}{7}$
　　$-\dfrac{2}{21}=\dfrac{10}{21}$
　　ゆえに，求める確率は，この余事象の確率であるから，$1-\dfrac{10}{21}=\dfrac{11}{21}$

【３】問1　$a<0,\ 9<a$　　問2　$4n^3$　　問3　$a=28,\ b=7$

　　問4　$\dfrac{1}{2}\log 3$　　問5　27個　　問6　$\overrightarrow{\mathrm{OQ}}=\dfrac{3}{8}\overrightarrow{\mathrm{OA}}+\dfrac{1}{4}\overrightarrow{\mathrm{OC}}+\dfrac{3}{4}\overrightarrow{\mathrm{OD}}$

〈解説〉問1

$f(x)=x^2+(2a+4)x+a^2+4$

$\quad=(x+a+2)^2-(a+2)^2+a^2+4$

$\quad=(x+a+2)^2-4a$

この変形から$f(x)$のグラフは下に凸で，軸が$x=-a-2$である放物線となる。ここから軸について場合分けして解を求める。

(i)　軸のx座標が-5以下，すなわち$a\geqq 3$のとき，

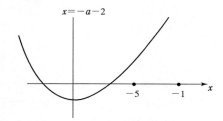

$f(x)$は$-5\leqq x\leqq -1$で単調増加であるから，$f(-5)>0$を満たせばよい。

$f(-5)=a^2-10a+9$

$\quad=(a-1)(a-9)$

場合分けの仮定：$a\geqq 3$とあわせて，

$a>9$

(ii)　軸のx座標が-5より大きく-1より小さいとき，すなわち$-1<a<3$のとき，

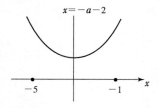

$f(x)$は$x=-a-2$で最小値$-4a$をとる。これが常に正となる条件は，

$-1<a<0$

(iii) 軸のx座標が-1以上，すなわち$a \leqq -1$のとき，

$f(x) \geqq -4a > 0$

となり，必ず条件を満たす。

以上，(i)～(iii)から，求めるaの範囲は，

$a < 0$，$a > 9$

問2 自然数kに対して第1群から第k群に入る奇数は，

$$\sum_{n=1}^{k} 2n = k(k+1)$$

から，$k(k+1)$個。

さらに，第1群から第k群に入る奇数の和は，

$$\sum_{n=1}^{k(k+1)} (2n-1) = \frac{\{1 + 2k(k+1) - 1\} \cdot k(k+1)}{2}$$

$= k^2 \cdot (k+1)^2$

よって，$k \geqq 2$のとき，第k群に入る奇数の和は，

$k^2 \cdot (k+1)^2 - (k-1)^2 \cdot k^2 = k^2 \{(k+1)^2 - (k-1)^2\}$

$= k^2 \cdot 4k$

$= 4k^3$

$1 + 3 = 4 \cdot 1^2$から，

すべての自然数kに対して第k群に入る奇数の和は，$4k^3$

問3 $\log_{10} 7^{33} = 33 \log_{10} 7$

$= 33 \times 0.8451$

$= 27.8883$

よって

$10^{27} < 7^{33} < 10^{28}$

となり，7^{33}は28桁の数。$a = 28$となる。

また，

$\log_{10} 7 \cdot 10^{27} = \log_{10} 7 + 27$

$= 27.8451$

$\log_{10} 8 \cdot 10^{27} = \log_2 2^3 \cdot 10^{27}$

$= 3 \log 2 + 27$

$= 27.9030$

であることから，

$$\log_{10}7\cdot10^{27}=27.8451<\log_{10}7^{33}=27.8883<\log_{10}8\cdot10^{27}=27.9030$$

となり，

$$7\cdot10^{27}<7^{33}<8\cdot10^{27}$$

7^{33}の最高位の数は7となる。$b=7$。

問4　区分求積法を用いる。

$$\lim_{n\to\infty}\left(\frac{1}{3n-2}+\frac{1}{3n-4}+\frac{1}{3n-6}+\cdots\cdots+\frac{1}{n}\right)$$

$$=\lim_{n\to\infty}\sum_{k=1}^{n}\frac{1}{3n-2k}$$

$$=\lim_{n\to\infty}\sum_{k=1}^{n}\frac{1}{3-2\cdot\dfrac{k}{n}}\cdot\frac{1}{n}$$

$$=\int_0^1\frac{1}{3-2x}dx$$

$$=-\frac{1}{2}\Bigl[\log(3-2x)\Bigr]_0^1$$

$$=\frac{1}{2}\log3$$

問5　まず，同じ18個のものを3つに分ける場合の数を考える。

x個　　　　y個　　　　z個

これは18個のものと，2つの異なるものを並べる場合の数に等しく，

$${}_{20}C_2=\frac{20\cdot19}{2\cdot1}=190$$

このうち，3等分となる場合に数は1。

さらに，x，y，zのうち，2つだけが等しくなる場合の数は，

$${}_3C_2\cdot9=27$$

(x，y，zから2文字を選ぶ場合の数は${}_3C_2$，さらに，等しくなるその数は，0から9までの整数から6を除いたもので，9個)，

したがって，$x\neq y$，$y\neq z$，$z\neq x$，$x+y+z=18$となる$(x,\ y,\ z)$は，

$$190-1-27=162$$

から，162個存在する。

このうち，$x<y<z$を満たすものは，

$\dfrac{162}{3!}=27$

27個

問6　与えられた条件から，

$\overrightarrow{\mathrm{HP}}=2\overrightarrow{\mathrm{OD}}$

$\overrightarrow{\mathrm{OB}}=\overrightarrow{\mathrm{OA}}+\overrightarrow{\mathrm{OC}}$

よって，

$\overrightarrow{\mathrm{OP}}=\overrightarrow{\mathrm{OH}}+\overrightarrow{\mathrm{HP}}$

$=\dfrac{1}{3}\overrightarrow{\mathrm{OA}}+\dfrac{2}{3}\overrightarrow{\mathrm{OB}}+2\overrightarrow{\mathrm{OD}}$

$=\overrightarrow{\mathrm{OA}}+\dfrac{2}{3}\overrightarrow{\mathrm{OC}}+2\overrightarrow{\mathrm{OD}}$　…①

また，

$\overrightarrow{\mathrm{OE}}=\overrightarrow{\mathrm{OA}}+\overrightarrow{\mathrm{OD}}$

であることと，点Qが平面ECD上にあることから，

$\overrightarrow{\mathrm{OQ}}=p\overrightarrow{\mathrm{OE}}+q\overrightarrow{\mathrm{OC}}+r\overrightarrow{\mathrm{OD}}$

$\quad=p\overrightarrow{\mathrm{OA}}+q\overrightarrow{\mathrm{OC}}+(p+r)\overrightarrow{\mathrm{OD}}$　…②

$(p+q+r=1)$

点Qは直線OP上にあるため，実数tを用いて，

$t\overrightarrow{\mathrm{OP}}=\overrightarrow{\mathrm{OQ}}$

と表せる。

①②から，

$t\overrightarrow{\mathrm{OA}}+\dfrac{2}{3}t\overrightarrow{\mathrm{OC}}+2t\overrightarrow{\mathrm{OD}}=p\overrightarrow{\mathrm{OA}}+q\overrightarrow{\mathrm{OC}}+(p+r)\overrightarrow{\mathrm{OD}}$

$(p+q+r=1)$

となるため，

$t=p,\ \dfrac{2}{3}t=q,\ 2t=p+r,\ p+q+r=1$

これらから，

$p=r,\ t+\dfrac{2}{3}t+t=1$

となり，

$t=\dfrac{3}{8},\ p=r=\dfrac{3}{8},\ q=\dfrac{1}{4}$

以上より，

$$\overrightarrow{OQ}=\frac{3}{8}\overrightarrow{OA}+\frac{1}{4}\overrightarrow{OC}+\frac{3}{4}\overrightarrow{OD}$$

【4】解説参照

〈解説〉C_1からC_2Sにおろした垂線の足をHとし，円C_2の半径をRとする。

直角三角形C_1C_2Hで$\angle HC_1C_2=\theta$より$\sin\theta=\dfrac{R-r}{R+r}$であるから，Rを$\theta$と$r$で表すと，

$$R=\frac{1+\sin\theta}{1-\sin\theta}r\cdots\cdots①$$

ここで△OSTの外接円の半径をxとすると

正弦定理より，$\dfrac{ST}{\sin2\theta}=2x$

$$\frac{2R\cos\theta}{2\sin\theta\cos\theta}=2x\quad\cos\theta\neq より x=\frac{R}{2\sin\theta}\cdots\cdots②$$

①と②より$x=\dfrac{1+\sin\theta}{2\sin\theta(1-\sin\theta)}r$

△OSTの外接円の半径は$\dfrac{1+\sin\theta}{2\sin\theta(1-\sin\theta)}r$

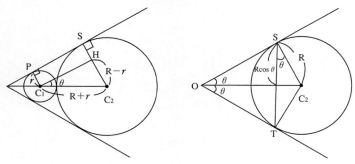

【5】問1　$\dfrac{9}{4}$　　問2　$-\dfrac{1}{2}\leqq m\leqq1$

〈解説〉問1　領域D内のすべての点$(x,\ y)$に対して，

$$y\leqq-x^2+2$$

が成立するため，

$$x+y\leqq x-x^2+2$$

$$= -\left(x - \frac{1}{2}\right)^2 + \frac{9}{4}$$

$$\leq \frac{9}{4}$$

$(x, y) = \left(\dfrac{1}{2}, \dfrac{7}{4}\right)$は上の不等式を等号で満たし，さらに，

$$\begin{cases} y \geq x \\ y \leq -x^2 + 2 \\ y \geq 0 \end{cases}$$

を満たす。

よって，$x + y$の最大値は，$\dfrac{9}{4}$

問2　領域Dは次図のようになる。ただし，境界線は含む。

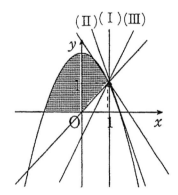

$x - my = k$とおくと$x = my + k$……※

さらに，

$m = 0$のとき，$x = k$

$m \neq 0$のとき，$y = \dfrac{x}{m} - \dfrac{k}{m}$

と書ける。

kが最大になるのは※のグラフのx切片が最大になるときである。

※のグラフのx切片が最大になるとき，kが最大となるので，x切片が最大となるmの値に範囲を求める。

（Ⅰ）　$m = 0$のときは※は$x = k$となり，図から点Qを通るとき最大限となり満たす。

（Ⅱ）　$m<0$のとき　※の直線の傾きは$\dfrac{1}{m}$である。

$(1, 1)$における接線の傾きは$y'=-2x$より-2である。

よって，図から傾きが-2以下であればよいから，$\dfrac{1}{m}\leqq-2$

ゆえに$-\dfrac{1}{2}\leqq m\leqq0$

（Ⅲ）　$m>0$のとき　※の直線の傾きは$\dfrac{1}{m}$である。

図から傾きが1以上であればよいから　$\dfrac{1}{m}\geqq1$

ゆえに$0<m\leqq1$

（Ⅰ），（Ⅱ），（Ⅲ）より$-\dfrac{1}{2}\leqq m\leqq1$

【6】問1　$1\pm\sqrt{3}$　　　問2　解説参照　　　問3　$\dfrac{4}{3}$

〈解説〉

問1　2階導関数の正負が変わる点を求めればよい。

$f(x)=\dfrac{1}{3}(x^2+2x)e^{-x}$

$f'(x)=\dfrac{1}{3}(2x+2)e^{-x}-\dfrac{1}{3}(x^2+2x)e^{-x}$

$=-\dfrac{1}{3}(x^2-2)e^{-x}$

$f''(x)=-\dfrac{1}{3}\cdot2xe^{-x}+\dfrac{1}{3}(x^2-2)e^{-x}$

$=\dfrac{1}{3}(x^2-2x-2)e^{-x}$

x	$\cdots$	$-\sqrt{2}$	$\cdots$	$1-\sqrt{3}$	$\cdots$	$\sqrt{2}$	$\cdots$	$1+\sqrt{3}$	$\cdots$
$f'(x)$	$-$	0	$+$	$+$	$+$	0	$-$	$-$	$-$
$f''(x)$	$+$	$+$	$+$	0	$-$	$-$	$-$	0	$+$
$f(x)$	↘	極小	↗	変曲点	↗	極大	↘	変曲点	↘

求めるxは

$x=1\pm\sqrt{3}$

問2　$g(x)=6e^x-x^3$とおく

$g'(x)=6e^x-3x^2$　$g''(x)=6e^x-6x$　$g'''(x)=6e^x-6=6(e^x-1)$

$x>0$のとき，$e^x>1$であるから$g'''(x)>0$

よって$x\geqq0$のとき，$g''(x)$は単調に増加する。

ゆえに$g''(x)>g''(0)=6>0$

よって$x\geqq0$のとき，$g'(x)$は単調に増加する。

ゆえに$g'(x)>g'(0)=6>0$

よって$x\geqq0$のとき，$g(x)$は単調に増加する。

ゆえに$g(x)>g(0)=6>0$

以上より，$x>0$のとき，$6e^x-x^3>0$が成り立つ

$6e^x>x^3$であるから

$\dfrac{6}{x}>\dfrac{x^2}{e^x}>0$

ここで，$x\to\infty$のとき，$\dfrac{6}{x}\to0$であるから，はさみうちの原理より

$\displaystyle\lim_{x\to\infty}\dfrac{x^2}{e^x}=\lim_{x\to\infty}x^2e^{-x}=0$

問3

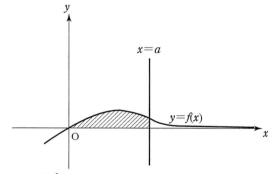

$\displaystyle F(a)=\int_0^a\dfrac{1}{3}(x^2+2x)e^{-x}dx$

$\displaystyle =-\int_0^a\dfrac{1}{3}(x^2+2x)(e^{-x})'dx$

$$= -\left[\frac{1}{3}(x^2+2x)e^{-x}\right]_0^a + \int_0^a \frac{2}{3}(x+1)e^{-x}dx$$

$$= -\frac{1}{3}(a^2+2a)\cdot e^{-a} - \left[\frac{2}{3}(x+1)e^{-x}\right]_0^a + \int_0^a \frac{2}{3}e^{-x}dx$$

$$= -\frac{1}{3}(a^2+2a)e^{-a} - \frac{2}{3}(a+1)\cdot e^{-a} + \frac{2}{3} - \left[\frac{2}{3}e^{-x}\right]_0^a$$

$$= -\frac{1}{3}(a^2+2a)e^{-a} - \frac{2}{3}(a+1)\cdot e^{-a} + \frac{2}{3} - \frac{2}{3}e^{-a} + \frac{2}{3}$$

よって,

$$\lim_{a \to \infty} F(a) = \frac{2}{3} + \frac{2}{3} = \frac{4}{3}$$

2011年度　実施問題

【中学校】

【1】$x^3+xy^2-2x^2y-4x$ を因数分解しなさい。

(☆☆◎◎)

【2】$\dfrac{1}{1+\sqrt{2}-\sqrt{3}}$ の分母を有理化しなさい。

(☆☆◎◎)

【3】$(ab)^n=a^n b^n$ の関係が成り立つことを利用して，$666^2+888^2=[\quad]^2$ の $[\quad]$ に当てはまる数を答えなさい。

(☆☆◎◎)

【4】円Oの外側にある点Pから円Oへの接線ℓを1本作図しなさい。ただし，作図に用いた線は残しておくこと。

(☆☆◎◎)

【5】中学3年生のかずおさんは，2桁の自然数の乗法において簡単な計算方法がないか考えています。

〈かずおさんが見付けた計算方法〉

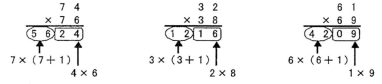

かずおさんの予想

2桁の自然数のうち，十の位の数が同じで，一の位の数の和が10になる2数の積は，(十の位の数)×(十の位の数＋1)×100＋(被乗数の一の位の数)×(乗数の一の位の数)になる。

このかずおさんの予想は正しいといえます。予想が正しいことの説明を完成しなさい。

(☆☆◎◎)

【6】次の図の△ABCで，∠A＝30°，∠B＝45°，BC＝6√2 cmである。点P，Qが，秒速2cmで同時にAを出発し，Pは辺AB上をBまで，Qは辺AC上をCまで動き，それぞれB，Cで止まるものとする。

このとき，下の問いに答えなさい。

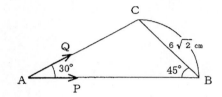

(1)　AB，ACの長さを求めなさい。
(2)　点P，QがAを出発してからt秒後の△APQの面積をScm²とするとき，tとSの関係を変域ごとに式に表しなさい。また，$0 \leqq t \leqq 8$の範囲でグラフに表しなさい。

(☆☆☆◎◎◎)

【7】中学3年生のゆかりさんは，「2乗に比例する関数」の授業において，放物線$y＝2x^2$を複写機で2倍(縦と横にそれぞれ2倍)に拡大したものを，放物線$y＝x^2$に重ねてみたところ，2つの放物線がぴったり重なることを見つけました。しかし，どうして2つの放物線がぴったり重なるのかわかりません。ゆかりさんに2つの放物線がぴったり重なる理由を説明しなさい。

(☆☆☆◎◎◎)

【8】次の図で四角形ABCDは平行四辺形である。また，辺BCの中点をM，AMの延長とDCの延長との交点をEとする。このとき，四角形ABECは

平行四辺形であることを証明したい。中学2年生に示す模範の解答を
かきなさい。

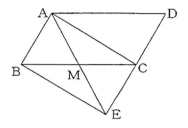

(☆☆☆◎◎◎)

【9】数直線上で，原点Oにおはじきを置き，さいころの出た目によって，
おはじきを動かす。このとき，下の問いに答えなさい。

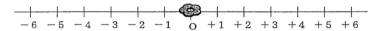

(1)　さいころの出た目が偶数のときは正の方向に2進み，奇数のとき
　　は負の方向に1進むことにし，さいころを7回振ったとき，おはじき
　　の位置は＋5になった。偶数の目と奇数の目がそれぞれ何回ずつ出
　　たのか方程式をつくって求めなさい。

(2)　さいころの出た目が偶数のときは目の数だけ正の方向に進み，奇
　　数のときは出た目の数だけ負の方向に進むことにする。さいころを
　　2回振ったとき，おはじきの位置が＋3以上である確率を求めなさい。

(☆☆☆◎◎◎)

【10】日常生活においてもよく利用されるA判の紙は，2辺の長さの比が
$1：\sqrt{2}$ になるようにつくられている。このことは，A判の紙を折るこ
とで，確かめることができる。確かめる方法を図と言葉で説明しなさ
い。

(☆☆☆◎◎◎)

【11】様々な資料について適切な判断を下すためには，目的に応じて統計的な処理を行い，それを基にして資料の傾向を読み取る必要がある。中学1年では，統計的な処理の方法の一つとしてヒストグラムを学習するが，生徒がヒストグラムから適切に資料の傾向を読み取るためには，どんなことに注意する必要があるか一つ書きなさい。

(☆☆☆◎◎◎)

【高等学校】

【1】次の各問いに答えよ。ただし，文章中の同じ記号の空欄には，同じ語句が入る。

問1　次の2つの文章は，平成11年3月に告示された高等学校学習指導要領及び平成21年3月に告示された高等学校学習指導要領に示されている高等学校数学科の目標である。

(平成11年3月告示高等学校学習指導要領)

　　数学における基本的な概念や原理・法則の理解を深め，事象を数学的に考察し[　A　]する能力を高め，[　B　]を通して[　C　]の基礎を培うとともに，数学的な見方や考え方のよさを認識し，それらを積極的に活用する態度を育てる。

(平成21年3月告示高等学校学習指導要領)

　　[　B　]を通して，数学における基本的な概念や原理・法則の[　D　]な理解を深め，事象を数学的に考察し[　E　]する能力を高め，[　C　]の基礎を培うとともに，数学のよさを認識し，それらを積極的に活用して[　F　]に基づいて判断する態度を育てる。

　上の文章の[　A　]～[　F　]に入る語句を，次のア～クの中から，それぞれ1つ選び，その記号を記入せよ。ただし，同じ記号を二度用いてはならない。

ア　創造性　　イ　表現　　ウ　数学的活動　　エ　計算力
オ　体系的　　カ　処理　　キ　実験や観察　　ク　数学的論拠

問2　平成20年1月の中央教育審議会の答申「幼稚園，小学校，中学校，

328

高等学校及び特別支援学校の学習指導要領等の改善について」においては，学習指導要領改訂の基本的な考えが示されるとともに，各教科等の改善の基本方針や主な改善事項が示されている。このたびの高等学校数学科の改訂は，これらを踏まえて行ったものである。次の文章は，その答申における「8.各教科・科目等の内容(2)小学校，中学校及び高等学校③算数，数学」の一部分である。

(ii) 改善の具体的事項

　(略)

(高等学校：数学)

　○　高等学校においては，目標について，高等学校における数学学習の意義や有用性を一層重視し改善する。また，科目構成及びその内容については，数学学習の系統性と生徒選択の多様性，生徒の学習意欲や数学的な思考力・表現力を高めることなどに配慮し改善する。

　(ア)　科目構成は，「数学Ⅰ」，「数学Ⅱ」，「数学Ⅲ」，「数学A」，「数学B」及び「[G]」とする。

　(略)

　(エ)　「[G]」は，「[H]」の趣旨を生かし，その内容を更に発展させた科目として設け，数学と人間とのかかわりや，社会生活において数学が果たしている役割について理解させ，数学への興味や関心を高めるとともに，…(略)

　上の文章の，[G]には平成21年に告示された高等学校学習指導要領の科目名が入り，[H]には平成11年に告示された高等学校学習指導要領の科目名が入る。[G]，[H]に当てはまる科目名をそれぞれ記入せよ。

(☆☆☆◎◎◎◎)

【2】高校生のSさんは，関数の極限の問題

　[　次の極限値を求めよ。　$\lim_{x \to -\infty} (\sqrt{x^2-2x+2} - \sqrt{x^2+1})$　]

に対して，次のように解答した。なお，①〜④は式の変形を示す番号である。

$$\lim_{x \to -\infty} (\sqrt{x^2-2x+2} - \sqrt{x^2+1})$$

$$= \lim_{x \to -\infty} \frac{x^2-2x+2-(x^2+1)}{\sqrt{x^2-2x+2} + \sqrt{x^2+1}} \qquad \downarrow ①$$

$$= \lim_{x \to -\infty} \frac{-2x+1}{\sqrt{x^2-2x+2} + \sqrt{x^2+1}} \qquad \downarrow ②$$

$$= \lim_{x \to -\infty} \frac{-2x+1}{x\sqrt{1-\dfrac{2}{x}+\dfrac{2}{x^2}} + x\sqrt{1+\dfrac{1}{x^2}}} \qquad \downarrow ③$$

$$= \lim_{x \to -\infty} \frac{-2+\dfrac{1}{x}}{\sqrt{1-\dfrac{2}{x}+\dfrac{2}{x^2}} + \sqrt{1+\dfrac{1}{x^2}}} \qquad \downarrow ④$$

$$= \frac{-2}{1+1}$$

$$= -1$$

Sさんの求めた答えは間違っている。このとき，次の各問いに答えよ。

問1　この問題の正答例を示せ。

問2　Sさんの答えが間違っているのは，①～④の式の変形のいずれか
　　が誤りであるからである。その番号を解答用紙に記入せよ。また，
　　あなたが教師であるとして，その式の変形が誤りである理由を，S
　　さんに説明せよ。

(☆☆☆◎◎◎)

【3】次の各問いに答えよ。

問1　不等式$2^{x+1}+5 \cdot 2^{2-x}-13<0$を解け。

問2　AB＝4，BC＝6，CA＝3である△ABCの内心をDとする。$\vec{b}$
　　＝$\overrightarrow{AB}$，$\vec{c}$＝$\overrightarrow{AC}$とするとき，$\overrightarrow{AD}$を$\vec{b}$，$\vec{c}$を用いて表せ。

問3　座標平面上で，点P(2, 3)から円$x^2+y^2=4$に引いた接線と円との
　　接点をA，Bとする。2点A，Bを結んでできる直線の方程式を求めよ。

問4　35を引いても34を足しても平方数となる自然数をすべて求めよ。
　　ただし，平方数とは，ある自然数nによってn^2と表される数である。

問5　図1において，点A，B，C，D，Eは円Oの周上の点である。AC
の延長とEDの延長との交点をF，AEの延長とCDの延長との交点を
Gとし，点Aにおける円Oの接線をXYとする。∠AFE＝34°，∠AGC
＝38°，∠GAX＝62°であるとき，∠ABCの大きさを求めよ。

図1

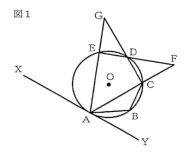

（☆☆☆○○○）

【4】ある店には，図2のように仕切られたAからFの計6個のイスがある。
それぞれのイスは1人掛けで，客はi)，ii)のように順次，1人ずつ座る
ものとする。

図2

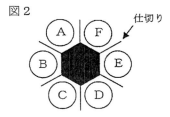

i)　1人目の客が各イスに座る確率はすべて等しく$\frac{1}{6}$である。

ii)　2人目以降の客が各イスに座る確率は，その客がきたときの先客の
人数とその先客がどのイスに座っているかに応じて決まり，それぞ
れの場合で，客が各イスに座る確率は，各イスと先客がいる最も近
いイスとの間の仕切りの枚数に比例する。ただし，先客がいる最も
近いイスが2つあるときには，どちらか一方のイスとの間の仕切り
の枚数を数えることとする。

例えば，A，B，Cのイスに先客が座っているとき，4人目の客がD，E，Fの各イスに座る確率は次のようになる。

Dのイスの場合，先客がいる最も近いイスはCであり，その仕切りの枚数は1枚である。Eのイスの場合，先客がいる最も近いイスはA，Cであり，その仕切りの枚数は2枚である。Fのイスの場合，先客がいる最も近いイスはAであり，その仕切りの枚数は1枚である。したがって，D，E，Fの各イスと，先客がいる最も近いイスとの間の仕切りの枚数の比は，$1:2:1$であるので，4人目の客がD，E，Fの各イスに座る確率はそれぞれ$\frac{1}{4}$，$\frac{2}{4}=\frac{1}{2}$，$\frac{1}{4}$である。このとき，次の各問いに答えよ。ただし，答えのみ記入せよ。

問1　1人目の客がAのイスに座っているとき，2人目の客がCのイスに座る確率を求めよ。

問2　4人目の客がきたとき，先客の3人がイスを一つずつあけて座っている確率を求めよ。

(☆☆☆◎◎◎)

【5】$f(x)=4(\sin^3 x+\cos^3 x)-3(\sin x+\cos x)+3\sin x\cos x+\frac{1}{2}$について，次の各問いに答えよ。

問1　$t=\sin x+\cos x(0\leqq x\leqq\pi)$とするとき，$t$のとりうる値の範囲を求めよ。

問2　$f(x)$をtを用いて表した式を$g(t)$とする。$g(t)$を求めよ。

問3　方程式$f(x)=a$が$0\leqq x\leqq\pi$の範囲に異なる2つの実数解をもつために，定数aが満たすべき条件を求めよ。

(☆☆☆◎◎◎)

【6】数列$\{a_n\}$，$\{b_n\}$は，$\displaystyle\sum_{k=1}^{n}a_k=n^2$，$\displaystyle\sum_{k=1}^{n}b_k=2^n$を満たすものとする。このとき，次の各問いに答えよ。

問1　a_n，b_nをnの式で表せ。

問2　$\displaystyle\sum_{k=1}^{n}a_k b_k$を$n$の式で表せ。

(☆☆☆◎◎◎)

【7】 図3は，xy平面上の曲線$x=2\cos^3\theta$，$y=2\sin^3\theta$ $(0\leqq\theta\leqq 2\pi)$の概形である。このとき，次の各問いに答えよ。

問1　この曲線の長さLを求めよ。

問2　この曲線で囲まれる部分をx軸のまわりに1回転させて得られる回転体の体積Vを求めよ。

図3

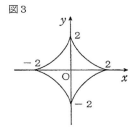

(☆☆☆◎◎◎)

解答・解説

【中学校】

【1】 $x(x-y+2)(x-y-2)$

〈解説〉 $x^3+xy^2-2x^2y-4x=x\{(x^2+y^2-2xy)-4\}$
$$=x\{(x-y)^2-2^2\}$$
$$=x\{(x-y)+2\}\times\{(x-y)-2\}$$
$$=x(x-y+2)(x-y-2)$$

【2】　$\dfrac{2+\sqrt{2}+\sqrt{6}}{4}$

〈解説〉　$\dfrac{1}{1+\sqrt{2}-\sqrt{3}} = \dfrac{1+\sqrt{2}+\sqrt{3}}{(1+\sqrt{2}-\sqrt{3})(1+\sqrt{2}+\sqrt{3})}$

$\qquad\qquad = \dfrac{1+\sqrt{2}+\sqrt{3}}{(1+\sqrt{2})^{2}-(\sqrt{3})^{2}} = \dfrac{1+\sqrt{2}+\sqrt{3}}{(1+2\sqrt{2}+2)-3}$

$\qquad\qquad = \dfrac{\sqrt{2}(1+\sqrt{2}+\sqrt{3})}{2\sqrt{2}\times\sqrt{2}} = \dfrac{\sqrt{2}+2+\sqrt{6}}{2\times 2}$

$\qquad\qquad = \dfrac{2+\sqrt{2}+\sqrt{6}}{4}$

【3】　1110

〈解説〉　$666^{2}+888^{2} = (6\times 111)^{2}+(8\times 111)^{2}$

$\qquad\qquad = 6^{2}\times 111^{2}+8^{2}\times 111^{2} = (6^{2}+8^{2})\times 111^{2}$

$\qquad\qquad = (36+64)\times 111^{2} = 100\times 111^{2} = 10^{2}\times 111^{2}$

$\qquad\qquad = (10\times 111)^{2} = 1110^{2}$

【4】

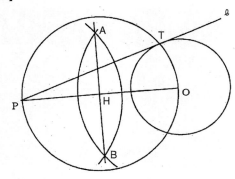

〈解説〉[作図の順序と理由]

1. 点Oと点Pを結ぶ。

2. 点Oと点Pからコンパスで交わるように半径が同じ円弧を描く，交点をA，Bとする。

334

3. 線分ABと線分POの交点をHとする。

4. 交点Hを中心として，半径PH＝OHの円を描く。

5. 半径PH＝OHの円と円Oとの交点の1つを点Tとする。

6. 点Pと点Tを結んだ半直線PTを引く。

7. 半直線PTが接線ℓとなる。

8. ∠PTO＝∠Rであるから，半直線PTは円Oの接線である。

【5】 十の位の数をa，一の位の数をそれぞれb，cとすると，被乗数は10a＋b，乗数は10a＋cと表せる。

$(10a＋b)(10a＋c)$

$＝100a^2＋10ac＋10ab＋bc$

$＝100a^2＋10a(b＋c)＋bc$

b＋c＝10より

$100a^2＋10a(b＋c)＋bc$

$＝100a^2＋10a×10＋bc$

$＝100a^2＋100a＋bc$

$＝100a(a＋1)＋bc$

$＝a(a＋1)×100＋bc$

【6】(1)　AB＝$(6\sqrt{3}＋6)$cm　AC＝12cm

(2)　$0≦t≦6$のとき，S＝t^2　　$6<t≦3＋3\sqrt{3}$のとき，S＝6t

〈解説〉(1)　CからABに垂線をおろし，ABとの交点をDとし，ADの長さをx，DBの長さをyとする。△CDBは直角三角形となるので，DB：BC＝1：$\sqrt{2}$＝y：$6\sqrt{2}$より，$y＝6$cmとなる。△ADCは30°，60°，90°の直角三角形なので，AC：CD：AD＝2：1：$\sqrt{3}$となる。ACの長さをzとすると，2：1：$\sqrt{3}$＝z：6：xより，$z＝12$cm，$x＝6\sqrt{3}$cmとなる。

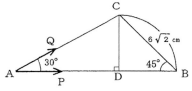

(2)　QはAC上を動くのでtの変域は，

0≦t≦6となる。また，PはAB上を動く

のでtの変域は，$0≦t≦3+3\sqrt{3}$ となる。

0≦t≦6のとき，△APQの高さは，AQ

の $\frac{1}{2}$ となるので，△APQの面積は

$2t×\frac{1}{2}t$ となる。したがって，$S=t^2$ で

ある。さらに，$6<t≦3+3\sqrt{3}$ のとき，

△APQの高さは一定で，6cmである。

△APQの面積は，$2t×6×\frac{1}{2}$ となるの

で，$S=6t$ である。

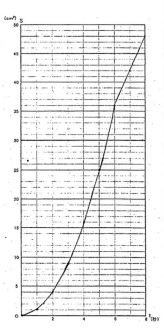

【7】

(例)　$y=2x^2$の表

x	…	0	1	2	3	4	5	6	7	…
y	…	0	2	8	18	32	50	72	98	…

xとyをそれぞれ2倍にする。

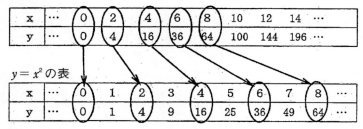

x	…	0	2	4	6	8	10	12	14	…
y	…	0	4	16	36	64	100	144	196	…

$y=x^2$ の表

x	…	0	1	2	3	4	5	6	7	8	…
y	…	0	1	4	9	16	25	36	49	64	…

$y=2x^2$のx，yの値をそれぞれ2倍すると，$y=x^2$のx，yの値と同じになる
ことから，2つの放物線がぴったり重なることが分かる。

【8】△AMBと△EMCにおいて

   MB＝MC　（仮定）……①

   ∠AMB＝∠EMC　（対頂角）……②

仮定よりAB//DCなので，AB//CE

   よって，

   ∠ABM＝∠ECM　（平行線の錯角）……③

①②③より，1組の辺とその両端の角がそれぞれ等しいので，

   △AMB≡△EMC

合同な図形の対応する辺の長さは等しいので

   AM＝EM ……④

   四角形ABECにおいて，①④より，2つの対角線がそれぞれの中点で

交わるので，四角形ABECは平行四辺形である。

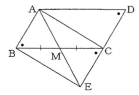

【9】(1)　偶数4回，奇数3回　　(2)　$\dfrac{5}{12}$

〈解説〉(1)　偶数の目がx回，奇数の目がy回出たとする。

$\begin{cases} x+y=7 \cdots\cdots① \\ 2x-y=5 \cdots\cdots② \end{cases}$

①＋②

$\begin{array}{r} x+y=7 \\ +)\underline{2x-y=5} \\ 3x=12 \\ x=4 \end{array}$

$x＝4$を①に代入する。

$4+y=7$　$y=7-4=3$

$\begin{cases} x=4 \\ y=3 \end{cases}$

$x＝4$，$y＝3$は問題に適する。

(2)

2回目＼1回目	－1	2	－3	4	－5	6
－1	－2	1	－4	③	－6	⑤
2	1	④	－1	⑥	－3	⑧
－3	－4	－1	－6	1	－8	③
4	③	⑥	1	⑧	－1	⑩
－5	－6	－3	－8	－1	－10	1
6	⑤	⑧	③	⑩	1	⑫

① 1回目と2回目を表にする。

② 2回振ったときの目の和を記入する。

③ 目の和が3以上の数を〇で囲む。

④ $\dfrac{\text{位置が＋3以上の場合の数}}{\text{2回振ったときの目の出方の数}} = \dfrac{15}{36} = \dfrac{5}{12}$

【10】

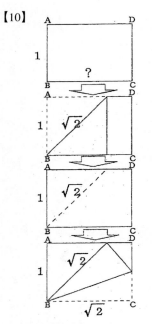

(例)

縦の長さABを1としたとき，横の長さBCがいくつになるかを考える。

一辺を1とする正方形の対角線の長さは$\sqrt{2}$であることを利用するために，ABとBCが重なるように折って$\sqrt{2}$をつくる。

折り目とBCが重なるように折ると長さが一致することから，BCの長さが$\sqrt{2}$であることがわかる。

よって，A判の紙は2辺の長さの比が$1：\sqrt{2}$になることが確かめられる。

※図は全て使わなくてもよい。

〈解説〉

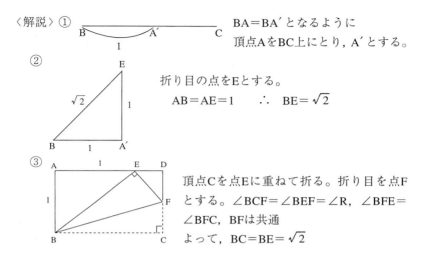

① BA＝BA′となるように
頂点AをBC上にとり，A′とする。

② 折り目の点をEとする。
AB＝AE＝1 ∴ BE＝$\sqrt{2}$

③ 頂点Cを点Eに重ねて折る。折り目を点F
とする。∠BCF＝∠BEF＝∠R，∠BFE＝
∠BFC，BFは共通
よって，BC＝BE＝$\sqrt{2}$

【11】(例) 同じ資料でも階級の幅が異なるとヒストグラムから読み取る
傾向が異なる場合があるので，階級の幅がどのように設定されている
か注意する必要がある。

例えば，テストの点などをヒストグラムで表す場合，階級の幅を2
点と設定した場合には二つの山に見えるものが，階級の幅を3点に設
定した場合には，一つの山の形に見えることがある。

〈解説〉逆に，階級の幅を2点から1点へとせばめると，二つの山に見える
ものから，三つ以上の山の形になることがある。

【高等学校】

【1】問1 A カ B ウ C ア D オ E イ F ク
問2 G 数学活用 H 数学基礎

〈解説〉問1 数学の新学習指導要領は平成24年度入学生から年次進行で
実施され，今後も出題される可能性がある。したがって，新旧学習指
導要領を共に是非覚えておくべきである。 問2 本問は新旧科目の
比較の問題なので資料としては，学習指導要領の新旧対照表を参照す
ると，学習の効率がよいだろう。

【２】問1

$$\lim_{x \to -\infty} (\sqrt{x^2-2x+2} - \sqrt{x^2+1})$$

$$= \lim_{x \to -\infty} \frac{x^2-2x+2-(x^2+1)}{\sqrt{x^2-2x+2} + \sqrt{x^2+1}}$$

$$= \lim_{x \to -\infty} \frac{-2x+1}{\sqrt{x^2-2x+2} + \sqrt{x^2+1}}$$

$$= \lim_{x \to -\infty} \frac{-2x+1}{-x\sqrt{1-\frac{2}{x}+\frac{2}{x^2}} - x\sqrt{1+\frac{1}{x^2}}}$$

$$= \lim_{x \to -\infty} \frac{-2+\frac{1}{x}}{-\sqrt{1-\frac{2}{x}+\frac{2}{x^2}} - \sqrt{1+\frac{1}{x^2}}}$$

$$= \frac{-2}{-1-1}$$

$$= 1$$

問2　③

(理由)　この問題では，$x \to -\infty$ より $x<0$ であるので，$\sqrt{x^2}=-x$ としなければならないが，解答では，$\sqrt{x^2}=x$ としているから。

【３】問1　$\log_2 5 - 1 < x < 2$　　　問2　$\overrightarrow{AD} = \frac{3}{13}\overrightarrow{b} + \frac{4}{13}\overrightarrow{c}$

問3　$2x+3y-4=0$　　　問4　135，1191　　　問5　$116°$

〈解説〉問1　与式は，$2^{x+1} + \frac{5}{2^{x-2}} - 13 < 0$

$2^{x+1} + \frac{20}{2^x} - 13 < 0$，$2^x = X$ とおくと，

$2X^2 - 13X + 20 = (2X-5)(X-4) < 0$

$\therefore \quad \frac{5}{2} < X < 4 \qquad \frac{5}{2} < 2^x < 4 \cdots\cdots①$

ここで，$2^\alpha = \frac{5}{2}$ とおくと，$\alpha = \log_2 \frac{5}{2} = \log_2 5 - 1$

$2^\beta = 4$ とおくと，$\beta = 2$

①より，$\log_2 5 - 1 < x < 2$

問2　頂点Aと内心Dを通る直線とBCとの交点をEとする。

　　∠BAE＝∠EACより，BE：EC＝AB：AC＝4：3

　　∴　BE＝$\dfrac{4}{7}$BC＝$\dfrac{24}{7}$

　　また，AD：DE＝AB：BE＝4：$\dfrac{24}{7}$＝7：6

　　∴　$\overrightarrow{AD}=\dfrac{7}{13}\overrightarrow{AE}=\dfrac{7}{13}\cdot\dfrac{3\overrightarrow{b}+4\overrightarrow{c}}{4+3}=\dfrac{3}{13}\overrightarrow{b}+\dfrac{4}{13}\overrightarrow{c}$

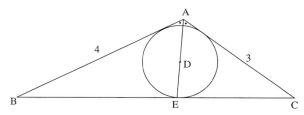

問3　円　$x^2+y^2=4$ ……①

　　点(2，3)を通り，円①に接する直線を$y-3=m(x-2)$ ……②とする。

　　②を①に代入して，$x^2+\{m(x-2)+3\}^2=4$

　　整理して，$(1+m^2)x^2-2m(2m-3)x+(4m^2-12m+5)=0$ ……③

　　接する条件より，$\dfrac{D}{4}=m^2(2m-3)^2-(1+m^2)(4m^2-12m+5)=0$

　　整理して，$12m-5=0$　∴　$m=\dfrac{5}{12}$

　　③に代入して，

　　$169x^2+260x+100=(13x+10)^2=0$

　　∴　$x=-\dfrac{10}{13}$

　　①に代入して，$y=\dfrac{24}{13}$

　　求める直線の式は

　　$y-0=\dfrac{24}{13}\times\dfrac{13}{-36}(x-2)$

　　よって，$2x+3y-4=0$

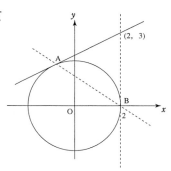

問4　平方数をm^2，$n^2(m<n：m，n$は自然数$)$，求める自然数をaとお
　　くと，題意より

$$\alpha - 35 = m^2 \cdots\cdots ①$$

$$\alpha + 34 = n^2 \cdots\cdots ②$$

②－①より，$n^2 - m^2 = 69$

$(n+m)(n-m) = 23 \times 3 = 69 \times 1$

(i)　$n+m=23$，$n-m=3$のとき，$n=13$，$m=10$　∴　$\alpha = 135$

(ii)　$n+m=69$，$n-m=1$のとき，$n=35$，$m=34$　∴　$\alpha = 1191$

問5　点Oから点A，E，Cにそれぞれ線を引き，三角形AEC内に三つの
　　　二等辺三角形を作る。∠GAX＝62°，∠CAY＝yから二等辺三角形の
　　　角度を求めると，∠GAX＝∠ACE＝62°，∠CAY＝∠AEC＝yとなる。
　　　∠DEC＝α，∠DCE＝βとおくと，$34° + \alpha = 62°$，$38° + \beta = y$より，
　　　$72° + (\alpha + \beta) = y + 62° \cdots\cdots ①$
　　　また，$(\alpha + y) + (\beta + 62°) = 180°$から，$(\alpha + \beta) = 118° - y \cdots\cdots ②$
　　　①を②に代入して$y - 10° = 118° - y$　∴　$y = 64°$
　　　よって，∠ABC＝$180° - 64° = 116°$

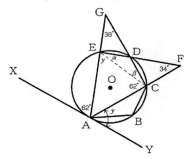

【4】問1　$\dfrac{2}{9}$　　問2　$\dfrac{8}{45}$

〈解説〉問1　B，C，D，E，Fの各イスと，先客がいる最も近いイスとの
　　　　　　間の仕切りの枚数の比は，1：2：3：2：1であるので，
　　　　　2人目の客がB，C，D，E，Fの各イスに座る確率はそれぞれ
　　　　　$\dfrac{1}{9}$，$\dfrac{2}{9}$，$\dfrac{3}{9} = \dfrac{1}{3}$，$\dfrac{2}{9}$，$\dfrac{1}{9}$である。

　　　　　よってCのイスに座る確率は$\dfrac{2}{9}$

問2　i)　1人目がどこか1つのイスに座る(イスAとする)確率は1

　　ii)　2人目がイスC，またはEに座る確率はともに$\frac{2}{9}$だから，2人目
　　　　が，C，Eのいずれかに座る確率は，$\frac{2}{9}\times 2$

　　iii)　B，D，E，Fの各イスと，先客がいる最も近いイスとの間の仕
　　　　切りの枚数の比は，1：1：2：1であるので，3人目の客がB，D，
　　　　E，Fの各イスに座る確率はそれぞれ$\frac{1}{5}$，$\frac{1}{5}$，$\frac{2}{5}$，$\frac{1}{5}$である。

　　　　よって3人目がEのイスに座る確率は$\frac{2}{5}$。

　　　　ゆえに，求める確率は$1\times\frac{4}{9}\times\frac{2}{5}=\frac{8}{45}$

【5】問1　$-1\leqq t\leqq\sqrt{2}$　　　問2　$g(t)=-2t^3+\frac{3}{2}t^2+3t-1$

　問3　$-\frac{15}{8}<a\leqq-\frac{1}{2}$，$a=2-\sqrt{2}$，$a=\frac{3}{2}$

〈解説〉問1　$t=\sin x+\cos x\,(0\leqq x\leqq\pi)$

　$=\sqrt{2}\sin\left(x+\frac{\pi}{4}\right)$

　$0\leqq x\leqq\pi$より$\frac{\pi}{4}\leqq x+\frac{\pi}{4}\leqq\frac{5\pi}{4}$

　tのとりうる値の範囲は，$-1\leqq t\leqq\sqrt{2}$

　問2　$t^2=(\sin x+\cos x)^2=1+2\sin x\cdot\cos x$　∴　$\sin x\cos x=\frac{t^2-1}{2}$

　$\sin^3 x+\cos^3 x=(\sin x+\cos x)^3-3\sin x\cos x(\sin x+\cos x)$

　　　　　　　$=t^3-3\times\frac{t^2-1}{2}\times t=t^3-\frac{3(t^3-t)}{2}$

　したがって，$g(t)=4\left\{t^3-\frac{3(t^3-t)}{2}\right\}-3t+\frac{3(t^2-1)}{2}+\frac{1}{2}$

　　　　　　　$=4t^3-6t^3+6t-3t+\frac{3t^2}{2}-\frac{3}{2}+\frac{1}{2}$

　　　　　　　$=-2t^3+\frac{3t^2}{2}+3t-1.$

　問3　$g(t)=-2t^3+\frac{3}{2}t^2+3t-1$

　　$g'(t)=-6t^2+3t+3$

　　　　$=-3(2t+1)(t-1)$

$-1\leqq t\leqq\sqrt{2}$ で増減表は次のようになる。よって，$y=g(t)$，$y=a$のグラフは下のようになる。

t	-1	$\cdots$	$-\dfrac{1}{2}$	$\cdots$	1	$\cdots$	$\sqrt{2}$
$g'(t)$		$-$	0	$+$	0	$-$	
$g(t)$	$-\dfrac{1}{2}$	$\searrow$	$-\dfrac{15}{8}$	$\nearrow$	$\dfrac{3}{2}$	$\searrow$	$2-\sqrt{2}$

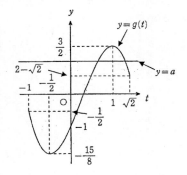

$g(t)=a$を満たす$-1\leqq t\leqq\sqrt{2}$ の範囲のtの値に対して，

$t=\sqrt{2}\sin\left(x+\dfrac{\pi}{4}\right)$を満たす$0\leqq x\leqq\pi$ の範囲のxの値の個数は，

$1\leqq t<\sqrt{2}$ のとき2個 ……①，　$-1\leqq t<1$，$t=\sqrt{2}$ のとき1個 ……②である。グラフより，

i) $-\dfrac{15}{8}<a\leqq-\dfrac{1}{2}$のとき，$t$は異なる2つの実数解をもち，②より$x$は異なる2つの実数解をもつ。

ii) $a=2-\sqrt{2}$ のとき，tは異なる2つの実数解をもち，②よりxは異なる2つの実数解をもつ。

iii) $a=\dfrac{3}{2}$のとき，tは1つの実数解をもち，①よりxは異なる2つの実数解をもつ。

したがって，求めるaの条件は，

$-\dfrac{15}{8}<a\leqq-\dfrac{1}{2}$，$a=2-\sqrt{2}$，$a=\dfrac{3}{2}$

【6】 問1　$a_n = 2n-1$,　$b_n = \begin{cases} 2 & (n=1) \\ 2^{n-1} & (n \geqq 2) \end{cases}$

問2　$\displaystyle\sum_{k=1}^{n} a_k b_k = (2n-3)2^n + 4$

〈解説〉問1　$\displaystyle\sum_{k=1}^{n} a_k = n^2$ より

$\displaystyle a_n = \sum_{k=1}^{n} a_k - \sum_{k=1}^{n-1} a_k = n^2 - (n-1)^2 = n^2 - (n^2 - 2n + 1) = 2n - 1$

$\displaystyle\sum_{k=1}^{n} b_k = 2^n$ より　$\displaystyle b_n = \sum_{k=1}^{n} b_k - \sum_{k=1}^{n-1} b_k = 2^n - 2^{n-1} = 2^{n-1}(2-1) = 2^{n-1}$

$n=1$ のときは　$2^0 = 1$

$n \geqq 2$ のときは　2^{n-1}

問2　$\displaystyle S_n = \sum_{k=1}^{n} a_k b_k$ とおく。

$n \geqq 2$ のとき，$\displaystyle S_n = \sum_{k=1}^{n} a_k b_k = a_1 b_1 + \sum_{k=2}^{n} (2k-1)2^{k-1}$

$\displaystyle \qquad\qquad\qquad\qquad = 1 \cdot 2 + \sum_{k=2}^{n} (2k-1)2^{k-1}$

したがって，

$S_n = 2 + 3 \cdot 2 + 5 \cdot 2^2 + 7 \cdot 2^3 + \cdots\cdots + (2n-1)2^{n-1}$

$2S_n = 2 \cdot 2 + 3 \cdot 2^2 + 5 \cdot 2^3 + \cdots\cdots + (2n-3)2^{n-1} + (2n-1)2^n$

辺々引いて

$-S_n = 2 + 1 \cdot 2 + 2 \cdot 2^2 + 2 \cdot 2^3 + \cdots\cdots + 2 \cdot 2^{n-1} - (2n-1)2^n$

$\qquad = 2(2 + 2^2 + 2^3 + \cdots\cdots + 2^{n-1}) - (2n-1)2^n$

$\qquad = 2 \cdot \dfrac{2(2^{n-1}-1)}{2-1} - (2n-1)2^n$

$\qquad = 2^{n+1} - 4 - 2^{n+1}n + 2^n$

$\qquad = (3-2n)2^n - 4$

ゆえに，$S_n = (2n-3)2^n + 4$ ……①

一方，$\displaystyle S_1 = \sum_{k=1}^{1} a_k b_k = 1 \cdot 2 = 2$　これは，①を満たす。

ゆえに，$\displaystyle\sum_{k=1}^{n} a_k b_k = (2n-3)2^n + 4$

【７】問1　12　　　問2　$\dfrac{256\pi}{105}$

〈解説〉問1　$0\leqq\theta\leqq\dfrac{\pi}{2}$ の部分の長さを4倍する。

$\dfrac{dx}{d\theta}=6\cos^2\theta\,(-\sin\theta),\quad \dfrac{dy}{d\theta}=6\sin^2\theta\cdot\cos\theta$

$\therefore\quad \sqrt{\left(\dfrac{dx}{d\theta}\right)^2+\left(\dfrac{dy}{d\theta}\right)^2}=6\sqrt{\sin^2\theta\cos^2\theta\,(\sin^2\theta+\cos^2\theta)}$

$\qquad\qquad\qquad\qquad\qquad =6\sin\theta\cos\theta\quad (0\leqq\theta\leqq\dfrac{\pi}{2})$

よって，$\mathrm{L}=4\displaystyle\int_0^{\frac{\pi}{2}}6\sin\theta\cos\theta\,d\theta=12\int_0^{\frac{\pi}{2}}\sin2\theta\,d\theta$

$=12\left[-\dfrac{\cos2\theta}{2}\right]_0^{\frac{\pi}{2}}=12$

問2　x と θ の対応は次の表のようになる。

x	0	$\rightarrow$	2
θ	$\dfrac{\pi}{2}$	$\rightarrow$	0

$\mathrm{V}=2\pi\displaystyle\int_0^2 y^2dx=2\pi\int_{\frac{\pi}{2}}^0 y\mathit{O}^2\dfrac{dx}{d\theta}d\theta=2\pi\int_{\frac{\pi}{2}}^0 4\sin^6\theta\,(-6\cos^2\theta\sin\theta)d\theta$

$=48\pi\displaystyle\int_0^{\frac{\pi}{2}}(1-\cos^2\theta)^3\cos^2\theta\sin\theta\,d\theta$

$=48\pi\displaystyle\int_0^{\frac{\pi}{2}}(\cos^2\theta-3\cos^4\theta+3\cos^6\theta-\cos^8\theta)\sin\theta\,d\theta$

$=48\pi\left[-\dfrac{\cos^3\theta}{3}+\dfrac{3}{5}\cos^5\theta-\dfrac{3}{7}\cos^7\theta+\dfrac{\cos^9\theta}{9}\right]_0^{\frac{\pi}{2}}=\dfrac{256\pi}{105}$

●書籍内容の訂正等について

　弊社では教員採用試験対策シリーズ（参考書，過去問，全国まるごと過去問題集），公務員試験対策シリーズ，公立幼稚園・保育士試験対策シリーズ，会社別就職試験対策シリーズについて，正誤表をホームページ（https://www.kyodo-s.jp）に掲載いたします。内容に訂正等，疑問点がございましたら，まずホームページをご確認ください。もし，正誤表に掲載されていない訂正等，疑問点がございましたら，下記項目をご記入の上，以下の送付先までお送りいただくようお願いいたします。

---

① **書籍名，都道府県（学校）名，年度**
　（例：教員採用試験過去問シリーズ　小学校教諭 過去問　2025 年度版）
② **ページ数**（書籍に記載されているページ数をご記入ください。）
③ **訂正等，疑問点**（内容は具体的にご記入ください。）
　（例：問題文では"ア～オの中から選べ"とあるが，選択肢はエまでしかない）

〔ご注意〕

○ 電話での質問や相談等につきましては，受付けておりません。ご注意ください。

○ 正誤表の更新は適宜行います。

○ いただいた疑問点につきましては，当社編集制作部で検討の上，正誤表への反映を決定させていただきます（個別回答は，原則行いませんのであしからずご了承ください）。

●情報提供のお願い

　協同教育研究会では，これから教員採用試験を受験される方々に，より正確な問題を，より多くご提供できるよう情報の収集を行っております。つきましては，教員採用試験に関する次の項目の情報を，以下の送付先までお送りいただけますと幸いでございます。お送りいただきました方には謝礼を差し上げます。

（情報量があまりに少ない場合は，謝礼をご用意できかねる場合があります）。

◆あなたの受験された面接試験，論作文試験の実施方法や質問内容

◆教員採用試験の受験体験記

<table>
<tr><td rowspan="5">送付先</td><td>○電子メール：edit@kyodo-s.jp</td><td rowspan="5"></td></tr>
<tr><td>○FAX：03-3233-1233（協同出版株式会社　編集制作部 行）</td></tr>
<tr><td>○郵送：〒101-0054　東京都千代田区神田錦町2-5
　　　　　協同出版株式会社　編集制作部 行</td></tr>
<tr><td>○HP：https://kyodo-s.jp/provision（右記のQRコードからもアクセスできます）</td></tr>
</table>

※謝礼をお送りする関係から，いずれの方法でお送りいただく際にも，「お名前」「ご住所」は，必ず明記いただきますよう，よろしくお願い申し上げます。

教員採用試験「過去問」シリーズ

静岡県・静岡市・浜松市の
数学科 過去問

編　集	Ⓒ 協同教育研究会
発　行	令和5年11月25日
発行者	小貫　輝雄
発行所	協同出版株式会社
	〒101-0054　東京都千代田区神田錦町2‐5
	電話　03－3295－1341
	振替　東京00190－4－94061
印刷所	協同出版・POD工場

落丁・乱丁はお取り替えいたします。

本書の全部または一部を無断で複写複製（コピー）することは，
著作権法上での例外を除き，禁じられています。

2024 年夏に向けて
―教員を目指すあなたを全力サポート！―

●通信講座

志望自治体別の教材とプロによる
丁寧な添削指導で合格をサポート

詳細はこちら

●公開講座 (＊1)

48 のオンデマンド講座のなかから、
不得意分野のみピンポイントで学習できる！
受講料は 6000 円～　＊一部対面講義もあり

詳細はこちら

●全国模試 (＊1)

業界最多の **年5回** 実施！
定期的に学習到達度を測って
レベルアップを目指そう！

詳細はこちら

●自治体別対策模試 (＊1)

的中問題がよく出る！
本試験の出題傾向・形式に合わせた
試験で実力を試そう！

詳細はこちら

　上記の講座及び試験は，すべて右記のQRコードか
らお申し込みできます。また，講座及び試験の情報は，
随時，更新していきます。

＊1・・・ 2024 年対策の公開講座、全国模試、自治体別対策模試の
　　　　情報は、2023 年 9 月頃に公開予定です。

協同出版・協同教育研究会
https://kyodo-s.jp

お問い合わせは
通話料無料の
フリーダイヤル

いい み　なさんおうえん
0120 (13) 7300
受付時間: 平日 (月～金) 9時～18時　まで